国家级职业教育规划教材
全国中等职业技术学校商贸类专业通用教材

商务沟通

彭丽萍　主编
人力资源和社会保障部教材办公室　组织编写

中国劳动社会保障出版社

简介

本教材为国家级职业教育规划教材。

本教材立足商务专业实际，讲授了商务沟通的基本内涵与类型，介绍了商务沟通的障碍及途径；对商务沟通的基本形式如口头沟通、电话沟通、网络沟通、非语言沟通等，以及商务沟通的基本技能如倾听、介绍、说服、拒绝等内容进行了细致讲解；最后结合商务沟通实务性工作，如商务接待、商务协商、商务谈判、商务营销、公关危机处理、演讲以及应聘面试等对商务沟通的方法进行了深入说明与阐述。

本教材由彭丽萍主编，郝燕、周孝君、贾磊利参与编写。

图书在版编目(CIP)数据

商务沟通/彭丽萍主编. —北京：中国劳动社会保障出版社，2015
全国中等职业技术学校商贸类专业通用教材
ISBN 978-7-5167-2010-3

Ⅰ.①商… Ⅱ.①彭… Ⅲ.①商业管理-公共关系学-中等专业学校-教材 Ⅳ.①F715

中国版本图书馆 CIP 数据核字(2016)第 004268 号

中国劳动社会保障出版社出版发行
(北京市惠新东街1号 邮政编码：100029)

*

三河市华骏印务包装有限公司印刷装订 新华书店经销
787 毫米×1092 毫米 16 开本 11.5 印张 229 千字
2016 年 1 月第 1 版 2017 年 12 月第 3 次印刷

定价：22.00 元

读者服务部电话：(010) 64929211/64921644/84626437
营销部电话：(010) 64961894
出版社网址：http://www.class.com.cn

出版说明

全国中等职业技术学校商贸类专业通用教材共 10 种，分别为《会计基础》《统计基础》《经济法基础》《企业管理基础》《电子商务基础》《市场营销》《商务沟通》《商务礼仪》《公关关系实务》和《财经应用文写作》。

商贸类专业主要包括市场营销、会计、电子商务、物流管理等，这些专业虽然在专业内涵和外延上各有侧重，但在诸如经济、法律、管理、营销、礼仪等方面对学生基础知识和基本能力的要求具有一定的共通性，因而学校在专业基础课程上可以对学生进行通识教育。本套教材的开发就是基于这一目的，为这些专业构建一个通用平台，供教师根据教学实际选用。

教材编审人员由教学经验丰富的一线骨干教师及企业专家组成，他们根据中职商贸类专业教学要求及学生的认知规律，在教材编写过程中，精心设计教材结构，合理选择教学内容，始终注重表现形式，使教材具有结构清晰、内容丰富、表述简洁、易教易学的特点。

为了便于教师开展教学工作，本套教材配套开发了习题册和电子课件。习题册答案及电子课件可登录 www.class.com.cn，搜索相应的书目，在相关资源中下载。

目　　录

第一章 商务沟通基础

第一节 商务沟通的内涵和类型

学习目标

- 了解商务沟通的内涵。
- 掌握商务沟通的各种类型。
- 了解商务沟通在现代商务活动中的作用，提高沟通的能力。

在社会发展过程中，沟通是人们交换信息、获取信息必不可少的环节。尤其是在经济全球化、信息大爆炸的今天，高效沟通已经成为必备的技能。一个人每时每刻都会遇到各种沟通的问题，上下级之间、同事之间、部门与部门之间、公司与公司之间也都离不开沟通。在如今的职场招聘中，“擅长沟通”“具有良好的沟通协调能力”差不多已成为所有公司的首要聘用条件。对于身处职场的各位人士来说，良好的沟通能力就是一张很好的准入证。不仅如此，在工作中能否做到高效沟通往往意味着能否顺利地开展工作。从某种意义上来讲，沟通已经不再是一种职业技能，而是一种生存方式。

案例导引

某公司要举行一场大型客户洽谈会，为此调用公司办公室和下属厂办公室的人员一起加班进行准备。两队人马忙了一周，还是有一大堆工作没有完成。最后，因为加班的事，两队人马产生了分歧。厂办的人主张周五晚上加班，而公司办公室的人则主张周六加班。两组人员争执不下，气氛非常紧张。

这时，公司的资深员工老王站了起来，问厂办的人：“忙了一周，大家都很疲惫，情绪也有些烦躁，别为了一点小事伤了和气。我们大家想想，能不能找个两全其美的办法?”大家一听这话，都安静了下来。老王转而问：“现在大家都这么累，都想休息一下，继续工作效率不会高。你们为什么愿意继续工作不愿休息呢?”厂办的人说出了原因，因为厂里一名员工周六结婚，大家都要去喝喜酒。

找到了原因，老王趁热打铁，“大家都是一家人，我们的目的都是把工作做好。我现在有一个办法，既能让大家得到休息，又不影响厂办的同仁参加婚礼，你们看行不行？公司的人周六来加班，厂办的人去参加婚礼。下午两点，厂办的人来接公司人的班，完成剩余的工作，行吗？”老王的话得到了大家的认可，一场争执也得到圆满解决。

良好的沟通是我们工作和相互关系取得成功的一个关键因素。有调查研究表明，一位成功的企业经理，必须具备口头沟通和倾听的能力才能搞好管理工作。而现代企业员工的专业知识，有50%～70%是从朋友、同行、老师的讨论和聚会中获得的。从上述案例可以看出，如果不是老王良好的沟通，及时了解厂办和公司两方人员真实的想法，一场冲突就在所难免，也会给今后双方工作的开展带来很多后患。

思考：老王为什么能让大家说出真实的想法？最后老王的建议为什么得到了大家的认可？从这则案例中，你得到了怎样的启发？

一、沟通的内涵

沟通是为了一个设定的目标，将信息、思想和情感在个人或群体间进行传递，并且达成共同协议的过程。

可以说，沟通是人们通过语言或非语言方式传递并理解信息、知识的过程，是人们相互了解思想、情感、见解和价值观的一种双向途径，是人与人之间交往的一座桥梁。通过这座桥梁，人们彼此可以分享感情和知识。

阅读卡：美国著名学府普林斯顿大学对1万份人事档案进行分析，结果发现：“智慧”“专业技术”和“经验”只占成功因素的25%，其余75%决定于良好的人际沟通。

通过沟通，我们可以发现别人的需要并展现自己的需要，进而促使双方调节自己的行为，以寻求共识。在沟通过程中，个体之间通过谈话、演讲、交谈等方式互通信息。同时，我们也可以通过它来披露信息、说服他人、协调关系、分享快乐、共同谋求发展。可以说，沟通使人们视野开阔、信息灵通、反应敏捷和思维多样化。随着科技的发展，在社会交往中，信件、电话、网络等已经成为基本的沟通媒介。远隔千里的两个人，可以通过这些媒介，像面对面一样地交流，相互传达信息。由此大大拓展了人际沟通的范围，缩短了人际间沟通的地域感，加速了沟通的现代化。

二、沟通的类型

按照不同的分类标准，沟通一般可以分为不同的类型。

1. 按沟通载体分类：语言沟通与非语言沟通

（1）语言沟通。语言沟通建立在语言文字的基础上，人们之间最常见的沟通方式就是交谈。也包括演讲、正式的一对一讨论或小组讨论，还包括非正式的讨论以及传闻或小道信息传播等。

语言沟通是所有沟通形式中最直接的方式，它的优点是快速传递和即时反馈。在这种方式下，信息可以在最短时间内被传递，并在最短时间内得到对方回复。如果接收者对信息有疑问，迅速地反馈可使发送者及时检查其中不够明确的地方并进行改正。

但是，语言沟通也有缺陷。信息从发送者一段段接力式传送的过程中，存在着巨大的失真可能性。每个人都以自己的偏好增减信息，以自己的方式诠释信息。当信息经长途跋涉到达终点时，其内容往往与最初的含义存在重大偏差。如果组织中的重要决策通过口头方式，沿着权力等级链上下传递，则信息失真可能性更大。

（2）非语言沟通。非语言沟通指通过某些媒介而不是讲话或文字来传递信息，包括身体语言、时间语言、沉默和空间语言等。

身体语言沟通是通过动态无声的目光、表情、手势语言等身体运动或者是静态无声的身体姿态、衣着打扮等形式来实现沟通。

有时人与人之间的空间位置关系也会直接影响个人之间的沟通过程。沟通中空间位置的不同，直接导致沟通者具有不同的沟通影响力，有些位置对沟通的影响力较大，有些位置则影响力较小。同一发言，站到讲台上讲与在台下自由发言所引起的作用是不同的。此外，人们还可以从他人穿戴的服装上看到某种信息。因此，心理学家称非语言的含义不仅决定于其语面的意义，更多地决定于它的弦外之音。

案例：一位车间主任在和工长讲话的时候，心不在焉地拾起一小块碎砖。他刚一离开，工长就命令全体员工加班半小时，清理车间卫生。实际上车间主任并未提到关于清理卫生的一个字。

2. 按沟通涉及范围分类：自我沟通、人际沟通、群体沟通

（1）自我沟通。信息的发送者和接收者的行为是由一个人来完成的，比如通过各种方式进行的自我肯定、自我反省等。

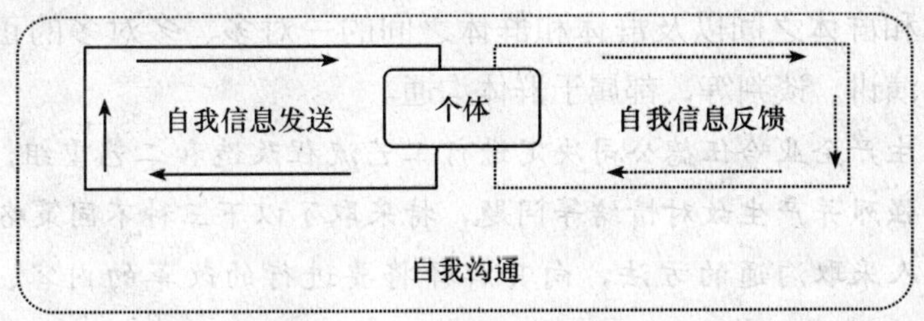

案例：早年间，英国有位哲人，他单身时，虽然和几个朋友一起住在一间只有七八平方米的小房子里，每天总是乐呵呵的。别人问："那么多人挤在一起，有什么值得开心的呢？"他说："朋友们住在一起，随时可以交流思想、交流感情，难道这不是值得高兴的事吗？"

过了一段时间，朋友们都成了家，先后搬了出去，屋内只剩下他一个人，但他每天仍非常快乐。又有人问："一个人孤孤单单，有什么好高兴的？"他说："我有这么大的空间，还有那么多的书可以看，悠然闲适，怎不令人高兴？"

数年后，经济条件好了起来，他搬进了楼房，住一楼，仍是每天乐呵呵。有人说："住一楼烦都不够烦的呢！"哲人却说："一楼，进门就是家，还可以在空地上养花、种草，这些乐趣多好呀！"又过了一年，这位哲人把一楼让给一位家里有偏瘫老人的邻居，自己搬到顶楼。朋友又问："先生，住顶楼有哪些好处？"他说："好处多了！每天上下楼几次，有利于身体健康；看书、写文章光线好；没有人在头顶上干扰，白天黑夜都安静。"

正如一句话所说的："决定一个人心情的，不在于环境，而在于心境。"案例中这位哲人不论在何种环境中都乐观积极，保持良好的心境，就是保持良好自我沟通的结果。心里想的什么样子，看到的就是什么样子，这就是自我信息的传送。同时，正确积极的认识和信息的摄入又会通过自我反馈促进良好心境的形成，最终形成自我沟通的良性循环。

（2）人际沟通。人际沟通是指在两个人之间的信息交流过程，最大的特点是有意义的互动性。即人际沟通必须是两个人之间的，有信息的发送者及接收者，同时有传播信息的媒介，并且双方能达成理解上的一致。

阅读卡：美国社会心理学家戴维斯在一家中型皮件厂的经理中进行的经典研究发现，小道消息沟通有四种基本模式：聚类式、概率式、流言式、单线式。聚类式沟通是把小道消息有选择地传递给朋友或有关人员；概率式沟通以随机的方式传递信息；流言式沟通是有选择地把消息传播给某些人；单线式沟通则以串联方式把消息传播给最终接收者。戴维斯的研究结果表明，小道消息传播的最普通形式是聚类式沟通。

（3）群体沟通。群体沟通又叫小组或者团队沟通，是指在三个及以上的个体之间进行的沟通。个体和群体之间以及群体和群体之间的一对多、多对多的正式或非正式沟通，比如会议、演讲、谈判等，都属于群体沟通。

案例：男装生产企业哈伍德公司决定进行工艺流程改造和工艺重组。为了解决以往改革时工人反应强烈并产生敌对情绪等问题，特采取了以下三种不同策略：

与第一组工人采取沟通的方法，向其解释将要进行的改革的内容、意义、必要性等，然后待其反馈。

告诉第二组工人现在存在的各种问题，然后进行讨论并得出解决办法，最后派代表指定新的标准和流程。

要求第三组工人每人都讨论并参与设定、实施新标准和流程，要求团队合作。

结果，第一组工人的任务最简单，但是生产效率没有任何提高，并且敌对态度明显，40 天内有 17%的工人离职；第二组工人在 14 天里恢复到原来的生产水平，并在以后生产效率进一步提高，无人离职；最后一组工人则在第二天就达到原来的生产水平，并在一个月里提高了16%的生产效率。

思考：为什么会产生案例中的结果呢？群体沟通对于现代商务管理而言，有哪些重要意义？

3. 按沟通方式分类：正式沟通、非正式沟通

(1) 正式沟通。正式沟通是指在组织系统内部，以组织原则和组织管理制度为依据，通过组织管理渠道进行信息传递和交流。正式沟通的特点是：约束力强，较严肃，权威性高，保密性强，可以使公共关系保持权威性。正式沟通的缺点是：信息需要经过层层传递，缺乏灵活性，效率较低。一般都是单向沟通，缺乏反馈机制，沟通效果难以保证。

(2) 非正式沟通。非正式沟通是指在正式渠道之外，通过非正式的沟通渠道和网络进行信息交流，常用来传递和分享组织正式活动之外的“非官方”信息。非正式沟通的特点是：传播时间快、范围广、效率高、可跨组织边界传播等。但是涉及的沟通主体较多，常会造成说风就是雨、以讹传讹等不良后果，可能会产生传播的信息失真等问题。

三、商务沟通的内涵

商务沟通是指商务组织为了顺利经营并取得经营的成功，为求得长期的生存发展，营造良好的经营环境，通过组织大量商务活动，借助一定的沟通方式，将有关商务经营的各种信息发送给商务组织内外的既定对象，并寻求反馈以求得商务组织内外相互理解、支持与合作的过程。

国外有学者曾经将商务人员的工作定义为：收集传递信息 + 企业决策 + 增进团结，这一系列工作内容都源自于沟通。美国相关机构曾经对 25 名优秀的商务管理人员进行调查，发现他们有 76%的工作时间用于非正式接触。要成为一名优秀的商务管理人员，必须具备良好的沟通能力。

因此，无论在商务组织内部，还是在商务组织与外部组织之间，商务沟通都起着十分重要的作用。可以这么说，在商务领域，沟通是否有效，直接决定了商务活动的成

阅读卡：

沟通的原则

1. 平等原则。尊重同自己沟通的任何人，形成和谐融洽的关系。
2. 真诚原则。坦诚待人，增强相互间的信任。
3. 灵活原则。善于根据具体的环境、情形，灵活处理各种情况。
4. 宽容原则。宽容了别人，也就解脱了自己。
5. 诚信原则。凡是对方的要求，可以办到的尽可能办好，不能信口开河、胡乱许诺。

败。如何能够清晰而又有说服力地陈述自己的观点，如何能够真诚而又善意地推销你的产品，如何针锋相对地在商务谈判中取胜，如何在商务危机时临危不惧地冷静处理，都将取决于你的沟通能力。

1. 商务沟通的必要性和作用

（1）商务组织内部需要沟通。对商务组织而言，沟通是实现整体优化的需要。尤其是在现代社会，沟通不仅是整合企业资源的需要，还是组织内领导者激励下属，实现领导职能和提高员工满意度的基本途径。对个人而言，主要包括同事之间、上下级之间的沟通。有了良好的沟通，在组织中办起事来才能畅行无阻。

概括地讲，商务组织内部沟通的作用主要有以下几个方面：①有利于商务组织内部实现信息资源共享，提高工作效率；②促进组织内部人际关系的和谐，增强商务组织的凝聚力和竞争力；③激励员工积极参与组织内部的管理，达成共同的组织目标；④激发员工的创新意识，提高科学决策的能力；⑤使组织文化在员工中潜移默化，成为员工的精神纲领，体现组织的形象和风范。

案例：终于到了年终，小王兴冲冲地来到会计部经理宁静的办公室问道："宁经理，你说过只要我们部门将今年的年终报表做好就可以加5%工资的，是吧？"

"我是说过，小王，可是……"宁经理说道，"可是你知道公司有自己的一套关于薪金、晋升的规定和程序，并不是我可以随意更改的事，嗯，我向总部申请看看吧。"

"啊？宁经理，我们部门的员工都是在你这句话的鼓动下才加班加点完成工作的呀，小李还带病坚持工作呢，现在这个结果让我怎么跟他们说呢……"

"好吧，别不高兴，我一定会向总部提出申请，表彰你们辛苦工作的，一定会的，我保证。"

但是，小王还是带着失望的表情离开了宁经理的办公室。

思考：小王为什么失望地离开了宁经理的办公室？宁经理在组织内部沟通中有什么不妥之处？

（2）商务组织外部需要沟通。商务组织需要与其他组织、顾客以及公众等相关群体进行沟通。一是通过公共关系手段，利用大众传媒、内部刊物等途径，与客户、政府职能部门、周边社区、金融机构等建立良好关系，争取社会各界的支持，为组织创造良好的发展氛围。二是商务组织导入企业形象识别系统，进行科学合理的传播，提高企业的知名度，为企业腾飞和持续发展提供良好的环境。另外，管理学家西蒙提出，管理者的主要工作是决策，而决策的过程就是信息交流和处理的过程，也就是沟通。因此，商务组织要进行准确的决策，也需要进行外部沟通。

总的来说，商务组织外部沟通的作用主要有以下几个方面：①通过沟通，有利于维护和强化商务组织的良好形象；②通过沟通，可以充分利用外部资源，为组织营造良好的竞争和发展环境；③通过沟通，扩大组织对外交往，从而把握外部公众动态，化解危机，保证组织生产经营的正常进行。

案例：某工业园区的一家企业，在第一家分厂建造起来时，选择了A厂家电梯。有一天，电梯出了问题，企业厂务部的人就给A牌电梯的售后服务人员打电话说："你们这电梯是怎么搞的，刚装上就卡在三楼不动了？"A牌电梯的售后人员说："怎么可能呢？肯定是你们操作有问题，不是教给你们怎么做了吗？"在该企业的强烈要求下，电梯售后服务部很不情愿地派了一个工作人员过去查看。那个人一看就说："你们电梯维护人员培训的时候都干什么去了？前两天才给你们讲要这样开才对……"劈头盖脸就把这家企业厂务部的人训了一顿。厂务部有一个员工辩解说："当时你们培训的内容太多，有一两点没听清楚。"这位工作人员说："没听清楚你们怎么不问啊？售前人员没讲到那不是我的事，你们自己找他们去。"A牌电梯的售后人员走后，厂务部的领导就说了一句话："我这辈子第一次，也是最后一次买他们的电梯了。"

二分厂建成时，这家企业选择了B厂家的电梯。同样的问题再次出现时，厂务部的人打电话给B牌电梯的售后部门。B牌电梯的接线员马上说："对不起，我们马上派人去现场！"售后人员到达后的第一句话是："不好意思，给你们带来不便，我们深表歉意。"然后马上去查看问题，结果发现是该企业自己安装的电梯顶部防雨篷漏水的问题，于是对厂务部的人说："这个问题是这样的……"（把原因说了一遍后）接着说："不好意思，我们犯了一个错。电梯安装好后，我们培训得不够仔细，导致你们施工的时候失误。如果时间允许，我可以再给你们的维护人员培训一下电梯安装和操作的注意事项。"此后，该企业的三到九分厂全部选择了B牌的电梯。

思考：A、B两家电梯生产厂家在售后服务中有什么区别？你能预见今后这两家企业的走向吗？为什么？

2. 商务沟通的发展趋势

随着商业竞争的日益加剧，全球经济一体化浪潮的掀起以及技术的不断更新，商务活动和商务沟通都在不断发生着变化。这些变化主要表现在：

（1）现代技术手段的广泛应用。大量新技术的应用促使生产力提高、成本降低。技术领域的革命也为商务活动提供了更多的可供选择的沟通手段和平台，人们之间实现及时沟通变得分外便捷。传真、电子邮件、视频会议等已经被广泛运用于商务活动中。新技术的应用还可以使企业的每位员工平等地获取信息，帮助企业在节省资金的同时更好地为顾客服务。

例如，美国运通公司在开通了客户个人终端电子查询业务以后，核查每件包裹投递状况的费用由以前的5美元锐减为5美分，仅此一项就能够每年节约近200万美元。

案例：在惠普（中国）公司有这样一种现象，企业办公桌的数量永远比员工的数量要少，企业鼓励员工带着便携电脑在办公室以外的其他地方比如家中办公。并且，由于办公桌总是比员工人数少，所以办公桌总是处于被公用的状态，并非归个人独自专用。员工总是处于流动性的办公状态之中，企业的管理者也没有专用的办公区间。惠普的这种做法显然是基于其强大的内部网络基础，或者说，正是内部网络的支撑，惠普才真正实现了其梦寐以求的无纸化办公。

这种规则的实行，除了直接产生高效、节能的功用之外，对惠普的公司文化建设也产生了新的推动。由于员工的办公地点并非固定，因此他办公桌的邻居也是不固定的，这种状态使得成员之间的沟通变得十分有意义。再如，惠普提倡企业内部成员的平等性，要求成员之间平等相处，杜绝明显的等级概念。当“办公桌的规则”出现以后，“平等”这一企业文化理念的推广就不成问题了。当企业的一名普通成员坐在办公桌前，想到昨天坐在这里办公的还是公司的一名高层管理人员的时候，他对“平等”的领悟就已经是相当深刻了。

(2) 重视产品质量和客户需求。在过去，如果顾客对某个产品感到不满意，他会把自己的经历告诉15个人。如今，他只需敲击一下键盘，就可以告诉500人，甚至5 000人。因此，在现代商务中，向顾客提供高质量的产品和优质的服务是许多成功企业的生财之道。注重质量和顾客需求的核心仍然在于沟通。许多经营灵活、反应敏捷的公司通过关注顾客的需求进行重新定位并成长起来。

案例：（北京时间）2012年5月10日，戴尔工作站在中国发布了全新一代的产品。对此，戴尔公司Precision工作站业务暨企业客户产品管理执行总监埃弗拉因·罗维拉表示：“我们在设计产品的时候确实是听取了不同国家不同区域的设计开发者与用户的意见。相比上一代产品，T7600在体积上做得更小，移动更方便，这些设计理念都是来自于我们与客户的沟通。有的国家需要更加高性能的，那么我们就设计了T7600；而有的国家只需要入门级的，我们就设计了T3600。”

“对于中国市场来说，我们看到了客户的多种需求，因此我们就为中国市场提供了全系列的产品。举个例子来说，在中国市场，我们看到一些员工经常把工作站搬来搬去，我们就想到如果在上面加上一个把手会更方便一点。还有一个例子，就是我们看到员工在使用工作站的时候会将手机之类的小工具插在工作站上充电，之前的USB接口太过于中间或靠下，影响了实际的使用。在后来的工作站设计中，我们把USB接口的位置设计在了机器上方，以便用户方便使用。从这两个角度来说，DELL新一代工作站提供了更人性化的设计和更好的用户体验，这也是我们认为能够在中国市场获得领先的原因之一。”

思考：你知道DELL T7600受到中国客户喜欢的原因了吗？通过T7600的设计改革，你知道现代商务沟通有什么要求吗？

(3) 多元化发展趋势越来越明显。正如我们所看到的那样，商务活动已经变得十分国际化，跨国公司的不断涌现使越来越多的管理者必须面临跨越文化与国界的人际沟通问题。如果你想把产品销售到国内不同文化的地方，或者销售到国外，或者是管理一家跨国工厂或办事处，抑或是任职于总部设在另一国家的跨国公司等，了解异域文化是非常重要的。这对于商务管理者来说，是一个很大的挑战，因为来自不同文化背景条件下的人很容易因为文化上的差异而导致文化冲突的出现。这就要求管理者必须更多地掌握跨文化沟通的知识，在尊重对方的基础上，灵活、机智地与来自不同国家和文化的人沟通，并且帮助来自不同文化背景的员工做到互相理解。

案例：　　　　　　　　苹果机和PC机的海外市场开拓

当苹果公司想要把“苹果电脑PK个人电脑”的系列广告推向全球市场时，遭遇了一个难题：在一种文化看来是滑稽有趣的情节，到了另一种文化中则可能被看作是粗鲁无礼的。

在美国广告中，一台古板的PC机被时尚的苹果机频频打败，后者通过犀利的嘲弄手法来证明苹果计算机技高一筹。在苹果机的另一则最新广告中，PC机把摄像头戴在头上，骄傲地宣称自己可以视频聊天了，却意外地发现苹果机早已配备了内置摄像头。

但是，在日本文化中，这种行为被看作是自吹自擂的粗鲁行为。所以，针对日本市场，此广告推出之时，PC机换上了平常的办公服，而苹果机则换上了周末着装。旨在强调两种计算机的最大区别是办公用和家用，而不是强调它们的特性差异。

PC机的肢体语言也反映了日本式幽默：当PC机轻拍苹果机或者是躲在苹果机的腿后面逃避病毒时，苹果机看上去非常尴尬。改动后的广告受到了日本消费者的喜爱和欢迎。

(4) 讲究合作和团队精神。所谓团队精神就是大局意识、协作精神和服务精神的集中体现，它包含两层含义：一是与别人沟通、交流的能力；二是与人合作的能力。员工个人的工作能力和团队精神对企业而言是同等重要的，如果说个人工作能力是推动企业发展的纵向动力，团队精神则是达成企业经营目标的横向动力。具有团队精神的组织能够不断地释放团队成员潜在的才能和技巧；能够让员工深感被尊重和被重视；鼓励坦诚交流，避免恶性竞争；用岗位找到最佳的协作方式；为了一个统一的目标，大家自觉地认同必须担负的责任并愿意为此而共同奉献。

案例：为了提高产品质量，同时降低生产消耗，越来越多的公司开始启用跨职能的项目小组。例如，在新西兰北岛海军航空站，由10位来自不同部门的中层管理人员组成的合作小组团结协作，改进了战斗机配件的加工工序。他们将加工、运送每个零件的时间减少了42%，从而为海军在一年半内节约了近170万美元。

1. 阅读下面的案例，请你谈谈，为什么小丑那么容易就“医治”好了小公主的病？

一个小公主病了，她娇憨地告诉国王，如果她能拥有月亮，病就会好。国王立刻召集全国的聪明智士，要他们想办法拿到月亮。

总理大臣说：“月亮远在三万五千里外，比公主的房间还大，而且是由熔化的铜所做的。”魔法师说：“它有十五万里远，用绿奶酪做的，而且整整是皇宫的两倍大。”数学家说：“月亮远在三万里外，又圆又平像个钱币，有半个王国大，还被粘在天上，不可能有人能拿下它。”

国王又烦又气，只好叫宫廷小丑来弹琴给他解闷。小丑问明一切后，到公主房里探望公主，并顺口问公主：“月亮有多大？”“大概比我拇指的指甲小一点吧！因为我只要把拇指的指甲对着月亮就可以把它遮住了。”公主回答说。“那么有多远呢？”“不会比窗外的那棵大树高！因为有时候它会卡在树梢间。”“用什么做的呢？”“当然是金子！”公主斩钉截铁地回答。

比拇指指甲还要小、比树还要矮、用金子做的月亮当然容易得到啦！小丑立刻找金匠打了个小月亮，穿上金链子，给公主当项链。公主好高兴，第二天病就好了。

2. 阅读下面的案例，请你谈谈，玛丽为什么很沮丧？她与同事的分歧能得到解决吗？怎么解决？

玛丽毕业后到一家银行工作，她工作努力，与同事相处愉快，跟领导关系也不错。领导指定玛丽与其他几位同事一起研究一个新的技术项目。因为团队中没有指定的负责人，几个星期后，玛丽发现团队成员个性差异很大，拖延的拖延，迟到的迟到，聊天的聊天，项目进展非常缓慢。玛丽很失望，但考虑到自己资历浅，不敢指出问题也不敢向领导汇报。她开始怀疑自己来错地方、找错工作了。

3. 阅读下面的案例，请你谈谈案例中的沟通渠道有哪些？请分别指出其各自的特点。如果你是邓强，从中应吸取怎样的经验和教训？

天讯公司是一家生产电子类产品的高科技民营企业。公司总经理邓强为了提高企业的竞争力，在“以人为本，创新变革”的战略思想指导下，制定了两个战略方案：一是引人换血计划，年底从企业外部引进一批高素质的专业人才和管理人才，给公司输入新鲜血液；二是内部人员大洗牌计划，年底通过绩效考核调整现有人员配置，内部选拔人才。邓强向秘书小杨谈了自己的想法，让他行文并打印。中午在公司附近的餐厅吃饭时，小杨碰到了副总经理老张，小杨低声说道：“最新消息，公司内部人员将有一次大的变动，老员工可能要下岗，我们要有所准备啊。”这些话恰好又被财务处的会计小刘听到了，他立即把这个消息告诉他的主管老王。老王听后，愤愤说道：“我真不敢相信公司会做这样的事情，换新人，辞旧人。”这个消息传来传去，公司上上下下的员工都处于十分紧张的状态，唯恐自己被裁，根本无心工作，有的甚至还写了匿名信和恐吓信对这样的裁员决策表示极大的不满。

经过全面了解，邓强终于弄清了事情的真相。他把所有员工召集在一起来讨论这两个方案，员工们各抒己见，有一半以上的员工赞同第二个方案。最后邓强说："由于我的工作失误引起了大家的担心和恐慌，很抱歉，希望大家能原谅我。我制定这两个方案的目的就是想让大家来参与决策，一起为公司的人才战略出谋划策，其实前几天大家所说的裁员之类的消息完全是无稽之谈。大家的决心就是我的信心，我相信公司今后会发展得更好。谢谢！关于此次方案的具体内容，欢迎大家向我提问。"

通过民主决议，该公司最终采取了第二个方案，由此，公司的人员配置率得到了大幅度的提高，公司的运作效率和经营效益也因此大幅度地增长。

第二节　商务沟通的障碍和沟通的途径

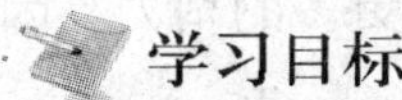

学习目标

- 了解沟通的完整过程。
- 明确沟通障碍产生的原因，能在具体沟通中适度避免沟通障碍。
- 掌握有效沟通的途径，实现有效沟通。

沟通是商务组织中最为基础和核心的环节，它关系到组织目标的实现和组织文化的塑造。有效的沟通有利于信息的充分流动和共享，可以提高组织的工作效率，增强组织决策的科学性和合理性。然而，在实际工作中，信息沟通很多时候并不有效、完善以及充分，结果就出现了许多信息扭曲，上下级关系不和谐，上层决策得不到充分执行等不良情况。那么，如何有效地改善商务沟通，以避免或减少这些问题的出现呢？

案例导引

杨瑞是一个刚从大学毕业的姑娘，进入某地一家小型的家族企业。她发现总经理根本没有管理理念。在总经理眼里，只有技术最重要，只要能赚钱，其他一切都无所谓。

在进入公司的第五天，杨瑞拿着建议书进了总经理的办公室。

"王经理，我到公司快一个星期了，有些建议想跟您谈谈，您有时间吗?"

"来来来，小杨啊，这些天我一直在忙，本来早应该找你谈谈了。"经理热情地招呼杨瑞。

"经理，我来公司一个星期了。据我观察，咱们公司主要问题是职责不明，员工的薪酬结构随意性太大，缺乏科学合理的管理基础。"杨瑞拿出事先准备好的建议书侃侃而谈。

王经理微微皱了一下眉："你说的问题公司确实存在，但必须承认一个现实——我们公司在盈利，也就是说，我们公司的管理体制有它的合理性。"

"但是，眼前的发展并不等于今后也可以发展，很多家族企业最后都败在管理上。"

"好了，那你有具体方案吗？"

"目前没有，只是有些想法。如果能得到您的支持，做出方案只是个时间问题。"

"那你先回去做方案，建议书放在这里，我看完后再给你答复。"王经理的注意力又回到他原先在看的研究报告上。

杨瑞感到了可能不被接受的冷落。

果然，杨瑞的建议书后来石沉大海，王经理也再没有跟杨瑞提起建议书的事。杨瑞陷入了困惑之中。

应该说，这是一次失败的沟通，杨瑞想从公司利益出发，解决公司在管理上的问题。也想通过向上级领导提建议的方式，使领导认可自身的能力，使自己获得上升的空间。但作为公司领导的总经理，他更多关注的是公司的盈利问题，并且认为作为一家家族企业，想改变管理上的问题是不可能的，也不想在管理方面花费更多的精力。因此，杨瑞的建议也就很难得到总经理的认可。

思考：杨瑞在这次沟通中失败的原因是什么？如果下一次她去与王经理沟通，应该在哪些方面进行改进？

一、沟通的完整过程

沟通其实是一个完整的双向过程：发送者要把他（她）想表达的信息、思想和情感，通过信息编码（语言）发送给接收者。当接收者接到信息、思想和情感以后，会提出一些问题给对方反馈，这就形成一个完整的双向沟通过程。一般来说，一个完整的沟通过程主要包括以下几个环节：信息策划、信息编码、信息传输、信息解码、信息反馈、沟通干扰。

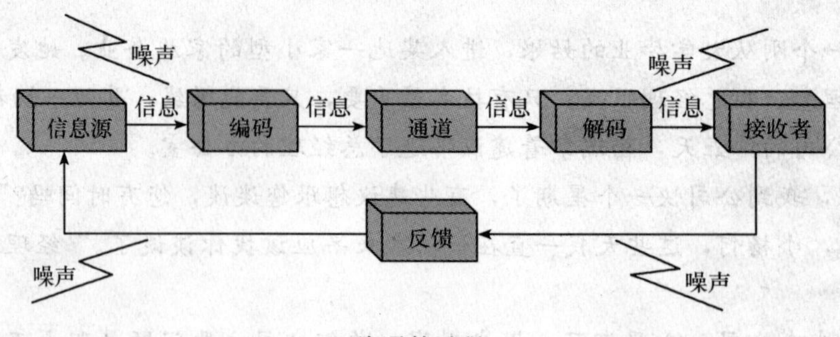

沟通的过程

二、沟通的障碍

一般来说，能产生以下几种效果的沟通，通常都是有效沟通：能拉近距离的沟通，能增进了解的沟通，能建立信任的沟通，能达成协议的沟通，能消除误解的沟通，能解决问题的沟通，能维系关系的沟通。但实践证明，信息沟通的过程并非都是畅通无阻的，其结果也并非都能如人所愿。

在沟通过程中，由于诸多沟通要素的存在，各种干扰源的不可避免，致使沟通过程会出现各种障碍，从而导致沟通失败或无法实现沟通的目的。如果在日常生活中你听到了这些话："如果你的意思正是这样，那又为何不这么说？""不好意思，我实在没听明白。"……那么，就是沟通障碍出现了。

案例：唐朝末年，正值兵荒马乱之时，物资奇缺。隆冬时节，有一秀才去买柴。他对卖柴的人说："荷薪者过来！"卖柴的人虽然听不懂"荷薪者"（担柴的人）三个字，但是听得懂"过来"这个词，于是把柴担到秀才前面。

秀才开口便问："其价如何？"卖柴的人听不太懂这句话，但是听得懂"价"这个字，于是就告诉秀才价钱。秀才接着说："外实而内虚，烟多而焰少，请损之（你的木材外表是干的，里头却是湿的，燃烧起来，会浓烟多而火焰小，请减些价钱吧）。"

卖柴的人愣了半天，还是听不懂秀才的话，于是担着柴就走了。

寒风中等柴烧的秀才好不郁闷啊！

思考：为什么卖柴人听不懂秀才所说的话？这是卖柴人的问题吗？

1. 物理性沟通障碍

物理性沟通障碍指沟通场所、沟通环境等方面的某些要素减弱或者隔断了信息的传递或者接收。这些障碍具有客观性，但却影响到了沟通的效果。一个典型的物理障碍就是突然出现的干扰噪声盖过了说话的声音，比如会谈中，窗外突然传来洒水车的音乐声。这时，就算会谈的两人礼貌性地不去注意外面的声音，尽力集中精神，但实际上仍然受到了干扰。再比如说，整洁的、开放式的办公环境等也会影响沟通者的知觉，使其不敢大声表达。在一个千人礼堂演讲和在自己办公室慷慨陈词，沟通的效果也会大相径庭。

其他物理障碍还包括人和人之间的距离，墙或干扰无线电信号的静电，沟通时人员过杂，沟通位置过于分散，沟通信息过量，等等。

案例1：1941年12月，日本偷袭了珍珠港。到了1942年，罗斯福总统在他的档案间里面突然发现一份文件，说："哎呀，中国在去年4月就通知我们，日本人可能偷袭珍珠港。"原来第一个知道日本可能偷袭珍珠港的是中国情报部。根据当时的情报分析，中国认为日本人可能要发动太平洋战争，偷袭珍珠港。于是向美国国防部发布了信息。

没想到的是，因为当时办公室比较混乱，需要处理的信息过多，这么重要的一条信息却被淹没在了一大堆的档案里面。等到罗斯福第二年4月看到的时候，珍珠港偷袭已经过去5个月了。

阅读卡：由托马斯、佩里斯、福斯等咨询公司发起的对26家美国和加拿大企业的调查得出大致相同的结论：员工从“小道消息”获得的信息量仅次于上级领导，90%的人都希望上级领导成为“优先信息来源”。研究还指出，如果上级领导等正式沟通不能完全满足员工的信息需要，则不受控制的、非正式的沟通网络将会成为企业经营方针与发展方向的基本信息源。

2. 管理性沟通障碍

管理性沟通障碍，即在沟通观念、领导方式、沟通体制、与沟通相关的权限、职责设置等方面对沟通效果的影响。在管理实践中，信息沟通的成败主要取决于上级与上级、领导与员工之间是否能展开全面有效的合作。但在很多情况下，这些合作往往会因下属的恐惧心理以及沟通双方的个人心理品质而形成障碍。管理者作为管理活动的主要执行者与参与者，在组织沟通中占据主导地位。他们往往过多考虑自己的尊严，在发送信息时，简单扼要，不做过多的说明。而低位接收者心情紧张，对不明了之处也不敢多问或陈述自己的信息，致使无法真正理解发送者的意图，造成沟通上的障碍。

据统计，如果信息在高层管理者那里的正确性是100%，到了信息的接收者那里可能只剩下20%的正确性。这是因为，在沟通的过程中，各级管理者或部门都会将接收到的信息进行甄别，并且一层一层过滤，然后再将可能已被断章取义的信息发布至下一层级。并且，在甄选过程中，还掺杂了大量的主观因素，尤其是当发送的信息涉及传递者本身时，往往会由于心理等方面的原因，造成信息失真。

案例1：有这样一个有趣的例子。老板告诉其秘书：“你帮我查一查我们有多少人在华盛顿工作，星期四的会议上董事长将会问到这一情况，我希望准备得详细一点。”于是这位秘书打电话告诉华盛顿分公司的秘书：“董事长需要一份你们公司所有工作人员的名单和档案，请准备一下，我们在两天内需要。”分公司的秘书又告诉其经理：“董事长需要一份我们公司所有工作人员的名单和档案，可能还有其他材料，需要尽快送到。”结果第二天早晨，四大箱航空邮件到了总公司大楼。

案例2：《中国新时代》记者采访EF英孚教育亚洲执行副总裁徐庆菁。

记者走进EF英孚教育位于上海的亚太总部时，便被其“树屋”设计的开放式办公楼所吸引。所有员工（包括总裁）都坐在同一层楼，一样的椅子，一样的桌子，一样的格子工位，不经介绍，根本分辨不出谁是总裁谁是前台工作人员。

“我们首先希望我们的办公室体现的是一个无障碍、能促进沟通的环境，我们没有一个老板是坐在办公室里面办公的。”徐庆菁介绍，“我们的环境是非常开放的，当初的设计使命就是打破人员之间沟通的障碍。所以我们的CEO，包括所有的管理者都坐在公共区域内，实现了从总裁到前台的全方位沟通。”

3. 心理性沟通障碍

心理性沟通障碍，一般是由知识、经验水平的差距所导致的障碍。在信息沟通中，如果双方经验水平和知识水平差距过大，就会产生沟通障碍。在现实生活中，人们往往会凭经验办事。一个经验丰富的人往往会对信息沟通做通盘考虑，谨慎细心；而一个初出茅庐者往往会不知所措，使彼此理解的差距拉大，形成沟通的障碍。

另外，接收者若对信息发送者抱有不信任感，心怀敌意，或由于紧张、恐惧，而影响接收效果，或歪曲了对方传达的内容等，均会造成沟通上的严重障碍。有时，良好的情绪会让沟通变得更加流畅；而不佳的心理状态或情绪则会使沟通过程磕磕绊绊，变得低效、无效甚至产生副作用。

案例：业务员小王早早地来到了一家烟酒店，希望能拜访一下这家店的老板。由于是第一次相见，小王很不熟悉店老板。进店之后，小王与老板寒暄了几句后，说明了来意，顺便花了3分钟时间介绍了公司的产品。本来还想继续说下去，但是看到老板很不耐烦的样子，也就不好意思再说了。于是，小王赶紧接着说：“老板，我这次来拜访您，主要是向您推荐一下我公司的最新产品，价位88元，零售可以卖到98～108元。并且公司还有促销，力度很大，一箱赠送价值50元的可乐，您看，要不来一箱，试试看?”老板只是轻描淡写地说了一句：“哎呀，现在业务员比顾客还要多呀，温度比酒度还要高啊！你看，我这哪有地方摆放啊？等有地方再说吧！”说完，指指堆满白酒的货架，示意小王自己去看。小王看了一眼，的确是这样，到处都是酒啊！无奈之下，小王向老板告辞后，走出了这家烟酒店……

思考：这么大的新产品促销力度，小王为什么还是没有打动店老板？如果你是小王，会怎样面对这样的问题呢？

4. 语言性沟通障碍

人与人之间的信息沟通主要是借助于语言（包括口头语言和书面语言）来进行的，而语言只是作为交流思想的工具，它并非思想本身。人们的语言修养不同，表达能力不同，对同一种思想、观念或事物，有的人表达得很清楚，有的人却表达不清楚。此外，用文字来表达思想感情或描述事物时，不可避免地会产生语义上的障碍，比如语言使用不当，文字不通顺或模棱两可，用词不当或用了错别字等，都易引起理解困难或误解，从而影响沟通。

当来自不同文化背景的人们进行沟通时，语言性障碍造成的问题就更加严重。沟通双方不仅要能够理解对方语言的字面含义，还必须在特定的情境下理解词句以及它们被表达的方式（语音、语调以及相应的非语义姿势）。正在形成的全球经济一体化，就要求所有敏感的管理者在跨文化沟通时克服语言障碍所带来的额外负担。

案例：某公司市场部在饭店宴请客人。接待人员小王看时间到了还有两位客人没来，非常着急，便说："怎么搞的，该来的客人怎么还不来?"一位敏感的客人听到了，心想："该来的没来，那我们是不该来的?"于是，找了个借口走了。小王一看有客人走了，更加着急，说："不该走的客人怎么走了呢?"剩下的客人一听，心想："走了的是不该走的，那我们这些没走的是该走的了!"于是，纷纷找借口离开了。最后还有一位跟小王关系较好的客人看到这种尴尬的场面，就劝他说："你说话前应该先考虑一下，否则说错了，就不容易收回来了。"小王大叫冤枉："我说的又不是他们!"客人听了大为恼火，说："不是叫他们走，那是叫我走了!"说完头也不回地离开了。

三、有效沟通的途径

1. 明确沟通的目的

有效沟通应该具有明确的沟通目的或目标，否则会造成信息发送者所发信息的混乱、模糊、含混不清，而接收者只能靠经验和场景猜测对方的用意，极易导致沟通产生误差或沟通失败。

如果是正式的商务沟通，更应当明确沟通的目标。当一个员工推开管理者办公室的门之前，他必须清楚理解自己的目标是什么，是仅仅汇报工作进展，还是就相关问题和管理者展开讨论，从管理者那里获取资源和支持；是为了表现自己，还是从部门的整体绩效角度考虑，形成系统的工作思路。管理者也是一样，在沟通之前，要清楚这个工作任务的目标是什么，它和组织哪个目标相关联，这个目标如何阐述可以让员工有更加清晰的理解；自己应该如何和员工合作，才能达到共同创造高绩效的目的；为了达成这个目标，自己需要做哪些调整，以适应员工的要求。另外，当面对一个复杂的沟通环境时，更应该有明确的沟通目标，明白哪些是迫切需要解决的，哪些可以暂缓；哪些是自己职责所在，哪些可以委托他人，必须由自己沟通解决。

阅读卡：美国著名的公共关系专家特立普、森特在他们合著的被誉为"公关圣经"的著作《有效的公共关系》中提出了有效沟通的"七C原则"：

1. Credibility：可信赖性，即建立对传播者的信赖。

2. Context：一致性，指传播必须与环境相协调。

3. Content：内容的可接受性，指传播内容必须满足受众的需要。

4. Clarity：表达的明确性，指信息的组织形式应该简洁明了。

5. Channels：渠道的多样性，运用各种传播媒介达到传播信息的作用。

6. Continuity and consistency：持续性与连贯性，必须对信息进行重复，但又必须在重复中不断补充新的内容。

7. Capability of audience：受众能力的差异性。

2. 掌握沟通的时间和环境

在沟通开始前，要先考虑一下沟通信息的时间、时机以及沟通的场所，以避免由于不当的时间和地点可能造成的沟通干扰，从而提高沟通效果。例如，在沟通对象正大汗淋漓地忙于工作时，你要求他与你商量下次聚会的事情，显然不合时宜。同理，礼堂是演讲和表演的好地方，但对于面对面的交谈就不太适合。所以，要想取得良好的沟通效果，必须掌握好沟通的时间，把握好沟通的火候，运用好沟通的环境。

案例：到某地旅游的小王一家在起程回家前，来到了所住饭店附近的商场，想买一点纪念品带回家。当他们走进商场门口，有一位服务人员就迎来。她一直跟着小王他们，喋喋不休地推销商品。小王听得有些不耐烦了，因为她没完没了地介绍，影响了他们家人之间的交流。于是，小王对服务员说："我们需要的时候再叫你，好吗？"可那位服务员说："不行，我必须陪着你们，这是我们商场的规定。"最后弄得小王一家失去了购物的兴趣，很快离开了商场。

思考：为什么本来想买纪念品的小王一家很快就离开了商场？服务员的哪些做法不恰当？

3. 明确沟通的对象

猎人没有明确狩猎的对象——猎物，结果肯定是空手而归。沟通也一样，如果不明确沟通的对象，结果可想而知。对沟通对象的分析，意味着要了解对方的性格、兴趣、价值观和需求等多方面的信息，从而选择适宜的沟通方式。在了解的基础上，成功的沟通者就会学会换位思考，站在接收者的立场，从而使沟通变得分外顺畅。所以，在与人进行沟通时，了解沟通对象显得尤为重要。例如，你的一份报告传给你的同事或交给你的上级，那是一种信息的沟通；而你在和客户一起沟通的过程中，更重要的是为了增加你和客户之间的感情与信任，这个时候，信息是次要的，情感是主要的。

案例：小羊请小狗吃饭，准备了一桌鲜嫩的青草，结果，小狗勉强吃了两口，就再也吃不下去了。过了几天，小狗请小羊吃饭，小狗想："我不能像小羊那样小气，我一定要用最丰盛的宴席来招待它。"于是小狗准备了一桌上好的排骨，小羊一口也吃不下去。

4. 掌握沟通的方法

在商务沟通中，沟通风格和沟通的语气都将决定沟通成功与否。例如，某些场合需要幽默及非正式感，有些场合却要求高度严肃。有时你只想传达纯粹的事实，有时却想不惜一切代价抓住对方的注意力。

古语云："言不在多，达意则灵。"清晰、充满活力的语言容易使对方理解并信服，而晦涩、没有生气的语言则会让信息变得令人难以理解。一个善于与人沟通的人，不仅可以缩短彼此间的距离，还能使沟通气氛和谐融洽。因此，沟通者说话要简洁，语言要精练，要能够恰如其分地表情达意，并尽可能以简洁的语言表达出深刻的内涵。反之，有的人说话费了很大的精力，仍使人抓不住他所要表达的意思。这样的话，即使用词再瑰丽也没用。有的人沟通时空话连篇，啰唆重复，枝蔓芜杂，瞎聊乱侃，讲了半天也听不出个所以然。这样只会害人害己，不但起不到沟通的效果，反而会使人产生各种误会，损害自己的形象。

案例：艾森豪威尔是第二次世界大战时的盟军统帅。有一次，他看见一个士兵从早到晚一直挖壕沟，就走过去跟他说："大兵，现在日子过得还好吧?"士兵一看是将军，敬了个礼后说："这哪是人过的日子哦！我在这边没日没夜地挖。"艾森豪威尔说："我想也是，你上来，我们走一走。"艾森豪威尔就带他在那个营区里面绕了一圈，告诉他当一个将军的痛苦和肩膀上挂了几颗星以后，还被参谋长骂的那种难受，打仗前一天晚上睡不着觉的那种压力，以及对未来前途的那种迷惘。

最后，艾森豪威尔对士兵说："我们两个一样，不要看你在坑里面，我在帐篷里面，其实谁的痛苦大还不知道呢，也许你还没死的时候，我就活活被压力给压死了。"这样绕了一圈，又绕到那个坑附近的时候，士兵说："将军，我看我还是挖我的壕沟吧!"

5. **充分利用反馈机制**

反馈就是沟通双方期望得到一种信息的回流。在沟通的每一个阶段，都需要寻求受众的支持，更重要的是要给受众回应的机会。通过反馈，可以得知对方是否接收和理解说话者发出的信息。了解对方的感觉，才能真正使对方对沟通的过程和有效性加以正确的把握。因此，在与别人沟通中，即使是一个很好的题材，别人很感兴趣，说话也要适可而止，让别人有说话的机会。同时，积极注意别人对话题的反馈。当说到某一细节时，可用征询的语气问问别人对该话题的看法，或请别人谈谈他们的见解，千万不要让对方干听着，这样才能实现更有效的沟通。千万不要以为别人爱听你说话，就不管别人的兴趣与否滔滔不绝地说，这就违背了沟通之道。

案例：肖明是一家公司的秘书，为人非常热情。公司里只要谁有事请他帮忙，他都不会拒绝，因此，和同事们相处得还算可以。但是，大家都不太愿意和肖明讲话，大家一致认为：跟肖明聊天，挺没劲。原来，平时肖明和同事谈话时，只要他一张嘴，别人就没有开口的机会。即使别人想插上两句，也马上会被他打断——"是的，其实呀""没错，就这样"，接着又继续他自己的独白……久而久之，同事们都不愿和肖明说话了。

6. **以行动强化语言**

传递信息内容有两种方式：一种是口头语言，另一种就是肢体语言。在同别人沟通的时候，你说什么话是很重要的，但只有加入相应的肢体语言，你所要传递的信息内容才会更加确切。只注重口头语言不注重肢体语言，沟通效果会大打折扣。就像我们每一个人每天都会听到很多的口号，如迎宾员所说的"欢迎光临"，是否让我们感觉到真正的"欢迎光临"呢？其实，我们有时接收到的仅仅是"欢迎光临"这四个字带给我们的信息，却没有感受到她喊这句话时肢体语言传递给我们顾客的情感。

有一项研究发现，在面对面的沟通中，有65%是以非语言信息如眼神、姿态等传递的，而这些非语言的信息恰恰代表了人的本能，可以反映一个人的真实想法。因此，在沟通过程中，应该非常注重以行动来强化自己的信息传递。

案例： 英子是移动公司的一位客服人员，上班过马路时被车子擦了一下，心情不好。刚上班，就碰上一位客户前来投诉。英子试图耐心地对他解释，可对方根本就不听。看着蛮不讲理的客户，英子的火气也大了，她眉毛向上挑着，嘴角向下咧着，嘴唇也有些轻微的颤抖，再过一秒钟就有破口大骂的可能。

客服主管看到了这一幕，赶忙过来"劝架"。他把客户请进了办公室，面带微笑地问："先生，您能把您的具体问题跟我说一下吗？我一定尽力帮您解决。"

那位先生稍微缓和了些，说："以前我就是用你们的宽带，1.5兆的，感觉速度挺快的。可换了2兆的之后，网速一点都没有快！"

客服主管很关切地说："真的啊。我想一定是有些地方出了问题。您先别着急，我马上让我们的技术人员去您那里检查一下。"然后，客服主管就陪着客户，带上一名技术人员出发了。

练习巩固

1. 认真阅读下面的案例，分析这个人为什么乘错了车，他在与其他乘客的沟通中出现了什么障碍？如果换成是你，你会怎样做？

一个人打算乘坐公共汽车旅行，汽车上午9点离开9号港湾。现在是9点钟，一辆汽车停在9号港湾站。这个人问："这是9号港湾站吗？"另一位乘客答道："是的。"于是这个人跳上即将开出的汽车。但是他乘错了车，因为这是一辆晚点的从9号港湾站开往另一个方向的汽车。

2. 阅读下面的案例，讨论下面两个问题。

(1) 你认为造成51航班失事的主要原因是什么？

(2) 飞行员与机场管理员之间在沟通上存在什么问题，原因是什么？

1990年1月15日晚7:40，阿维安卡51航班飞行在美国南新泽西海岸上空3.7万英尺高空。机上的油量可以维持近两个小时的航程，在正常情况下飞机降落至纽约肯尼迪机场仅需不到半个小时的时间，这一缓冲保护措施可以说是十分安全。然而此后发生了一系列耽搁。首先，晚上8:00整，肯尼迪机场航空交通管理员通知51航班的飞行员，由于严重的交通问题他们必须在机场上空盘旋待命。8:45，51航班的副驾驶员向肯尼迪机场报告他们的"燃料快用完了"，管理员收到了这一信息。但在9:14之前，飞机仍没有被批准降落。在此之前，阿维安卡机组成员再没有向肯尼迪机场传送任何情况十分危急的信息，但飞机座舱中的机组成员却相互紧张地通知他们的燃料供给出现了危机。

9:14，51 航班第一次试降失败，由于飞行高度太低及能见度太差，无法保证安全着陆。当肯尼迪机场指示 51 航班进行第二次试降时，机组人员再次提到他们的燃料将要用尽，但飞行员却告诉管理员新分配的飞机跑道“可行”。9:31，飞机的两个引擎失灵，1 分钟后，另外两个引擎也停止了工作，耗尽了燃料的飞机于 9:34 坠毁于长岛，机上 73 名人员全部遇难。

3. 阅读下面的案例，讨论分析：扁鹊的沟通方式是否有问题？场合对不对？为什么没有得到对方的信任？

扁鹊见蔡桓公，立有间。扁鹊曰：“君有疾在腠理，不治将恐深。”桓侯曰：“寡人无疾。”扁鹊出，桓侯曰：“医之好治不病以为功。”居十日，扁鹊复见，曰：“君之病在肌肤，不治将益深。”桓侯不应。扁鹊出，桓侯又不悦。居十日，扁鹊复见，曰：“君之病在肠胃，不治将益深。”桓侯又不应。扁鹊出，桓侯又不悦。居十日，扁鹊望桓侯而还走。桓侯故使人问之，扁鹊曰：“疾在腠理，汤熨之所及也；在肌肤，针石之所及也；在肠胃，火齐之所及也；在骨髓，司命之所属，无奈何也。今在骨髓，臣是以无请也。”居五日，桓侯体痛，使人索扁鹊，已逃秦矣。桓侯遂死。

第二章 商务沟通基本形式

第一节 口头沟通

学习目标

- 了解口头沟通的特点和要求。
- 明确口头沟通中答问的技巧。
- 会抓住时机，有效提问；并能认清问题本质，巧妙回答。

口头沟通，是指运用口头表达的方式进行信息的传递和交流，是人际间最直接、最广泛、最简便的言语交往形式。具有话题灵活、听说兼顾、口语化等特点。它既可以是两个人之间的娓娓深谈，也可以是群体中的雄辩舌战；既可以是非正式的聊天，也可以是正式的磋商；既可以是即兴发挥，也可以是有备而来。通过口头交流，可以直接交流思想、联络感情、互通情报、洽谈事务、切磋技艺、商讨对策等。口头沟通主要包括口头汇报、交谈、讨论、会谈、演讲等，本节主要从交谈、问答等方面进行阐述。而演讲、应聘面试等放在第四章专门展开。

案例导引

小张踏实肯干，吃苦耐劳，执行力强，工作到位。但他自视甚高，极要面子，不善于沟通。他在单位因营销策略与马经理不合，一气之下辞职。结果一年后，又在新单位和总经理意见不合，再次辞职，而且找了很多工作都不能如愿。马经理听说后，考虑到小张的亲戚和自己私交甚好，又想到小张确有过人之处，决定再找小张回来工作。于是便将联系小张的任务交给了与小张关系很好的小红。

马经理："小红啊，听说小张失业了，在找工作，你跟他有联系吗?"

小红："和他联系不多，但我听说他的事情了。"

马经理："他这个人太自负，不改改恐怕没人愿意跟他长期合作啊。"

小红："是啊，看他能不能吸取教训。"

马经理："他的优势很明显，踏实肯干，做事执行力强。（稍停）这样，你找个时间和他谈谈，（又稍停）让他知道我的想法让他再来我这里做。"

（小红接受了任务，便约小张出来喝茶）

小红："这段时间马经理可是忙得焦头烂额！你走了之后一直没进人。"

小张（很疑惑）："为什么没进人呢？"

小红："来了几个实习生，马经理很不满意，没留下。"（小张没作声）

小红："前阵子马经理还提到你呢。"（小张望了望小红）

小红："你知道他怎么评价你吗？"

小张："一定是说又臭又硬，他以前就这么说我。"

小红："哈哈，你还记仇呢！"（小张没说话）

小红："马经理说你是一个缺点很突出，优点也很突出的人。还说你能安心在一个地方做下去，一定能干一番事业呢。"

小张（有些动容）举起杯子："来，喝茶，别说了。"

过了几天，马经理找到小张，说："你都不知道我现在忙成什么样子了。做事也不顺，想当初你在的时候我们干得多红火啊。听说你现在正在找工作？我说啊，你能不能回来算了？要不帮我一阵也好啊。"

小张本来就很后悔当初太冲动，又听说马经理其实挺看重自己的，现在又亲自请他回去，就爽快地答应了。

仔细分析上述案例不难发现，小红准确理解了马经理的意思，为马经理下一步找小张谈话，直接邀请他重回公司做事做了成功的铺垫。小红那些似乎是家长里短的话语，实际上却显示出了她高超的交谈技巧。比如，小红并没有把马经理说小张"他这个人太自负，不改改恐怕没人愿意跟他长期合作"告诉小张，而是说他"缺点很突出，优点也很突出"，这样有利于小张今后与马经理的长期合作。最后又用"你能安心在一个地方做下去，一定能干一番事业呢"这样的话语，激励小张找个合适的岗位，稳扎稳打，干一番事业的热情。

思考：

1. 你认为等马经理亲自去请小张时，小张会怎样表达？
2. 你认为在口头沟通时，我们应该注意些什么？

一、口头沟通的特点

1. 随机性

口头沟通是随意性很强的反应性语言活动，具有临时性、突发性和不可预测性。沟通中会出现一些突如其来的变化、难以预测的事态等，使得沟通难以持续下去。这往往需要沟通双方临阵不乱，随机应变，巧妙地摆脱困境。因此，口头沟通时，话题可以只有一个，对此进行深入交流；也可以根据情形的改变从一个话题跳跃到另一个话题。并且，交流双方或多方只是为了沟通的顺利进行，一般都是脱口而出，没有对语言进行深度的加工，也不能任意改动、任意润色。

案例：

甲："东，你放假去了哪里玩呀？"

乙："去了北京，玩了 14 天，真好玩呀。"（个人感受）

甲："我上次放假也去了北京玩，都觉得好好玩！你认为北京哪里最好玩？"（个人经验及感受）

乙："我觉得去长城最好玩，不过处处都要收钱，真扫兴。"（个人感受）

甲："是啊！我也有同感，我觉得现在北京变得商业化了，不像以前了。"（个人意见）

2. 互动性

口头沟通中交际双方是互为主客体的对话关系，沟通的过程就是不断了解对方、不断交流彼此思想的过程，是一个思想不断碰撞、求同存异的过程，中间需要理解和反馈。在这种方式下，信息可以在最短时间里进行传送，并在最短时间内得到对方的回复。沟通各方要注意对别人的讲话及时回应，在理解对方的信息之后，再随其言进行进一步交流。说话一方不仅要考虑如何组织语言、表达思想，还必须根据听话一方的反应及时调整自己的话题，采取灵活的策略，例如停顿、重复、解释、转换话题等。如果接收者对信息不确定，迅速的反馈可以使发送者及时核查其中不够明确的地方，并且及早更正错误。

案例：魏王问张旄说："我想和秦国一道攻打韩国，怎么样？"张旄回答说："韩国是准备坐等亡国呢，还是割地与诸侯结盟呢？"魏王说："韩国准备割地与诸侯结盟。"张旄说："韩国怨恨魏国呢，还是怨恨秦国呢？"魏王说："怨恨魏国。"张旄说："韩国认为秦国强，还是魏国强呢？"魏王说："认为秦国强。"张旄说："韩国准备与他认为的强国和无怨恨的国家割地结盟呢，还是与他认为的不强和有怨恨的国家割地结盟呢？"魏王说："韩国准备与他认为的强国和无怨恨的国家割地结盟。"张旄说："那么攻打韩国的大事大王自己已经明白了。"魏王明白了。

3. 简缩性

在口头交流中，一般都采用日常口语，句子短小、简洁，浅显易懂。并且辅之以神态、语境等，使沟通的语言显得精练、传神。有的事物不言而喻，有的意思心照不宣。再加上沟通时的表情以及举手投足的动作，都能以非语言形式补充和代替沟通中省略的成分与信息。

案例：小刘和一个朋友到电影院去看电影，电影海报上写了个杜比音响。朋友见了，就在旁边自言自语："怎么每个电影院都说杜比音响，什么叫杜比音响？"小刘说：

“杜比音响就是声音的洗衣机。音带录出来的时候上面有很多杂质，如果你不用一个系统操作将杂质洗掉，在放大的时候噪声会很大；而没有杂质的原音在放大的时候只有震撼效果，不会显得嘈杂，这种系统就叫杜比音响。所以，简单地讲，杜比音响就是声音的洗衣机。”

“哦，我明白了。”

二、口头沟通的要求

1. 尊重对方，真诚沟通

尊重是一种礼貌，更是人们之间友谊的桥梁。在生活中，体现对人的尊重也是一种艺术。而要能有效地沟通，就必须在尊重的前提下，才能事半功倍。人们都有这样的体会：对一个尊重自己的人，心里会感到由衷的喜欢和亲近。即使在本来双方观点差距很大时，也会因为对方的尊重，而使矛盾淡化，问题变得容易解决。

> **阅读卡：**亚历山德拉法则：要想做到和人交往过程中沟通有效，就要做到以对方为中心。这个法则启示我们，在社交中处理人际关系时，要尊重人，待人真诚，公正待人。

一般来说，为了表示尊重，口头沟通有“六不谈”，即不能说对方不熟悉的领域或者对象；不涉及国家秘密和行业秘密；不议论交往对象的是非，客不择主；不在背后议论领导、同行竞争对手和同事，怨天尤人；不谈格调不高的问题，比如绯闻、凶杀等；不谈论个人隐私问题。这样，才能保证口头沟通在轻松的氛围下进行。

案例：李经理焦急地在办公室里走来走去：“糟了，糟了，方老板提供给我们的材料质量根本不合格，还是王老板那家的好。我怎么这么糊涂啊，还写信痛骂王老板，说他是骗子、奸商！”

“我早就跟你说了，方老板这人靠不住，你就是不听。”旁边的张秘书说道。

“都怪我当时在气头上，还想王老板的价格怎么会比方老板高出一倍。”李经理说道，“对了，我得马上给王老板打个电话向他道歉。”

“不用了，那封信我根本就没有寄。”

“哦。”李经理缓了缓气，不过忽然又想到了什么，“我当时叫你立刻将信寄出去，你为何没寄？”

“呵呵，我就知道您会后悔的，所以我把信压下来了。”张秘书略显得意地笑着说。

李经理又想到什么：“那我叫你寄到广州的那几封信，你也没寄？也给压下来了？”

张秘书不慌不忙地回答说：“寄了。我知道哪些该寄哪些不该寄。”

“你知道哪些该寄哪些不该寄？是听你的，还是听我的！”李经理厉声说道。

“我做错了吗？”张秘书委屈地说。

“是的，你做错了。”李经理严肃地说道。

张秘书始终理解不了自己到底哪里做错了，认为李经理是一个不讲道理的人。于是有一天，她找到其他部门的陈经理，向他诉苦："李经理根本就是是非不分，我没法在他那个部门做事了，我想调到您这儿来。"

"好的，好的，我会安排的。"陈经理笑着说。

三天后，张秘书收到了一封解聘书。

思考：张秘书帮李经理避免了错误和尴尬，为何还被李经理批评？三天后，为什么张秘书不仅没能到陈经理的部门上班，反而收到了一纸解聘书？

2. 表意清晰，语调适中

为了达到良好的沟通效果，沟通者要注意表意的清晰，也就是信息传递的准确。声音是一种威力强大的媒介，和缓流畅的语气，抑扬顿挫的声调，快慢得体的语速，不仅有利于更好地表达自己的思想，而且能给人以美的享受，给对方留下良好的印象。特别是语调，它能反映出一个人说话时的内心世界，表露出内心的情感和态度。因此，从一个人的语调中，听话者可以感受到你是一个令人信服、可亲可近的人，还是一个呆板保守、具有挑衅性的人；是一个优柔寡断、自卑的人，还是一个诚实自信、坦率待人的人。因此，在口头沟通中，要特别注意语调的起伏控制，以适中的语调表达自己的思想观点，赢得对方的好感，促成进一步沟通。

案例：有位名牌大学中文系毕业的高才生，在人才招聘会上，想让某公司经理招聘其为办公室秘书。但她在经理面前进行自我推销时说话拐弯抹角，半天不切主题。她先说："经理，听说你们公司的环境相当不错。"经理点了点头。接着，她又说："现在高学历的人才是越来越多了。"经理还是点了点头，什么也没说。而后，她又说："经理，秘书一般要大学毕业，要比较能写吧？"高才生的话兜了一个大大的圈子，还是未能道出自己的本意。岂料，这位经理是个急性子，他喜欢别人与他一样，说话办事干脆利落。结果话未说完，经理便找借口结束了这次会谈，高才生的求职也化成了泡影。

3. 双向交流，信息互通

在口头沟通中，说者与听者的身份双方都兼而有之，有时是你说我听，有时又是我说你听，是一种双向的言语交际活动。双方互为听众，在一种共同的信息交换活动中，围绕共同话题，发表各自意见。在话题的提出、展开和完成过程中，双方需要互相配合、激发和补充。因此，切忌一方不顾对方的反应和感受，口若悬河，滔滔不绝。

阅读卡：古希腊有一句民谚说："聪明的人，借助经验说话；而更聪明的人，根据经验不说话。"

案例：詹姆斯先生是一位计算机专家，他来中国讲学时，受到了热烈欢迎。有一次，在讲座中间休息的时候，大家在一起聊天，一位年轻的学者问道："请问挑战者号航天飞机究竟是因为什么原因坠毁的？"岂料詹姆斯支吾良久说："很抱歉，我不太清楚……"这位年轻学者得意洋洋地说："据我了解，是由于右侧固体火箭推进器尾部一个密封接缝的 O 形环失效，导致加压的热气和火焰从紧邻的外加燃料舱的封缄处喷出，造成结构损坏。O 形环的失效则归因于设计上的缺陷，以及发射那几天的低温都是潜在的因素……”甚至在同伴多次暗示他停止时依然口若悬河。詹姆斯是计算机专家，他对非专业的问题毫不关心，而这位年轻学者却没有让詹姆斯有话可说，导致场面极其尴尬。

4. 注重礼节，适当插话

在口头沟通中，在适当的时机插话会有良好的效果。插话时机不当还不如不插，一来显得不礼貌，二来打断对方的思路也会令对方反感。如果有问题讨论，应该在谈话对方间歇或某一问题告一段落时，把自己的想法以探讨和研究问题的口吻提出来，而且话语要极其简短，切不可自以为是。还要想清楚自己要说什么，怎么插说比较合适。即兴插话、语无伦次地乱讲一通，对方会很扫兴。因为说话者既希望有人听他讲话，更希望听者对他的讲话做出反应。这种愿望有时会通过询问来表现，如“您觉得如何?”“不知道您有什么高见?”“能听听您的看法吗?”这时，你可以适时地说“真有意思”“讲得真好”等来串联沟通的内容。也可以说“那您当时一定……”“原来是这样，那您能谈谈其中的原因吗?”等来延续交谈。这既是一种谈话的礼貌，也有助于完整地听取对方的阐述。

三、提问的策略

在口头沟通中，进行有效提问是沟通双方的共同责任，能使双方从问答中获得对事物更深刻的认识。恰当的提问能使沟通锦上添花，既可以引起对方的注意，也可以为自己获取必要的信息。反之，不适当的提问则会使沟通的过程变得本末倒置，而且还会产生不少矛盾和新的问题，甚至引起沟通双方的不满。因此，在口头沟通中，应该讲究提问的策略。

1. 把握提问的时机

在口头沟通中，提问要审时度势，才能取得良好的效果。为此，在什么时候、什么情况下提问，是很有讲究的。当你理解了对方的谈话内容，正确把握了对方的情感，明确了你要提问的问题时，一定不要着急，等对方充分表达完后，再提出来。这样既可以表示出你对对方的尊重，同时也避免打断对方谈话的思路。提问的时机也不可太迟，如果某个话题已经说过很长时间了，你再反过来提问，对方的思路会重新被打断，认为你没有认真倾听，并且也会延长沟通的时间，势必对双方的沟通产生不好的影响。

有时，还要视对方的心境和现场气氛的不同而定，如果对方踌躇满志时，一般容易接受提问，也能取得良好的效果。还有在对方停顿时，也可以借机提出自己的问题。

案例：一名客户走入某楼盘销售处。

销售员：“您好，欢迎光临××花园！您想先随便看看还是听我们向您介绍?”

客户：“我想先随便看看。”

销售员："好的，这是我们花园小区规划的一些资料，您可以先看看了解一下，有什么需要请到时跟我说。"

客户："好的。"

（客户在小区转了一圈回来，找到销售员。销售员请他坐在客户洽谈区）

销售员："您好，我是这里的销售顾问××，请问您贵姓？"

客户："免贵姓张。"

销售员："张先生，很高兴能为您服务。您在看完资料和实景展示后是不是感觉我们小区的环境很不错？"

客户："看上去还可以。"

销售员："您的小孩上几年级？"

客户："小学三年级。"

销售员："那以后他上学可方便了，而且学校就在小区内，还很安全，是不是？"

客户："是。"

销售员："不知您想买套什么样的房子？"

客户："想买一套三室一厅的，房子的通风、采光要好，一楼和顶楼不考虑。"

销售员："那您希望多大面积比较合适呢？"

客户："120 平方米左右吧。"

销售员："您希望房子离道路近一点还是远一点？"

客户："我喜欢安静一点的环境。"

销售员："那好，我帮您选一套位于小区中央花园旁边的房子，128 平方米，三室一厅……"

思考：销售员在推销房产时的哪些做法值得我们学习？

2. 提出的问题要明确

这里所说的明确，既包括表述问题的词义要明确具体，便于理解，也包括问题内容明确具体，便于回答。所有的问题都必须紧紧围绕谈话的主题，如果提出的问题和对方的谈话内容无关，或者关系不大，对方会认为你不够专注，从而对你产生不好的印象或者某种误解，对双方的有效沟通和人际关系也会产生负面影响。即使对方不介意这些，一些漫无边际的问题也会大大延长沟通时间，且毫无沟通效果。如果提问含混不清或者过于抽象，不仅答者难以回答，还有可能造成曲解和误解。另外，提问时的语言要精练、观点明确，抓住重点。在很多情况下，人们在提问前喜欢加上一些过渡性的语言来引出自己所提的问题，但这些过渡性语言一定要精练。

案例：有一天，费莱德以"一个伟大的推销员"的身份被著名电视节目主持人迈克邀请，出现在迈克的节目中。迈克说："费莱德，你被誉为世界第一推销员，那就卖点东西给我吧！”费莱德毫不犹豫，提出第一个问题：“迈克，你要我卖些什么给你呢？”迈克略感惊讶，随即环顾四周，回答说：“那好吧，就将这个烟灰缸卖给我吧。”

费莱德又一次问：“你为何要买这个烟灰缸呢？”迈克很意外，皱着眉说：“喔，它很新，又很漂亮，还是彩色的。此外，我们正在新建一个演播室，我不想人们随便扔烟头。当然，我们也很想让客人抽烟方便些。”

此时，费莱德思考了一下，突然说：“迈克，你想出价多少来买这个烟灰缸呢？”迈克结结巴巴地说：“最近因为没买烟灰缸……但是，这个烟灰缸又大又漂亮，我想，我会出18到20美元吧。”费莱德问了三个问题后，说：“好吧，迈克，我以18美元的价格把这个烟灰缸卖给你！”一场买卖到此结束！

思考：迈克本意是想为难为一下费莱德，最后怎么反被费莱德牵着鼻子走了？

3. 提问的内容要适度

提问的数量不可过多，如果你提出的问题没完没了，会使对方感到厌烦；与此同时，问题也不可以太少，如果没有什么问题，对方因得不到相关的信息反馈，同样会对你的倾听效果和态度产生疑问。因此，提问时如果疑问过多，可以依据问题的相关内容和逻辑关系把它们整合在一起；如果没有疑问时，为了配合对方，也可以把自己理解的意思用问题的形式表达出来，以得到对方的确认。

有时，提问的速度也会影响沟通的效果，如果提问的速度过快，对方很可能听不清，来不及对问题做出及时反应，会造成沟通的紧张氛围；如果速度过慢，又会让对方觉得不耐烦，失去沟通的兴趣和信心。因此，既要保证能让对方听清楚，又必须做到依据沟通的场所和特定的情境及提问的对象来确定速度的快慢。

阅读卡： **口头沟通五不问**

（1）不问个人收入。若个人收入和交谈对象相差很多，会造成交谈对象心情极为不舒服。

（2）不问年龄。在国外更不能在老人面前谈及年龄问题，国外的老人一直想保持年轻的心态，所以他们忌讳谈及他们的年龄。

（3）不问婚姻和家庭。这样的话题会让有的单身或者特殊人群产生反感。

（4）不问健康问题。

（5）不问职业经历。

4. 提问后应表现出自己的兴趣

当我们提出一个问题后，应该表现出需要对方给予答案的样子，这样会让对方感到我们确实尊重他（她）。等到对方回答之后，再问下一个问题，这样的连续提问法有时会产生戏剧化的效果。比如，对方谈到他在某地做某方面的生意，生意做得不错，利润很可观。这时你就可以说："你对商机把握得很好，你也可以再做一下市场调查，如果可以的话，也可以在这个城市进一步扩展你的商业领域，你说呢?"也许你这小小的延伸会给对方一个好的启示，助其创下巨额收入也有可能。

反之，如果我们提出问题后，表现冷淡，容易造成对方误解，以为我们提出问题是拷问他（她），这样交谈的氛围就不和谐，甚至交谈不下去。如果不等对方回答，频频发问，无休无止，也会让对方无所适从，由此三缄其口。

案例： 某业务员非常善于寻求客源，在对新客户进行产品推销时，他经常说的话是："很乐意和您交谈，提高贵公司的营业额对您一定很重要，是不是?"接着真诚地看着对方，等待对方的反应。这时，很少有人会说"无所谓"。有时，他会说："我想向您介绍我们的××产品，这将有助于您更方便地工作，日子也会过得更加潇洒。您很想达到这个目标，是吗?"然后满面笑容地看着对方。你说，对方还会说"不是"吗?

5. 提问方式应委婉多样

提问一般有两种方式：一种是开放式提问，另一种是封闭式提问。开放式提问给对方回答的空间比较大，能得到比较多的信息，但回答所需的时间也比较长。封闭式提问只用简单的"是"与"否"就能回答，得到的答案比较明确，回答的时间也比较短，但信息量比较小。因此，在提问时要依据具体需要和时间安排来确定哪一种是你最需要的提问方式，也可以将这两种提问方式结合起来一起使用，充分利用两种提问方式的独特优势，分别弥补各自的不足。

在口头沟通中，应该尽量避免盘问式、审问式、命令式、通牒式等不友好、不礼貌的问话方式和语态语气。如果氛围紧张，有些人会对他人的行为、语调或话语产生防卫心理。解决的方法是使用开放性、友好的问句代替"为什么"型的问句。

案例： 某领导在台上作报告，他兴致很高，不知不觉就过了中午12点。不少与会者开始坐立不安了，有人还悄悄说起了话。但领导还在滔滔不绝，似乎没有结束的意思。这时，秘书小王拎起热水瓶，上台去给领导斟茶。一边倒水，一边轻声对领导说："局长，12点了，要不要休息一下?"领导一听，看了看台下，马上回过神来。不到5分钟，领导就笑着说："今天就讲到这儿吧，散会!"

四、回答的策略

回答是对提问的反馈，在正常情况下，一问一答几乎没有什么难度。在商务活动中，答问的总原则是：要有针对性，要礼貌周到，并且形式多样。对于提问的内容要注意倾听，积极思考，弄清问话人的真正动机，得体有效地回答。有时，对于那些突如其来的问题，或是不便回答、无法回答的问题，如何巧妙地应答，需要掌握一些策略。

1. 迎合对方的话题，以其人之道还治其人之身

在口头沟通中，有人或善意或恶意地向你发难，把你推向窘境，这时就需要应变。这种应变，难就难在既要解决这个问题，又不能失礼。为此，可以迎合对方的话题，抓住其中对自己有利的地方，发表自己的独特见解，置对方于尴尬之中。

案例： 卡特竞选美国总统时，一位记者采访卡特的母亲。

记者问："您儿子向选民说，如果他说谎话，大家就不要投他的票。您敢说卡特从来没有说过谎吗?"

卡特母亲："也许我儿子说过谎，但都是善意的。"

记者："什么是善意的谎言?"

卡特母亲："你不记得几分钟前，当你跨进我家门槛时，我对你说你非常漂亮，我见到你很高兴。"

思考： 卡特母亲回答中的潜台词是什么？

2. 认清对方的话题，避实就虚躲锋芒

有时候为了照顾自己的面子，要学会避开别人的提问，如中国的太极拳"避实就虚"。遇上这种情况，不妨在分析清楚对方用意的前提下，巧妙地绕开话题，转换角度谈与之相关的话题。当然，这个转换的话题要自然合理，要敏感、准确地捕捉眼前的事物来进行发挥，才能起到意想不到的效果。有时，不妨在分析清楚对方用意的前提下，先设定一个条件，给问话者一个出其不意的回答。也可以用曲径通幽的方法，或将问题反弹给对方，让提问者自己去解答。

案例： 1986 年世界杯上，阿根廷著名足球运动员马拉多纳打入了一颗"颇有争议的手球"。据说墨西哥一位记者曾拍下了"用手拍球"的镜头。

后来，有一位记者问他那个球是手球还是头球时，他机敏地回答："手球一半是迪戈的，头球一半是马拉多纳的。"马拉多纳的回答故意装糊涂，但是却颇具心计，倘若他直言不讳地承认"确实如此"，那么无疑承认了这场比赛的不公正性。但如果不承认又有失足球明星的风度。这妙不可言的"一半"与"一半"，等于既承认了球是手臂撞入的，颇有明人不做暗事的大将气概，又在规则上肯定了裁判的权威，具有君子之风。

3. 针对对方的话题，模糊概念巧应答

在一些不必要、不可能或不便于把话说得太实、太死的时候，利用"模糊"语言会让你的表意更有"弹性"。生活中还有一类问题，也是我们怎么回答都不对的。有时对方的问题很不好回答，或者说对方的问话很不友善，有的问题你感到可能是一个圈套，回答可能会上当，不回答又会失风度。面对这样的问题，可以微笑着跟对方说："这个问题我没办法回答。"有时也可以顺水推舟，顺着提问者的话题说，但得出的是一个相对荒谬的答案，这样既缓和了气氛，也使对方觉得无趣。

案例： 北宋王安石的儿子王元泽幼年时，有一位客人知其不辨同笼的獐和鹿，却故意问他："哪一头是獐，哪一头是鹿?"王元泽不慌不忙，沉着答道："獐旁边的那头是鹿，鹿旁边的那头是獐。"王元泽虽年幼，却知道模糊语言的作用，机智地为自己解了

围，充分显示了他的应变能力。

4. 绕开对方话题，幽默机智化解

幽默是表示“不”的最佳方法。有很多问题，我们不想回答，或者很难回答，就可以以某种巧妙的又非逻辑的幽默方式进行回答，给大家一个新颖、独特的答案，从而摆脱困境，变被动为主动。同时还能起到活跃气氛、融洽感情的作用。

案例 1：有一次，沙叶新应邀出访美国，在与美国社会各界的接触中，进行了广泛的沟通与交流。其间，有人向沙叶新突发奇问：“你认为美国好还是中国好?”值此友好交往场合，无论是说美国好还是说中国好，都是欠妥的回答。沙叶新从容答道：“美国有美国的弊端，中国有中国的好处；美国、中国均有自身的缺陷，这叫‘美中’不足……”顿时使局促、尴尬的气氛变得轻松、和缓。

案例 2：一次服装展销会上，一位工作人员正在向客户介绍服装的质料、样式等。突然一位顾客大声说：“式样不错，就是老点。”工作人员一听，立即回答说：“这位先生说得真好，我们的服装式样好，又是老店，保质保量……”

1. 阅读下面的案例，请你谈谈法拉第用了怎样的方法令对方哑口无言?

法拉第是英国著名的物理学家和化学家，他常常百折不挠地做一些表面上和社会生活并不相关的科学实验。当法拉第最初发现电磁感应原理的时候，有人冷嘲热讽地问他：“这个原理对我们的生活有什么用呢?”

法拉第马上反问对方：“刚生下来的婴儿有什么用呢?”

对方听后，哑口无言。

2. 阅读下面的案例，请谈谈那位经理的回答为什么让顾客开心，从而避免了一场生意上的危机?

一位顾客在一家饭店点了一只大龙虾，等菜盘子端上来时，他发现那只龙虾少了一条腿，于是便责问服务员。服务员不知道如何回答，只好向经理求助。经理赶过来一看，抱歉地对顾客说：“真对不起，龙虾是一种好斗的动物，给您上的这只龙虾可能在与其他龙虾打斗的时候输了，被咬掉了一条腿。”顾客一听，乐了，顺势说：“那行，你就把那只打赢的龙虾给我算了。”经理回答：“真不好意思，那只打赢的，大概太活络了，我们目前还没有抓到。”谈到这里，顾客和经理都笑了。

第二节　电话沟通

学习目标

- 了解电话沟通的特点和要求。
- 明确打电话的技巧，能够顺利有效地主动进行电话沟通。
- 会得体地接听电话，并得到有效沟通信息。

电话作为一种成熟的通信工具，在现代社会的各个领域发挥着重要的作用。它极大地丰富了沟通的途径，改变着沟通的方式，已经成为人们日常生活中最常用的沟通手段之一。随着通信技术的快速发展，打电话成为人们每天必不可少的一项活动。据美国《电话综述》（*Telephone Review*）介绍，一个人一生平均有 8 760 小时在打电话，某些商务人员甚至一半以上的工作时间都在打电话。打电话看起来很容易，对着话筒与对方交谈，觉得似乎和当面沟通一样。其实不然，打电话大有讲究，可以说是一门学问、一门艺术。

案例导引

案例： 大全工程公司办公室秘书小刘接到了一个来自北京的电话："您好，我找总经理。"

小刘："请问您是哪里？"

对方："我是机电部××信息交流中心。"

小刘："请问您有什么事吗？"（小刘想，从来没听说过这个单位，也许是搞推销的吧）

对方："我们这里有一个全国性的机电培训项目，跟你说不清，要找你们总经理。"

小刘："不好意思，我们总经理出差了，要下星期才能回来。"（小刘想，部里的人打电话都很客气，从来没有人用这么强横的语气说话的，估计是冒牌）

对方："那你把你们总经理的手机号码告诉我，我直接找他。"

小刘："对不起，按照规定，我们领导的手机号码不能随便对外公开。"

对方："我这里可是机电部，你们怎么不配合部里的工作呢？"

小刘："真不好意思，我们这里的培训都是由省里统一安排的，要不您先跟我们省里主管部门联系一下，好吗？"

"啪"，对方把电话挂了。

从上面案例可以看出，小刘在接电话时始终注意礼貌用语。例如用"请""不好意思""对不起""真不好意思"等表示礼貌的词语及"好吗"等委婉语气，尽管对方语气强硬，尽管自己对对方持怀疑、提防心理，但通话过程始终保持礼貌，维护了公司的良好形象。同时，她时刻注意保守公司秘密，领导手机信息不随意外传，表现了良好的职业道德修养。另外，还巧妙拒绝了对方的纠缠，使很可能“冒牌”的对方心虚，只得“啪”地挂了电话。

思考：如果你碰到这类来源不明的电话会怎样处理？从小刘接电话的案例中，你认为除了礼貌之外，接打电话的要求还有哪些？

一、电话沟通的特点

1. 沟通速度快

在有电话的地方，随时都可以接通电话。我们不需要提前预约，在第一时间就可以联系到需要找的人进行沟通，得到所需要的信息。并且，电话沟通往往比当面交谈用时要短，因此，电话沟通具有非常高的沟通时效性。由于这个原因，现在的热线基本采用电话的方式。

2. 沟通双方平等

在电话沟通中，双方凭借声音沟通，语音、语调和语速成为沟通的载体。并且，沟通双方不在同一地点，其中任何一方都可以通过挂断电话结束沟通，相对于面对面的沟通要平等得多。特别是对于年轻人来说，在电话里听取领导的命令要比当面沟通容易接受得多。

3. 沟通双方无须见面

在电话沟通中，沟通的空间被急速扩展，甚至可以从地球上的任一地方扩展到遨游太空的宇航员。现在人们随便拿起电话，都能与远在千里、万里的用户进行沟通，大大缩短了沟通距离。

4. 缺乏有效反馈

在电话沟通中，由于彼此不见面，缺乏身体语言的沟通，无法直接观察到对方的言行举止。从某种程度上说，也对沟通的有关内容缺少有效的反馈。并且，对于一些复杂的思想和深入的信息，用电话沟通的方式不容易准确表达。因此，相对于当面沟通而言，交谈双方较难建立起密切的关系。

二、电话沟通的要求

在商务沟通中，打电话双方都是只闻其声不见其面，语言就是双方表达内容和情感的唯一手段。能否给对方留下一个良好的印象，完全依赖于沟通技巧。因此，接打电话是展示单位形象的重要“窗口”，只有明确其中的要求，才能成功地展示公司形象，促进合作的成功。

1. **明确电话沟通的时间和对象**

阅读卡：　　打电话的时间

（1）以一星期为标准

星期一，是双休日结束后上班的第一天，客户大多会很忙碌。联系业务应尽量避开这一天。

星期二到星期四，最正常的工作时间，也是进行电话业务最合适的时间。

星期五，一周的工作结尾，可以进行一些调查或预约的工作。多半得到的答复是："等下个星期我们再联系吧!"

（2）以一天为标准

08:00—10:00，大多客户会紧张地做事，无暇顾及一般的业务电话。

10:00—11:00，客户大多不是很忙碌，是打电话的最佳时段。

11:30—13:00，午饭及休息时间，除非急事，别轻易打电话。

13:00—15:00，这段时间人会感觉烦躁，最好不要去和客户谈生意。

15:00—17:00，也是打电话的好时间。

在商务沟通中，选择何时打电话是一种基本的礼貌，也是取得成功的基础。在打电话之前，要清楚沟通对象的工作性质和时间。一般来说，因公通电话，不要选择下班之后；因私打电话，则尽量不要占用对方的上班时间。若不是特殊情况，不要在节假日、用餐时间和休息时间给对方打电话。半夜或清晨给他人打电话，很容易引起对方的反感。打国际电话前，还要考虑对方国家的时差。

如果在吃饭时间与客户联系，要礼貌地征询客户是否有时间或方便接听。如"您好，王经理，我是××公司的××，这个时候给您打电话，没有打搅您吧?"如果对方恰巧要外出，或刚好有客人在的时候，应该很有礼貌地与其说清再次通话的时间，然后挂上电话。

同时，还要对沟通对象有一定的了解。想象一下，如果你是客户，突然有一天接到一个电话："您好！您是负责采购的陈总吗?"这时，你会有什么感受？如果换成另一个情景："陈总，您好!"这时，你又会有何感受？大部分人更喜欢第二种情景，道理就是这样。

2. **了解接打电话的目的和内容**

不管是主打电话还是接听电话，都必须明确通电话的目的。如果是接听电话，了解清楚来电的目的，有利于对该电话采取合适的处理方式。比如，本次来电的目的是什么、是否可以代为转告、是否一定要指名者亲自接听、是一般性的电话行销还是业务电话来往等问题，接听者都要用心弄明白。

如果是拨打电话，必须明确电话的内容和通过电话要达到的效果。一般来说，打电话要注意"4W1H"，即要懂得 Why（原因）、When（时间）、Which（哪一个）、What

(什么)、How to (怎么做)。也就是说，在拨打电话前就应该明了这些内容，从而适当地组织腹稿，做到主题集中，观点鲜明。同时，语言表达简练，陈述有条理、清晰扼要，这样对方会非常容易接收你的电话内容。要做到这一点，打电话前还可在心里组织一下电话的内容，或将主要内容罗列在纸上。这样，沟通就能达到良好的效果。

案例：某家广告公司的销售人员张先生想和另外一家公司负责形象设计的经理讨论关于企业形象设计的业务。以下是销售人员的电话实况。

销售人员："嗨，你好，张经理最近生意还好吧？我也姓张，500 年前我们是一家。就要加入 WTO 了，张经理是不是整天想着怎样把企业效率提上去呢？"

客户："你是谁呀？有什么事情？"

销售人员："你不是张经理吗？我找张经理？"

客户："我是，你有什么事？"

销售人员："我是××广告公司的，我想找你们单位负责企业形象设计的人谈一谈……"

思考：在这次沟通中，销售人员明确打电话的目的吗？他应该怎样表达才能成功沟通？

---

3. 接打电话的态度要礼貌友善

当人们使用电话进行沟通时，不应将对方当作是一个"声音"，而应该看作是面对一个正在交谈的人。在进行电话沟通的过程中，你接打电话的声音、通话过程的表现，都会向对方传达出包括形象、性格、素质等很多信息。因此，在电话沟通时，一定要礼貌友善。尤其是对于商务人员来说，如果你是初次与对方电话沟通，那就是你在公众前的第一次"亮相"，也是你所在公司的"亮相"。因此，在电话沟通中要多用肯定语，少用否定语，酌情使用模糊语言。要多用些致歉语和请托语，少用些傲慢语、生硬语。礼貌友善的态度容易给对方留下亲切之感。正如日本一位研究传播的专家所言："不管是在公司还是在家庭，凭这个人的讲话方式和语气，就基本可以判断出他的教养水平。"

案例：小刘是某汽车维修中心的客户经理，有一天，他通过电话进行客户满意度调查。

小刘："是陈强吗？"

客户："我是，哪位？"

小刘："我是××汽车特约维修中心的。"

客户："有事吗？"

小刘："是这样的，我们在做一个客户满意度调查，想听听你的意见。"

客户："我现在不大方便。"

小刘："没关系，用不了多长时间的。"

客户："我现在还在睡觉，晚点打过来好吗？"

小刘："我等会儿也要出去的，没时间了。再说现在都几点了，你还在睡觉啊。这个习惯可不好，我得提醒你。"

客户："我用得着你提醒吗？"

小刘："你还是现在听我说吧，这对你很重要，要不然你可别怪我。"

"啪"，客户挂断了电话。

思考：客户为什么直接挂了电话？如果你是小刘，该怎样进行电话调查呢？

案例：小新最近想买一台二手电脑，于是她按照网上的信息给售卖电脑的王先生打了电话。电话响了五六声，王先生才接起了电话。在整个谈话过程中，王先生的语气听起来很不耐烦，而且小新还清楚地听到对方那边传来吃东西的声音。这让小新大失所望，她认为对方完全是一副不想卖电脑、不想商量的态度，于是小新果断地挂断了电话。而王先生却纳闷不已："还没开始谈呢，怎么对方就把电话给挂了呢？"

4. 运用适宜的语音和语调

打电话时要保持良好的心境，这样即使对方看不见你，也能通过欢快的语调被你感染。在电话沟通中，要抱着"对方看着我"的心态去应对，声音要温雅有礼，以恳切之语表达。嘴巴与话筒之间，应保持适当距离。适度控制音量，以免对方听不清楚而产生误会；或因声音太大，让人误解为盛气凌人。如果你所发出的声音亲切悦耳，充满活力，对方就会被你感染，容易接受你的观点。

案例：小王在一家银行做客户服务工作，除了接待上门的客户，还会接到很多咨询电话，要求她介绍各种银行发行的产品，例如基金、债券等。在外行人眼里像天书一样的东西，小王说起来却是头头是道、条理清晰。平时，无论说话还是面见客户，她都面带微笑，是办公室出名的"笑娃娃"。一般来说，办公室同事接电话的频率大体相当。时间久了，大家发现，小王从电话里接到的业务要比别人多得多。有一次工作总结，领导表扬了小王的出色成绩。接着问："大家都反映你的电话单子多，为什么？"小王有点不好意思："其实也没什么，就是热情吧。以前我也没意识到，后来有客户熟悉了，告诉我，我的声音听上去就喜庆，给人感觉亲切，不像其他人，比较'职业'。我不是喜欢笑吗，天生的，打电话也是面带微笑。客户说听到我的声音就能感觉到我的笑容，觉得心里踏实，就买了。"

三、打电话的技巧

1. 礼貌的开场白

如果是自己主动打电话找人，听到对方一接起电话，应该先道一声"您好"，并主动通报自己的单位或姓名。接着礼貌地询问对方是否方便之后，再开始交谈。比如，

“您好！我是××，我想占用您两分钟时间，提两个问题，可以吗？”如果想定期同对方进行这种讨论，应征询对方定在哪一天、哪一个时间点更为方便。这样做，既是为了使对方能定下心来与你从容讨论，同时也是个风度问题。如果一开口就打听自己需要了解的事情，或者语气咄咄逼人，是很令人反感的。

如果去电明明需要占用一刻钟，切不可只说：“可以占用您几分钟时间吗？”应该说：“您好，我想和您谈谈分配方案的事宜，大概需要一刻钟。现在您方不方便？”有时候，你可能只是为了和对方约定一个对双方都方便的时间再通电话，但如果听到对方说“现在就行”，你就不宜再推迟。如果不得不在对方不方便的时候去打电话，应当表示歉意并说明原因。

案例：小陈向客户打电话说：“您好！我是天地销售培训公司的陈志良，您的一个朋友王志艾（停顿）介绍我给您打这个电话的（假如有人介绍的话）。我不知道您以前有没有接触过天地公司。天地销售培训公司是国内唯一专注于销售人员业绩成长的专业服务公司。我打电话给您，主要是考虑到您作为销售公司的负责人，肯定也很关注那些可以使销售人员业绩提高的方法。所以，我想与您通过电话简单交流一下（停顿）。您现在打电话方便吗？我想请教您几个问题（停顿或问句），您现在的销售培训是如何进行的呢？”

思考：商务电话的开场白应该怎样吸引客户注意力，与客户建立融洽关系，并与自己所销售的产品建立起关联？

2. 清晰地表达沟通意图

在拿起电话拨号前，养成简单整理一下思维的习惯，说什么、怎样说，要做到心中有数。在正常情况下，一次商务电话的时间最好不要超过三分钟，这在国际上被称为“打电话的三分钟原则”。要求打电话的人有很强的时间观念，抓住主题，言简意赅，在很短的时间内表达清楚自己的意思，切忌长时间占用电话，影响正常的通信。如果谈话内容较多，应该先问对方有没有时间，方便不方便长时间与你进行谈话，如果对方没有时间，可以另约时间。

在电话里，自我介绍或表述一定要简短清晰，突出主要问题，让对方在最短的时间里很轻松地理解你的话。如果拖泥带水，表述不清，会给对方造成思维不够有条理的感觉。他们就会产生排斥心理，给进一步的沟通带来障碍。因此，在拨打电话之前，要先把所要表达的内容准备好，最好先列出主要的几条记在手边的纸张上，以免对方接电话后，自己由于紧张或者是兴奋而忘了讲话内容。

案例：小李做电脑推销，他打电话给一位客户。电话中客户告诉他，自己已经有了一台台式机，而且表示目前没有购买笔记本电脑的打算。

小李：“不要紧，您以后如果有需求可以找我。”

客户："好的。"

小李："王先生，我能问您一个问题吗？"

客户："可以。"

小李："王先生，您家里有几口人？"

客户："三口，我爱人，还有一个上中学的女儿。"

小李："看来是幸福的三口之家。王先生，您的女儿是不是也经常要用电脑？"

客户："是啊，常常跟我抢电脑，我一出差她就开心了，哈哈。"

小李："看来您的女儿也需要一台电脑。您经常出差？"

客户："是啊。"

小李："王经理，我能不能给您提个建议呢？"

客户："你说吧。"

小李："我觉得您还是需要一台笔记本电脑，一方面您出差的时候可以携带，我想这样对您的工作会方便很多；另一方面，那台台式机就可以给您女儿用了。您觉得呢？"

客户："你说的有道理，我们做业务的，出差经常要带不少文件，如果能存在电脑里就方便多了。"

小李："是啊。我们这段时间正好在搞活动。您过来看看吧。我可以给您便宜点。"

客户："好的。那我明天上午过去吧。"

思考：客户分明已经表明不想购置电脑，为何在与小李电话沟通后改变了原先的想法？

3. 措辞和语调要谦和

打电话时，措辞和语调都要切合身份，不可太随便，也不可太生硬。要多用"请"字等委婉用语，还有"是否""行吗"和"不过"等表示商量和轻微转折的语言。即使电话交谈中出现意见分歧，也不能不讲礼貌训人、骂人，更不能以牙还牙、盛气凌人，或随意打断对方说话，只顾自己一口气说话。

说"你"字开头的话时应慎重。像"你忘了""你必须""你忽略了"之类的话，即使语调再平和，在电话中听着也使人有被质问的感觉。提意见时，不妨用问句让人选择回答的形式，比如"您能不能在星期四把那份材料送来？"或"那份报表您做完了吗？"等；或者用"我"字开头，如"我星期四需要那份报告"。

接听电话时，最好插用一些短语以鼓励对方。如"嗯，嗯""我明白""我理解"，或"好，好"等。对对方的要求做出反应或对方提出要求时，态度应积极而有礼貌，比如"我将乐于关注那件事"或"请别忘了……"等。

4. 挂机前的礼貌用语

要结束电话交谈时，一般应当由打电话的一方提出，然后彼此客气地道别，应有明确的结束语，说一声“谢谢”“再见”，再轻轻挂上电话，不可只管自己讲完就挂断电话。商务人员打完电话之后，一定要记住向对方致谢，例如：“感谢您用这么长时间听我介绍，希望能给您带来满意，谢谢，再见。”

当对方向你说“再见”时，别忘了也应该回说“再见”，并等对方挂了以后再挂电话，最好不要一听到对方说“再见”就马上挂电话。尤其不能在对方一讲完话，还没来得及说“再见”就把电话挂了。若确需自己来结束通话的，应解释，致歉。通话完毕后，应等对方放下话筒后，再轻轻地放下电话，以示尊重。注意挂电话时应小心轻放，别让对方听到很响的搁机声。

案例：李强是一家公司的销售主管，该公司的销售业务主要是通过电话联络来完成的。因此李强会定期举办电话礼仪训练，效果也一直不错。有一天，一个业务员向李强反映，一个他一直跟单的大客户竟转向他人，他自问并没有什么地方得罪了客户。李强与该客户熟悉，就侧面去了解。客户的反映是这个业务员做事很假，对他没有诚意。李强觉得有点疑惑：“我的业务员都受过专业训练，没理由会这样。”接下来几天，他仔细观察那位手下的工作过程，终于发现问题所在——挂电话太迅速。

四、接电话的技巧

当我们打电话给某公司，若一接通，就能听到对方亲切、优美的招呼声，心里一定会很愉快，从而对该公司有较好的印象。因此要记住，接电话时，应有“我代表公司形象”的意识。声音要清晰、悦耳，吐字清脆，力求给对方留下良好的印象。

1. 快速确认对方身份

拿起话筒后，应先说一些礼貌语，再作自我介绍，然后表示愿意为对方效劳。接下来就是认真倾听对方的电话内容。如果你能在不经意间说出对方的姓名，会让对方感觉自己很重要。那样，即使对方心有不满，也会因此而稍稍平息一下。如果你不能准确说出对方姓名，可以委婉地询问：“您是张先生吧?”“您不会是我们公司的新客户吧?”等。

如果对方找的不是你，可为对方代找他人。如果需要转达有关事项，你一定要认真记录。重要的事项记录完后，还要向对方重复一遍，以确认记录无误。同时将自己的姓名告诉对方，请对方放心。电话记录应包括来电者的姓名、单位、来电时间、内容、是否要回电话等。

2. 有效倾听对方意图

人人都有被关注、被重视和受到尊重的需求，注重倾听与理解，抱有同理心，建立亲和力是有效沟通的关键。接到电话时，我们并不清楚对方的真正目的，因此，对对方提出的问题应耐心倾听。尽量了解真实情况，找到解决的办法，不要急于做出解释。表示意见时，应让他能适度地畅所欲言，除非不得已，不要插嘴。其间还可以通过提问来探究对方的需求与问题。因为“听见”与“倾听”绝对是两个概念。真正的倾听不仅要通过一些语气词给予客户适当的回应，表明你的思想并没有开小差，而且还要复述总结对方说过的话，并询问进一步的问题。这样才能让对方满意，并为公司争取利益。

阅读卡：　八种有效电话沟通方式

（1）接到领导不愿意接听的电话（装作领导不在）。

（2）被问到公司的业务隐私（婉拒）。

（3）领导不在时（进行记录）。

（4）对方语气令人不解（引导对方）。

（5）对方在电话里怒气冲天（缓和气氛）。

（6）对方对一个问题喋喋不休（加以概括）。

（7）电话线路突然中断时（直接说明）。

（8）对方说话离题万里（循本，将话题拉回）。

案例：下面是一段电话记录。

"你好！"

"你好。"

"我打电话是要报告我住的房子外面马路上有一个坑，这个坑越来越大，在有人出事之前应当修补一下。请你让人来看看好吗？"

"好的，请问坑的准确位置在哪儿？"

"在我房子的西面。"

"那你房子的具体位置呢？"

"哦，我明白了。我的地址是××大街35号……记下了吗？"

"谢谢你，我已经记下了，马上会向市政道路维修部门报告。"

"那好，谢谢你，再见！"

"再见！"

思考：打电话者想表达的意图是什么？接线员最想了解的又是什么？

3. 礼遇打错的电话

在现实生活中，拨错号码是常有的事。接到错打的电话，人们很容易忽略礼貌问题，往往是说一声"打错了"，然后就挂上电话；有时还会不耐烦甚至恶语相向。这是因为人们认为错打的电话与自己没有关系的缘故。但在商务工作中，接到错误的电话也应该礼貌应对。要语气温和地告诉对方："不好意思，您打错了，这是××单位。"其实，并非错打的电话都必定与自己没有关系，相反，有时对方恰恰是与自己有重要关系的人。因此，接听电话时，最好每一个电话都讲究礼貌，保持良好的接听态度。

案例：几年前，重庆一家刚起步的私营文具公司要求员工注意通过电话塑造公司的形象，效果很好。一次，一位记者因拨错号码，将电话打到该公司。不知不觉地，记者竟被接电话人的客气、热忱所感动、吸引，与对方交谈了十多分钟，最后挂上话筒时才深感“上当”。但该公司的影子却在心里深深留下了。后来，这位记者无意中路过该公司，忍不住进去拜访了一下，发现其员工素质果然不俗。记者深受感动和启发，回去后马上写了篇报道。报道发表后，这家私营文具公司的知名度和美誉度大大提高，生意越做越红火。

思考：记者为什么会“上当”？如果没有记者的报道，你认为这家公司的生意会红火吗？为什么？

4. 有效结束通话

在每次通话结束前，挂电话的一方应该主动说些礼貌规范的结束语，可以询问对方“还有什么事吗?”或者问“还有什么要吩咐吗?”这一类客套话，既是表示尊重对方，也是提醒对方，让对方结束对话。这虽然不是大事，却有助于判断对方是否故意拖延通话。可以以征求意见的方式提出，如“就谈到这里，好吗?”也可以用规范的结束语，例如：“很高兴与您通话，我们希望能尽快见到您，再见!”“谢谢您的来电，××先生，再见!”如果所在单位或部门规定了标准的通话结束语，则应在每次通话结束前使用这句结束语，切不可正题刚讲完便“啪”的一声挂上电话，使对方措手不及。

阅读卡：**越过电话障碍的“11 金句”**

对方说	回答
他没有时间或他正在开会	最好在什么时候打电话才能联络上他
他不听销售员的电话	那有谁对我的产品有兴趣
我不需要该产品	准确地说你对该产品有何具体要求
王先生对此不感兴趣	他有没有说明不喜欢的理由
发一份传真过来吧	我想发 e-mail 给他，地址是什么
寄你的产品资料过来吧	对不起，我没有小册子了
寄一封信给我们吧	已经寄过了
我们的购买计划已经搁置	你们什么时候才投入新的购买计划
我们迟些时候会给你复电	我们什么时候联系你比较合适
我不知他什么时候才开完会	那公司里有谁会知道呢
他在打电话，你可以留下姓名吗	让我在电话里等一会吧，谢谢

5. 接到特殊电话的注意事项

（1）听不清对方的话语。当对方讲话听不清楚时，进行反问并不失礼，但必须方法得当。如果惊奇地反问“咦?”或怀疑地回答“哦?”对方定会觉得无端地招人怀疑、不被信任，从而可能会产生不快，连带对你印象不佳。应该客客气气地说："对不起，刚才没有听清楚，请再说一遍好吗?"对方一般都会耐心地重复一遍，丝毫不会责怪。

(2) 遇到自己不知道的事。有时候，对方在电话中一个劲儿地谈自己不知道的事，而且像竹筒倒豆子一样，没完没了。碰到这种情况，应尽快理清头绪，了解对方真实意图，避免被动。可以直接跟对方说："关于××事呀，很抱歉，我不清楚，负责人才知道。请稍等，我请他来接电话。"

(3) 接到客户的投诉电话。投诉的客户也许会牢骚满腹，甚至暴跳如雷，如果作为被投诉方的你缺少理智，像对方一样感情用事，以唇枪舌剑回击客户，不但于事无补，反而会使矛盾升级。正确的做法是：你泰然处之，洗耳恭听，让客户诉说不满，并耐心等待客户心静气消。其间切勿说"但是""话虽如此，不过……"之类的话进行申辩。应该一边肯定客户话语中的合理成分，一边认真琢磨对方发火的根由，找到正确的解决方法，用肺腑之言感动顾客。

(4) 接到自己难以及时回答对方的电话。有些时候，当你接起电话时，会发现一些电话很难在短时间向对方做出有效的答复。在这种情况下，你可以说："对不起，另一部电话响了，请您稍等，我马上就回来。"或者"您能给我点时间去查查资料吗?""这件事很重要，我仔细考虑一下再答复您。""对于这件事我有许多想法，过会儿再打电话跟您讨论行吗?"等。

案例： **顾客的投诉电话**

客户："是天宇公司吧，我姓张，有些问题需要你们处理一下!"

业务员："您好，张先生，我可以帮到您什么?"

客户："我使用你们的笔记本电脑已经快一年了，最近我发现显示器边框裂开了。因为我知道你们电脑的保修期是三年，所以想了解一下如何解决。"

业务员："您是说显示器边框裂开了?"

客户："是的。"

业务员："您有碰过或摔过它吗?"

客户："我的电脑根本没摔过，没有碰过，是它自动裂开的。"

业务员："那不可能。我们的电脑都是经过检测的，不可能。"

客户："但是它确实自动裂开了，你怎么能这么说?"

业务员："那很对不起，显示器是不在我们三年保修范围内的，这一点在协议书上写得很清楚。"

客户："那就是说我的电脑白裂开了?"

业务员："那很抱歉，我帮不到您。请问还有什么问题吗?"

客户："见鬼去吧!"

1. 阅读下面的案例，请你谈谈：你认为销售员打电话的主要目标是什么？在顾客出现异议时，销售员应该怎样反应？

一天，国内一家IT企业进行笔记本电脑的促销活动，销售员打电话给一个潜在的客户。

销售员："先生，您好，这里是××公司个人终端服务中心，我们在搞一个调研活动。您有时间吗？我们可以问两个问题吗？"

客户："你就是在促销笔记本电脑吧？不是搞调研吧？"

销售员："其实，也是，但是……"

电话断了。

2. 阅读下面的案例，请你谈谈小林和姜经理抱着同样的目的给客户打电话，为什么小林遭到对方毫不犹豫的拒绝，而姜经理却成功约见了对方？姜经理的哪些沟通方法值得小林好好学习？

"陈先生吗？你好！我姓林，是××公司业务代表。你是成功人士，我想向你介绍……"

陈先生直率地说："对不起，林先生。你过奖了，我正忙，对此不感兴趣。"说着就挂断了电话。

小林放下电话，接着又打了半个小时，每次和客户刚讲上三两句，客户就挂断了电话。

姜经理问他："小林，你知道为什么客户不肯和你见面吗？"

小林想，约见客人难，大家都知道，我约不到，有什么出奇。

姜经理见他不吱声，便解释起来。……说完还亲自示范给小林看。

"邹先生，你好！我姓姜。我们没见过面，但可以和你谈一分钟吗？"他有意停一停，等待对方理解了说话内容并做出反应。

对方说："我正在开会！"

姜经理马上说："那么我半个小时后再给你打电话好吗？"

对方答应了。

半个小时后，姜经理再次拨通电话说："邹先生，你好！我姓姜。你叫我半个小时后来电话……"他营造出一种熟悉的回电话的气氛，以缩短距离感。

"你是做什么生意的？"

"我是××公司的业务经理，是为客人设计一些财经投资计划……"

邹先生接口说："教人赌博，专搞欺骗？"两人都笑了。

"当然不是！"姜经理说，"我们见见面，当然不会立刻做成生意。但看过资料印象深些，今后你们有什么需要服务的，一定会想到我啊！"

邹先生笑了笑，没说什么。

"这两天我在你附近工作。不知你明天还是后天有时间?"姜经理问。

"那就明天吧。"

"谢谢。邹先生，上午还是下午?"

"下午吧！4点。"邹先生回答。

"好！明天下午4点钟见!"姜先生说。

姜经理放下电话，小林禁不住拍手欢呼。

第三节　网络沟通

学习目标

- 了解网络沟通的优势，能描述并会使用常见的网络沟通工具。
- 掌握常用的网络沟通形式。
- 会运用网络沟通的技巧进行网络沟通工作。

网络沟通是借助于计算机网络，通过语言、文字、符号及图片等来实现信息沟通活动的沟通方式，以开放、共享、多向、交互为特点，渗透到人类生活的各个方面。通过互联网，一台计算机可以将任何时间、任何地点需要沟通的双方联系起来，传递信息速度之快、方法之便是以往任何工具不能比拟的。它以网络为传播媒介，超越了时空限制，沟通的内容更加丰富与广泛，在商务沟通领域发挥着独特的作用。网络沟通可以有效传达企业和产品信息，进行产品推广，开展商务洽谈等活动，是实现商务沟通活动的一个有力平台，被广泛应用于商务领域。一项调查表明，目前有30%～50%的消费者和经销商在购买之前，都会通过网络来了解同类产品的信息。

案例导引

一家总部设在休斯敦，主营住房贷款业务的美国公司将其主要实体部门搬到了南京，并在南京招聘了500多名员工。300名面向中国市场的客户，200名面向美国本土的5万多名客户。这200名员工主要通过电话和互联网为远在美国的人们提供服务，他们的工作时间是每晚10点到次日早上7点，桌上的计算机一律显示美国时间。他们主要通过电子邮件、网络电话、MSN、网络传真等与客户沟通交流、洽谈业务，偶尔也借助电话进行沟通洽谈。一开始，客户无法想象，那些操着流利英语，能滔滔不绝讲述美国有关贷款买房的各种规定的声音，竟然来自遥远的大洋彼岸。

后来，该公司陆续将十个部门转移到南京，而在美国总部注册的公司总部已逐渐

“虚拟化”：一名经理坚守阵地，外加几名员工坐镇“撑门面”。先进的信息技术和发达的网络信息高速公路使得异地办公成为现实，催生着全球资源的重新配置。

随着网络进入人们的视野，基于网络的各种沟通媒介不断更新，人们的观念也在不断发生改变。传统的商务洽谈方式面临网络营销、电子商务的挑战，沟通方式也正从单一形式运用向多种形式综合应用过渡，新的网络沟通形式也以其不可比拟的优势被广泛地加以运用。就如本案例中的美国公司，就以网络沟通的形式，实现了跨越太平洋的沟通，管理着全球的业务，并使公司发展越来越顺利。

思考：你还知道网络沟通的其他形式吗？你都采用过哪些方式呢？网络沟通时需要注意哪些技巧？

一、网络沟通的优势

作为信息时代的新型联络方式，网络沟通与信件、电话、电报等沟通方式相比，具有快捷、安全、廉价、可传递多种媒体等传统沟通方式无法比拟的优点。

1. 信息资源极为丰富

随着网络技术的发展与普及，电子信息资源不断丰富，网络被誉为“数字化图书馆”。用户通过各大门户网站和搜索引擎，可以获取文字、图片、视频等丰富的信息资料；可以超越时空、地域限制进行信息交流沟通；通过“超链接”进行信息的汇总整合。网络信息资源的丰富性是任何传统媒介所无法比拟的。在商务沟通过程中，可获取和传达的信息量也极为丰富。

阅读卡：美国前总统克林顿说：“信息产业革命是人类有史以来最大的一次革命，也是人类几百年才有的一次机遇。”

2. 传播更新速度快、范围广

网络沟通比传统沟通的更新速度更快：传统沟通媒介中报纸更新往往以一天或一周为周期；电视、广播需要以天或小时为周期；而网络的更新周期往往以分或秒计。同时，网络沟通可以实现多用户间信息传递，实现跨区域的任何一台网络计算机的信息传播，沟通的范围更加广阔。

案例：2006 年网络营销的“奥斯卡金奖”首席由联邦快递公司获得。因为联邦快递巧妙地将全球首页变成 24 小时客户查询系统，使用者只要输入包裹号码，就可以立即在网络上查出目前的包裹所在，以及未来可能到达的时间。联邦快递还在网络上提供软件，免费让顾客使用。这些软件可协助列印托运标准文件与条码，方便顾客在家中处理包裹。评审委员会认为：“联邦快递以科技实力，整合企业内部资料库与互联网线上查询，成功地服务顾客，展现企业形象与风格。”因此，颁予 2006 年全球网络销售大奖。

其他获奖的企业，还包括一家电子购物公司。该公司在网络上销售的商品超过

9 000种，平均每周在网络上接获的订单约有5 000笔，客户遍及全球，真正实现了全球营销的“美梦”。

3. 沟通的交互性强

网络沟通一大特色就是互动性，不仅可以接收信息，还可以以极低的成本发表自己的观点、意见，实现双向传播。借助网络，沟通双方可以通过文字、语音、视频等实现即时交流，也可以超越时空限制进行“面谈式”的交流。这样，用户不仅可以影响企业或组织提供给他们的服务，还可以影响这些服务提供的时间和地点。特别是随着网络技术不断向宽带化、智能化和个体化方向发展，用户在更广阔的领域内实现声、图、像和文字等一体化的多维信息的共享和人机互动。企业也可以直接面向客户发布新闻或者查询相关的新闻组、网络论坛来发现新的客户群，研究市场态势，直接得到大量真实的信息反馈等。

阅读卡：一位世界经济学家说：“不管你现在做什么或有什么想法，你必须要迎接互联网，然后适应互联网，除此之外你别无选择。”

案例：一个由家具及家居用品零售商在Pinterest（中文名：品趣志）网站中主持的寻宝游戏，使Wayfair（美国家具购物平台）公司从Pinterest网站中提高了107%的转化率，并且在四周时间内平均订单量提升了48%。

竞赛要求零售商的Pinterest粉丝从Wayfair. com网站的500万个产品目录中挑选并图钉10件产品，并附上不同的描述，比如，蓝色的，可以坐上去的，毛茸茸的等。消费者的钉板上，必须标注上“Wayfair寻宝游戏”字样。前50名创建钉板的消费者可以得到Wayfair. com的价值10美元的礼券。

竞赛从2013年6月11日开始，并且现在仍在持续，这使Wayfair从Pinterest吸引到的粉丝从活动之初的889名上升到1 217名，增长了将近37%。“这是目前为止零售商在Pinterest中吸引到的粉丝的最高值。”Wayfair社会营销高级经理迈克介绍说。

迈克还说：“Pinterest的意义在于分享，当你点击一个钉板，它就像一扇可以叫人进进出出的旋转门，它把你带进网页并且你也可以看到产品的出处。如今，Pinterest已经成为激励社交粉丝来我们网站体验的最有效的渠道，他们正在不断发现我们提供的产品并用它们来创建新内容。这对于任何品牌来说，都是强有力的。”

思考：案例中的“Wayfair寻宝游戏”体现了网络沟通的什么特点？该公司通过网络沟通取得了什么效果？

4. 沟通形式的多样性

随着网络技术的不断发展，新的网络沟通工具不断涌现。网络通信工具种类越来越多，功能越来越强大，沟通的形式层出不穷。基于网络的

阅读卡：8848网站老总王俊涛说：“如果错过互联网，与你擦肩而过的不仅仅是机会，而是整整一个时代。”

电子邮件代替了传统的书信；各种即时通信工具实现了即时聊天、语音会议、信息传达、沟通洽谈等功能；博客、微博、微信、BBS、网络电话、网络传真、网络新闻发布等都在企业的商务沟通中起了重要的作用，也为商务沟通方式提供了更多的选择。

二、网络沟通的形式

网络沟通形式的日益多样化，为人们提供的信息沟通服务更加经济实惠、快捷方便。目前应用比较广泛的网络沟通形式主要有：电子邮件、即时通信、博客、网络论坛、微博和微信等。

1. 电子邮件

电子邮件又称电子邮箱，是通过网络电子邮件系统进行信息处理沟通的方式，在互联网沟通中应用最为广泛。通过电子邮件，可以用非常低廉的价格快速地在不同地区的用户之间进行信息传送。可以实现一对一的通信需要，也可以实现一对多、多对多的通信需要。可以采用文字、符号、图像、声音等进行沟通，传递信息的内容广泛、形式多样。此外，还可以转发邮件、建立新闻组、订阅电子杂志等。由于其具有价格低廉、使用简易、沟通快捷、全球沟通通畅等特点，目前已经成为人际沟通、商务沟通和企业内部管理中不可缺少的沟通工具。

案例：微软公司的前总裁比尔·盖茨坚持利用电子邮件来加强与部属和员工的联系，他每天上班的第一件事，就是检查电子信箱。同时，公司内部的所有员工通过电子邮件频繁进行信息交流，一本新书、一篇好文章、一种创意、一丝灵感，都是员工电子邮件传递的内容。他们还形象地将这种沟通方式称为“东走西瞧”。微软公司的做法无疑为改进沟通思路，提高沟通效率提供了新思路。

2. 即时通信

即时通信是借助一定的通信工具进行信息即时接收和发送的沟通方式。即时通信允许两人或多人使用网络即时地传递文字信息、档案、语音与视频交流。目前已不仅是网络聊天、语音聊天、多人聊天的工具，而且是交流、资讯、娱乐、购物、学习、办公、电子商务等综合化信息平台。常用的即时通信工具有微软 MSN、腾讯 QQ、阿里旺旺、网易泡泡、微信等。商务即时通信可以低成本、跨区域实现企业商务办公、寻找潜在客户资源、商务沟通洽谈等业务功能，在商务沟通交流中使用日益广泛。比如阿里巴巴“贸易通”，是 B2B 网站阿里巴巴 2003 年推出的专为商人量身打造的免费商务即时通信软件，可以实现即时在线沟通交流、发布即时供求信息、查阅最新商务资讯等功能。

案例：1999 年 2 月，腾讯公司正式推出第一个即时通信软件——“腾讯 QQ”。目前腾讯已经初步完成了面向在线生活产业模式的业务布局，构建了 QQ、QQ. com、QQ 游戏等网络平台，分别形成了规模巨大的网络社区。腾讯公司主要是为个人和企业提供即时通信平台，经过几年的发展，目前主要包括软件（平台）和网站，腾讯公司的软件（平台）主要有个人即时通信平台 QQ（含手机版）、QQ 游戏平台、企业即时通信平台

RTX、办公即时通信软件 TM、浏览器软件 TT 以及邮件系统等。网站方面，主要包括腾讯企业门户、腾讯网、搜索引擎、C2C 电子商务交易平台以及第三方支付平台——财付通。

3. 博客

博客，是以网络作为载体，简易迅速便捷地发布自己的心得，及时有效轻松地与他人进行交流，再集丰富多彩的个性化展示于一体的综合性平台，通常由简短而又经常更新的帖子组成。帖子通过语言、图片、语音、视频及其组合来表达主题，实现及时、有效的信息资源交流与共享。它需要经常更新，因此博客是动态的，内容变化迅速。博客发布的信息是公开的，任何人都可以看到，具有知识性、自主性、共享性等特点，被广泛应用于商务沟通领域。目前越来越多的企业通过博客展示自己的企业形象或企业商务活动信息，开展博客营销。例如，福特汽车的野马系列推出了“野马博客”，马自达在日本也为其 Atenza 品牌专门推出了博客。

案例：　　葡萄酒的星火燎原战略

Stormhoek，一家小葡萄酒厂家，其产品是“freshness matters”牌葡萄酒。他们想尝试一种新方法，一种新的营销方式，看与博客博主们的互动会怎样影响公司内部的交流、公司的文化，进而影响公司的销售。

他们做了一个小试验：他们给博客博主们送出去了大约 100 瓶葡萄酒。只要博客博主满足以下两个条件就可以收到一瓶免费的葡萄酒：

1. 住在英国、爱尔兰或法国，此前至少三个月内一直写博客。读者多少不限，可以少到 3 个，只要是真正的博客。

2. 已届法定饮酒年龄。

收到葡萄酒并不意味着你有写博义务——你可以写，也可以不写；可以说好话，也可以说坏话。

试验结果：据 Stormhoek 称，在 6 月的时候，用 Google 搜索这家公司的只有 500 人次，而 9 月 8 日达到 20 000 人次。在这两个月中，他们自己估计有 30 万人通过博客开始知道这家公司。这项活动产生的效应还很难具体估量，但 Stormhoek 发现，在过去不到一年的时间里，他们的葡萄酒销量翻倍了，达到了“成千上万箱”的规模。

4. 网络论坛

网络论坛又称为电子公告板或者公告板服务，是借助于互联网上的电子信息服务系统为用户提供一个公共电子信息发布、交流的平台。大多数网络的 BBS 就像现实生活中的公告板一样，用户在 BBS 站点上可以获取各种信息服务，发布信息，回应跟帖，进行讨论，聊天，等等。由于 BBS 的参与人数众多，打破了交流的空间和时间限制，拓展了沟通的空间。目前，很多企业都建立了自己的 BBS，用于产品

> **阅读卡：**联合国定义新世纪的文盲：“不能识别现代社会符号的人，不能使用计算机进行学习、交流和管理的人，被认为是功能型文盲。”

宣传推广、企业形象传播等。

案例： 酵母是蒸馒头和做面包用的必需品，很少直接食用。而国内最大的酵母生产企业安琪酵母股份有限公司却开发出了酵母的很多保健功能，并生产出可以直接食用的酵母粉。为了推广酵母粉这种人们完全陌生的食品，安琪酵母公司开始在新浪、搜狐、TOM 等有影响力的社区论坛里制造话题。

2008 年 6 月，当时有很多关于婆媳关系的影视剧在热播，婆媳关系的关注度也很高。因此，公司策划了《一个馒头引发的婆媳大战》事件。事件以第一人称讲述了南方的媳妇和北方的婆婆关于馒头发生争执的故事。帖子出来后，引发了不少的讨论，其中就涉及了酵母的应用。这时，由专业人士把话题的方向引入酵母的其他功能上去，让人们知道酵母不仅能蒸馒头，还可以直接食用，并有很多的保健美容功能，比如减肥。于是，论坛上的讨论，让关注婆媳关系的主妇们也记住了酵母的一个重要功效——减肥。为了让帖子引起更多的关注，公司选择有权威的网站，利用它们的公信力把帖子推到好的位置。除了论坛营销，安琪酵母公司又在新浪等门户网站发新闻，而这些新闻又被网民转到论坛里作为谈资。这样，产品的可信度就大大提高了。

在接下来的两个月时间里，安琪酵母公司获得了较高的品牌知名度和关注度，安琪酵母公司的电话量也陡增。

思考：《一个馒头引发的婆媳大战》为什么会引起如此广泛的关注？你还知道网络论坛对商务沟通的其他作用吗？

三、网络沟通的要求

1. 相互尊重，真诚交流

“成熟的麦穗，是弯着腰的。”成熟的个人，是谦卑的、懂得尊重他人的。懂得尊重他人，是沟通的前提。网络是虚拟的，但在网络沟通中的言谈举止同样体现一个人的素质修养和个人形象，更代表了所在企业的形象。因此，要避免说一些日常生活中不能说、不该说的话语；避免过激言辞和带侮辱性的话语；避免随意评论对方的长相、生活习惯等。应该学会尊重多元、包容差异、释放善意，以客观开放的态度表达观点。同时，在交流中要本着真诚待人的原则，不回避问题，不隐瞒欺骗他人。在尊重的基础上以真诚的沟通消融隔阂，以埋性的参与达成谅解，以负责的担当求取尊重，通过提高网络素养赢得他人的理解和信任。

案例：　　　　　　**一位新来客服的聊天记录**

顾客：“你好，这款机器有现货吗？”

客服：“没有，贵重商品需要从厂家现提，样品有灰尘不卖。”

顾客：“我看官网上要比你这里的贵一些，请问你的是正品吗？”

客服：“是的。官方网上什么都要贵——都是这样，主要是让人信任吧。”

顾客："你这个有品质保证吗?"

客服："有的。"

顾客："那保修多久呢?"

客服："主机一年，其他易损件不包。详细见包装内保修卡，快递送到尽量当面验证，不满意您就拒签。如果不让验货也没有关系，7 天内退回，质量问题我们承担运费。"

顾客："保修发到哪里?"

客服："我这里，你发到厂家维修慢，我去跑就快点。"

顾客："别人家这个型号有 740 元的，你的和这个一样吧? 可以优惠吗?"（链接发了过来开始对比）

客服："嗯，看起来一样，您详细问一下卖家。网上价格说不准，也许他们搞特价……但我进不到。"

顾客："你们什么时间搞特价啊?"

客服："特价天天有，这个不可能! 现在有满 100 就送的活动您看看。这个买的人少，我们定价就低。"

顾客："也是啊，太便宜我就不敢买了，你这个有人买过吗?"

客服："年前在店里卖过一个，并且就卖一个，是以前用过这个的，否则不会在网上买了。"

顾客："好，我去拍，不好我退货。"

客服："好，按既定方针办，感谢您的信任!"

思考：顾客从客服哪些话语中感受到了客服的"实在"?

2. 及时查看，快速回复

要及时查看并处理商务沟通中的相关信息。对于电子邮件、BBS、网络界面询问等内容要经常查看，及时更新；需要答复的，及时回复。一般应在 24 小时内予以回复，这样既给对方受重视的感觉，又能传达出商务合作的诚意。如果不能马上回复，请运用"不好意思，请稍等"等语言，告知客户你知道并重视他的问题。假如是电子邮件，如果暂时没有时间详细回复，可以简短回复，告诉对方你已经收到邮件，有时间会尽快答复。

案例：某公司采购员小王想采购一批光盘。他打开 A 企业的网站，但是速度非常慢，以至于在网站只显示一部分内容时，他就已经没耐心等下去了。打开 B 公司网站和 C 公司网站，这两家网站产品图片设置都很整齐，附带提供详细的说明，包括光盘的规格、尺寸等介绍得也很清楚。小王还想进一步对两家的产品、价格等进行比较，在"业务咨询"中输入希望这两家公司迅速与他联系的意愿。写完后，他担心得不到及时回复，于是又追加了一封 e-mail 文件。没想到，当天下午 C 公司的业务人员就在 MSN 上向他问好了。通过几天的 MSN 和邮件的详细交谈，小王下了订单。而一周后，B公司才与小王取得联系。现在，小王已经与C公司形成了长期合作关系。

思考：有三家企业可以选择的条件下，为什么小王会选择与C公司合作呢？

3. 加强防护，保护隐私

网络世界是虚拟的，有太多未知因素的存在。它在为你带来商机的同时，也给邪恶留下了可乘之机。因此在网络沟通时，一定要保持警惕，加强防范意识，保护好人身、财物和隐私安全。不要随意发布内部文件和信息，防止信息泄露。账户、密码、网络交易等不要在公共计算机、公众场合使用。另外，还要注意防范计算机病毒、黑客的入侵，慎重对待不明电子邮件和信息。

商务沟通中应该充分尊重消费者的个人隐私。这不仅是在保障消费者的利益，也是在保持自己和企业的良好形象。不要随意泄露客户个人信息，更不能对客户的隐私随意评论。如果不小心看到别人计算机上的信息和邮件中的秘密，切忌传播。

案例：2005 年 12 月，某商贸公司分公司总经理王某到公安局报案，称他的电子邮箱被他人非法入侵，2 000 余封电子邮件被他人盗用。邮件的内容包括总公司发来的财务报表、人事情况以及进货价格和降价时间等一系列的管理机密和商业机密，这些信息一旦被竞争对手拿到，损失将极为惨重。

网监大队民警经过侦查，发现该台计算机上的文件夹系 FOXMAIL（一个邮件收发系统）自动转来的。犯罪嫌疑人进入王某的电子信箱后，对 FOXMAIL 系统进行了设置，总公司每发来一封邮件，它就会自动复制一份转到另一个电子信箱里，再存放到该文件夹下。民警采用技术手段，查到另一个电子信箱的地址为胥某所有。

胥某系该公司职工，并且已经获取了 2 000 余封涉及商业机密的电子邮件。那么，胥某是怎么进入总经理的电子信箱的？“猜密码！”胥某说。该公司曾在 2004 年 2 月进行了系统升级，使用的都是初始密码，有一定规律可循，而王某的信箱密码一直没有改掉。后来警方根据有关规定，依法给予胥某警告并处罚款 5 000 元，胥某所在单位也给予了他开除处分。

4. 讲究礼仪，加强修养

网络上的信息传播比传统途径更加迅速、范围更广、影响面更大。为了构建一个和谐、融洽的网络环境，不管采用何种网络沟通形式，都要自觉遵守网络礼仪，塑造良好网络形象。这样不仅能体现出对他人的尊重，也展现了自己负责任的态度。除了遵守一般的社交礼仪外，还要注意不同网络形式的使用规范礼仪。网络电子邮件在使用过程中要注意填写规范、使用礼貌用语、写明主题、字体大小适中、及时查看回复、避免重复发送、定期清空整理等问题；发帖、聊天时要避免重复，以免浪费别人的时间；自觉遵守论坛的相关规则，以宽容的态度对待他人，拒绝传播有害及非法信息。

案例：某公司刚入职的小林一个月前接到一个任务，给350个客户发本公司“新产品发布会议通知”，并要求电子邮件回执。可临近会议只剩一周了，负责组织会议的技术部门竟然没有接到几个回执。

按以往的惯例这是不正常的，于是派销售部门给各用户打电话落实，客户竟然都说没接到邮件通知。单位人员再去追问小林，他信誓旦旦地说不止发了一遍，可以查已发邮件记录。当查看小林的邮件时，发现他发出的邮件没有明确的主题内容。原来小林为了省事，写了个“小林”就群发了。结果没人知道小林是谁、是何内容，大多数人没看就当作是垃圾邮件处理了。

思考：造成案例中公司没有及时收到回执的原因是什么？以后应该怎样避免？

练习巩固

1. 阅读下面的案例，请你谈谈网通公司成功地让张经理成为忠实客户的原因是什么？一般来说，网络销售的前提是什么？

有很多亲戚朋友在国外的张经理，每月花在国际长途的钱着实不少。一天早上打开邮箱，一封题为“打国际长途，您还没有用网络电话吗?”的邮件立刻吸引了他的兴趣。他发现拨到美国也只需要0.8元每分钟，最后，他选择买网通的网络电话卡，随后放进了购物车并留下了联系电话。才过了几分钟，张经理便接到了网站客服小姐的电话。张经理询问了一下网络电话卡以及付费方式方面的细节问题，客服小姐专业的回答让张经理感觉很好，于是他通过网上银行转账购买了一张100元面值的网通网络电话卡。

从此以后，张经理经常收到这家网站的广告，尤其是在账户话费快要花完时，这家网站总能及时提供最新的电话卡促销，以便张经理能够及时充值。因此，张经理也顺理成章地成为这家网站的忠实客户。

2. 阅读下面这个案例，分析“凸面烤箱”营销成功的原因是什么。

“凸面烤箱”是韩国一家厨房用具公司开发的一种小型微波炉，产品质量不错，但实力有限，一直打不开局面。后来，他们制定了实施互联网营销的策略，在全国范围内寻找到几十个有影响力的家庭主妇博客。这些博主平时经常会把自己生活的心得写在博客上，如烹饪、相夫教子等，都有一大批同类的“粉丝”。这家微波炉企业通过细致的调研后，发现这些博客的粉丝与他们的目标客户完全一致。于是找到这些博主，每人送了一台微波炉，让她们写写使用产品的心得以及利用微波炉烹饪食品的方法。结果，不到一个月，销量就增加了几千台。这家企业投入的仅仅是几十台产品，收到的效果却比投入几十万元广告费还要好。

第四节　非语言沟通

学习目标

- 了解非语言沟通的意义，掌握几种常见的非语言的沟通形式。
- 学会几种常见非语言表达形式的运用技巧。
- 在商务沟通过程中能够借助非语言方式提高沟通效果。

非语言是一种借助于表情、手势、动作等配合有声语言来达意、传情的特殊语言，也称体态语言、肢体语言或身体语言。国际肢体语言专家阿尔伯特·麦拉宾有这样的研究结论：人在彼此交流中，一条信息产生的全部影响力，7%来自语言（仅指文字），38%来自声音（包括语音、音调等），而55%来自无声的身体语言。著名人类学家雷·博维斯特对上千次的谈判和销售进行研究，结果发现：商务会谈中，有60%～80%的决定是在肢体语言的影响下做出的。有国际专家甚至有这样的观点：话语（指文字）的主要作用是传递信息，而身体语言左右着人与人之间思想的沟通。所以，非语言沟通在人类沟通和交流中发挥着重要作用。了解非语言沟通并恰当运用，会使商务沟通更加顺畅。

案例导引

案例：小刘是广告公司新入职的员工。一次，他就一份广告方案去经理办公室向经理咨询意见。推开房门时看见经理双臂交叉于胸前，面部表情十分严肃，正在房内低头快速地踱着步。

他觉得很奇怪，但是也没有多想，就径直走进了经理办公室。还没等他张口说话，经理就狠狠瞪了他一眼，说："有什么事吗?"

"经理，很不好意思打扰到您休息了，我有一个关于最新方案的问题想向您请教。"小刘怯懦地说。

"难道你不知道在进门的时候先敲门吗？这是最基本的礼貌问题，你到底懂不懂？还有，我是在休息吗？你没有看见我正在这里考虑问题吗？难道在你看来我是在工作期间不务正业，在办公室偷偷休息的人吗?"

经理一连串的发问让小刘不知所措，只能低头认错："对不起，经理，我是新来不久的员工，不会说话，请您原谅，以后一定注意。"

经理看到小刘一副委屈的样子，口气也软了下来。

"没关系，请你也不要把这件事情放在心上。我这人一向说话严厉了些，再加上工作压力大，说话可能就更加不顾情面了，请你原谅。你刚刚说有问题要问我，什么问题，你问吧。”

非语言传达着很多用语言所不能传递的信息，也能更真实地展现沟通者的心理状态。案例中，小刘没有体会到无声语言所传达出来的信息含义，最终被经理训斥了。由此告诉我们，在商务沟通中，要善于及时捕捉沟通者通过肢体语言所传达的信息，以免造成尴尬或陷自己于不利境地。

想一想：上述案例中，经理使用了哪些非语言行为，暗示了怎样的信息？如果你是小刘，你会怎么做？

一、微笑是没有国界的语言

一位诗人说：“我最喜欢的一朵花，它是开在别人的脸上的。”达·芬奇的名画《蒙娜丽莎》以永远神秘的微笑而举世闻名，不少人第一次看这幅画时都会被她的笑容所吸引，难以忘怀。微笑是属于表情的重要组成部分，是盛开在人们脸上的花朵。真诚、亲切、自然的笑容，留给人的印象深刻而美好。微笑是良好的“润滑剂”，在商务沟通过程中，能有效拉近沟通双方的心理距离，为沟通交流创造良好的氛围。

阅读卡：世界上最伟大的推销员乔·吉拉德曾说：“当你笑时，整个世界都在笑。一脸苦相没人理睬你。”

案例：美国希尔顿集团的董事长康纳·希尔顿认为自己的成功，得益于他母亲教导的“微笑”。母亲曾对他说：“孩子，你要成功，必须找到一种方法，它要符合以下四个条件：第一，要简单；第二，要容易做；第三，要不花本钱；第四，可以长期运用。”这究竟是一种什么方法呢？母亲微笑着没有回答。希尔顿在反复观察、思考后，终于找到了——是微笑。

后来希尔顿把一家名不见经传的旅馆迅速发展成遍及世界五大洲，拥有70多家豪华宾馆的跨国公司。当有人问起他的成功秘诀时，他自豪地说：“靠微笑的力量。如果缺乏服务员美好的微笑，好比花园里失去了太阳和风。假若我是顾客，我宁愿住进那虽然只有残旧地毯，却处处见到微笑的旅馆，而不愿走进有第一流的设备而见不到微笑的地方。”因此，他经常问下属的一句话便是：你今天对顾客微笑了没有？

1. 微笑的要素

微笑具有一种魅力，它是自信的标志、礼貌的象征、涵养的外化、情感的体现。它可以振作精神，可以改变周围的气氛，可以使你在商务沟通中更受欢迎。

（1）自信的微笑。微笑能体现出一个人的精神风貌。要保持积极乐观的心态，用自信、乐观的情绪感染他人。

阅读卡：卡耐基曾说：“真正的微笑，是一种令人心情温暖的微笑、一种发自内心的微笑，这种微笑才能在市场上卖得好价钱。”

(2) 真诚的微笑。它是具有人性化的、发自内心的、真实感情的自然流露，会使人如沐春风。发自内心的微笑是一个人美好心灵的外在表现，能够从心理上打动他人，是洽谈成功的秘诀之一。

(3) 甜美的微笑。微笑时，温柔友善，自然亲切，给人温暖、愉快、舒适的感受。

(4) 礼貌的微笑。创造一个友好热情的气氛和情境，肯定会赢得对方满意的回报；如果对方微笑在先，必须马上还以礼仪微笑。微笑要自然，僵硬的笑容、强颜欢笑、捂着嘴微笑都会造成不自然的感觉。微笑还要适度、注意场合，不该笑时不要乱笑；否则容易造成失礼或引发不快。

案例：原一平身高153厘米，其貌不扬，不年轻。在原一平当保险推销员的头半年里，他没有为公司拉来一份保单。他没有钱租房，就睡在公园的长椅上；他没钱吃饭，就吃饭店专供流浪者的剩饭；他没钱坐车，每天步行去他要去的地方。可是，他从来不觉得自己是一个失败的人，至少表面上没有让人觉得他是一个失败者。自清晨从公园里长椅起床，他就向他所碰到的人微笑，不管对方是否在乎。并且，他的微笑永远是那样的由衷和真诚，让人看上去那么精神抖擞、充满自信。

终于有一天，一个常去公园的大老板对原一平有了兴趣。于是，他提出请原一平吃一顿好饭，可原一平拒绝了，他请求这位大老板买他的一份保险。于是，原一平有了自己的第一份业绩。后来，这位大老板又把原一平介绍给许多商业上的朋友。原一平的自信和微笑感染了越来越多的人，他最终成为日本历史上签下保单金额最多的保险推销员。

原一平成功了，他的微笑被称为“全日本最自信的微笑”。原一平的成功告诉我们：做人，就要做一个对自己有信心、对他人有爱心的人，给自己一份信心，给他人一个微笑，成功就会渐渐向我们靠拢。

2. 微笑的要求

(1) 与眼睛的结合。微笑时要目光友善，眼神柔和，亲切坦然，眼睛和蔼有神，自然流露真诚。有目光的接触即要送上甜美真诚的微笑。但微笑的启动与收拢都必须做到自然，切忌突然用力启动和突然收拢。

(2) 与语言的结合。微笑和语言都是传达信息的符号，微笑与语言结合，声情并茂、相得益彰，会使表达更加丰富，效果更好。

(3) 与身体的结合。在微笑的过程中借助一定的身体动作、姿势体态可以增强表达的效果。

案例：小张是某宾馆的大堂经理。一天，一位住宿的客人外出后，他的朋友来宾馆找他，要求去他的房间等候。由于客人外出时事前并没有留言，宾馆出于安全考虑没有同意这位来访朋友的要求。住宿的客人回来后，非常生气，直接跑到前台争执。小张闻讯赶来，还未来得及说话，客人直接指着她的鼻子大声指责。小张明白客人正在气头上，这个时候说什么都是无用的，可能还会让客人更恼火。于是，小张默默不语地看着客人，让客人发泄，脸上一直保持着微笑，期间不时点头表示理解。等到客人平复下来，小张微笑着告诉客人能够理解他的做法，又告诉了客人宾馆的有关规定，请客人理解并表达了歉意。客人表示了接受。

过了两个月，这位客人再一次下榻该宾馆，专门找到小张说："你的笑容很真诚，是你的笑容打动了我，使我相信你们宾馆的服务。"

思考：案例中，顾客为何再一次下榻曾经让他不愉快的宾馆？你从中得到了什么启示？

3. 微笑的训练方法

礼仪专家指出，职业化微笑一般要求露出上面6～8颗牙齿，这是最自然的笑容。美国的沃尔玛零售公司的微笑服务享誉全球，统一要求是露出8颗牙齿的微笑。微笑是可以训练的，可以借助一些方法使自己的笑容更完美。

（1）对镜微笑训练法。这是一种常见的训练方法。对着镜子来调整和纠正微笑。双唇轻闭，使嘴角微微翘起，面部肌肉舒展开来；同时注意眼神的配合，使之达到眉目舒展的微笑面容；也可以把手放在嘴角并向脸的上方轻轻上提，一边上提，一边使嘴充满笑意。

（2）借助一些字词进行口型训练。发"一""七""茄子""威士忌"等音，练习嘴角肌的运动，使嘴角自然露出微笑。

（3）情绪诱导法。情绪诱导就是设法寻求外界物的诱导、刺激，以求引起情绪的愉悦和兴奋，从而唤起微笑的方法。诸如，观看喜欢的娱乐节目，播放自己喜欢的乐曲，翻看令人高兴的照片、画册，回想过去幸福生活的片断等，以期引发快乐和微笑。

（4）含箸法。这是日式训练法。道具是选用一根洁净、光滑的圆柱形筷子（不宜用一次性的简易木筷，以防拉破嘴唇），横放在嘴中，用牙轻轻咬住，以观察微笑状态。但此法不易显示与观察双唇轻闭时的微笑状态。

二、眼睛是心灵的窗户

黑格尔说："灵魂集中在眼睛里。"眼睛最富有表情，能表达出人们最细微、最精妙的内心情感，具有"心灵的窗口"的美称。眼神一向被认为是人类最明确的情感表现和交际信号，"会说话的眼睛"传达的信息要比语言直接得多。在商务沟通中，目光交流起着重要的作用。

1. 目光交流的要求

（1）真诚专注。商务沟通中，目光注视行为要做到真诚专注，既体现对对方的尊重，又使人产生信赖之感。

阅读卡：孟子曰："存乎人者，莫良于眸子。眸子不能掩其恶。胸中正则眸子了焉；胸中不正则眸子眊焉。听其言也，观其眸子，人焉廋哉？"

（2）亲切自然。要怀有一份热爱、关心的好心情，并由内而外、自然地流露在自己的目光中，做到嘴角微翘、面带微笑。同时眼球放松，注视时不集中一点，以散点柔视为好，视线移动缓慢自然。

（3）明亮有神。在商务沟通中，要充满自信并自然流露在眼神中。两眼的上下眼帘充分打开，使双目生辉，炯炯有神，给人眼前一亮、充满亲切的好感。

2. 目光交流的方式

（1）仰视。即稍稍向上看着对方的脸部，表示尊重、敬重对方。多用于晚辈对长辈、下级对上级之间。

（2）侧视。位于对方侧面时，面向并平视对方，若为斜视对方，则为失礼。

（3）平视。即两眼平视向前，注视对方两眼与口鼻的“倒三角区”，以示尊重。常用于在普通场合与身份、地位平等的人进行交往。

（4）环视。当几位客人从不同方向，同时走来或在集体场合发言时，应采用环视的目光，即眼观六路，有意识地顾及在场的每一位客人。

（5）直视。递接物品时，应采用直视的目光，注意到双手与物品的动作。

3. 目光交流的部位

（1）公务凝视区。注视时，目光停留在对方的两眼与前额所形成的“正三角区”，给人严肃、认真、真诚之感。一般用于商务洽谈、贸易谈判等洽谈业务的正式场合。

（2）社交凝视区。注视时，目光停留在两眼到口鼻所形成的“倒三角区”，给人舒适、轻松、自然之感。一般用于聚会、宴请等社交场合。

（3）亲密凝视区。注视时，目光停留在两眼到胸部之间，给人亲近、友善之感。一般用于恋人、夫妻及亲人之间。对于非亲密关系的人采用这种注视，会造成冒犯，是失礼的行为，会导致他人反感。

4. 目光交流的时间

在商务沟通过程中，眼睛应不时注视对方，一般占全部相处时间的1/3多一点，以表示友好；表示重视和关系密切时，可以用较长时间将目光投向对方，约占全部相处时间的2/3；而目光经常游离对方，注视的时间不到全部相处时间的1/3，会给人轻视之感；目光注视时间占全部相处时间的2/3以上，可以视为有敌意或者也可以表示对对方感兴趣。当无意中与他人目光相遇，不要马上躲开，应自然地对视1～2秒钟，然后慢慢地离开；一眼都不看对方，也是失礼的表现。与异性目光对视，切忌“盯视”，注视时间不得超过5秒钟，否则会引起对方尴尬或猜测。

阅读卡：研究表明，交谈时目光接触对方脸部的时间宜占全部谈话时间的30％～60％；多于这一时限，可认为对对方本人比谈话内容更感兴趣；少于这一时限，则表示对谈话内容和本人都不感兴趣。

案例：赵雯是某公司的人事部经理，每年都要把关公司的面试工作。一次面试工作中，一位名校毕业的大学生对答如流，而且外语水平很高，表现很轻松，自信满满，认为自己胜券在握。当他在休息区等候时，赵雯走了进来，他只是扫了赵雯一眼，点了点头就继续玩自己的手机。赵雯与他谈话时，他扬起下巴，嘴角下拉，不时地斜视着赵雯。

第二天，当赵雯打电话给这位大学生，跟他说这份工作不适合他的时候，大学生觉得特别惊讶和沮丧。

思考：请分析这位大学生为什么没有被录用。

三、手势语言内涵丰富

手势是人们在交往时不可缺少的动作，是最有表现力的一种“体态语言”，俗话说“心有所思，手有所指”。它常用来补有声语言之不足。关于这一点，春秋时代的孔子就有论述：“说之，故言之；言之不足，故长言之；长言之不足，故嗟叹之；嗟叹之不足，故不知手之舞之，足之蹈之。”手的魅力并不亚于眼睛，作为人类沟通不可或缺的工具，是人们内心情感的外化，也是个人形象的体现，手势表现的含义非常丰富，表达的感情也非常微妙复杂，能够恰当地运用手势表情达意，会使沟通顺畅很多。

1. 常用手势语的内涵

此处列举英语国家八种常见手势，因为商务沟通的国际化，它们几乎已经成为全球共通并被接受的语言形式。

阅读卡：**手势语言在不同国家的不同含义**

美国：同意、了不起、顺利
中国：以前为“零”，现在同美国
日本、韩国、缅甸：金钱
巴西、希腊：咒骂、侮辱

中国：称赞、夸奖、了不起
英国、澳大利亚、新西兰：表示搭车
希腊：滚蛋
伊拉克：表示挑衅

中国：胜利，从前表示“2”
英国：掌心向外表胜利，向内表侮辱
欧洲一些国家：表示“2”
澳大利亚：侮辱、骂人

（1）付账。右手拇指、食指和中指在空中捏在一起或在另一只手上做出写字的样子。

（2）动脑筋。用手指点点自己的太阳穴。

（3）愤怒、急躁。两手臂在身体两侧张开，双手握拳，怒目而视。

（4）自以为是。用食指往上点鼻子，还可表示“不可一世”。

（5）别做声。嘴唇合拢，将食指贴着嘴唇。

（6）侮辱和蔑视。用拇指顶住鼻尖儿，冲着被侮辱者摇动其他四指的手势。

（7）绝对不行。掌心向外，两只手臂在胸前交叉，然后再张开至相距一米左右。

（8）高兴激动。双手握拳向上举起，前后频频用力摇动。

2. 运用手势语言应注意的问题

在商务交往中，借助恰当的手势语言可以恰到好处地传达尊重与诚意。反之，手势语言运用不当容易导致误解，“指手画脚”和“手舞足蹈”都会损害企业形象。在运用手势语言时，应该注意以下问题：手势不宜过多，动作幅度不宜过大。不要用手指指点他人。

一般认为，掌心向上的手势表示诚恳、谦逊、尊重他人；掌心向下的手势意味着命令、强制、缺乏诚意。鼓掌时不应戴手套，也不要为了声音大而使劲鼓掌。打招呼时，要注意不可以向上级和长辈招手。不要随意摸鼻子，它表示没有诚意、心虚。

另外，应当避免一些不雅动作，如当众搔头皮、掏耳朵、抠鼻孔、剔牙、咬指甲、剜眼屎、搓泥垢等，这些行为举止会令人极为反感，严重影响交际风度和自我形象。当然，由于区域和各国不同习惯，相同的手势可能表达的意思也大相径庭，需要谨慎使用。

案例：两位公司老总一起商谈合作计划。这次合作如果能够顺利进行，双方都能够获利不少。在谈话中，A公司老总用一根手指指着B公司老总说：“上次说的出资比例，你们考虑得如何？”在B公司老总讲话时，A公司老总一直在翻看计划书。过了一会儿，他拿起桌子上的钢笔，边看计划书边转动手中的钢笔。钢笔几次掉在了桌子上，打断了B公司老总的谈话。B公司老总非常不悦，借口有急事告辞了。

事后，B公司老总告诉自己的秘书：“从会谈中可以预见未来的合作中还会出现很多不愉快，还是尽早放弃为好。”并通过秘书转告A公司，这笔生意他不做了。A公司老总实在想不通：这么大好的机会，为什么B公司就不做了呢？

思考：B公司老总为什么突然放弃合作计划呢？A公司老总在会谈中的行为有哪些不妥之处？

四、时空语言传递沟通规则

任何沟通都是在一定的时间和空间进行的，商务沟通也不例外。恰当运用时空语言，会使沟通双方心理上更加舒畅，也有利于做出对企业有利的决策。

1. 时间语言

对待时间的态度反映了一个人的性格、观念以及做事方式，在很大程度上会影响商务沟通的成功与否。在商务沟通中，要了解并恰当运用时间语言，以免造成不必要的损失，同时传达出沟通者认真严谨、负责任的态度，促使双方达成合作。

（1）树立守时的观念。守时是人与人沟通交流最基本也是最重要的品质，也可以折射出一个企业的面貌素质和工作作风。假如和人约好了时间却未准时到达，会传递给对方不守信、不负责任的信息，容易失去对方的信任和好感。即便你因为特殊原因不得不失约，也应该提前打电话通知对方，向对方表示歉意。

案例：美国首任总统华盛顿享誉盛名。他的许多部下都领教过他严守时间的作风。每当他约定好时间的事情，必定会按时做到，一秒都不差。有一次，他的一位秘书迟到了两分钟，看到华盛顿满脸怒容的样子，他赶紧解释说自己的手表不准。华盛顿正色地说："或许是你换一只手表，或许是我换一个秘书。"华盛顿对时间的重视，使得这位秘书从此不再出现迟到的事情。

（2）把握有利时间段。企业往往将时间划分为一定的时间段，如淡季和旺季，两个黄金周，工作日和双休日，等等。企业可以根据自己的具体情况，把握有利时机，开展商务沟通活动。如黄金周和双休日对于餐饮、旅游、住宿行业的企业影响更大。

（3）尊重不同文化背景。关于"守时"，不同国家、不同地区都会有不同的态度，涉外商务沟通时应先了解当地人的时间观念。一般来说，德国、瑞士、比利时、加拿大、澳大利亚、美国、英国等国家是极为守时的，而绝大多数拉丁美洲国家和许多亚洲国家对"守时"则较为宽松。

案例：小王所在公司最近与阿根廷某公司进行商务洽谈。该阿根廷公司一部门经理热情地邀请小王晚上7点钟到他家里喝鸡尾酒。小王想：一定不能迟到，要给对方留下好印象。于是小王6:50到达。当时，女主人穿着睡衣跑来开门，客厅里还有些凌乱，而那位部门经理正在洗澡。小王显得特别尴尬。后来，一位有经验的同事告诉小王："即使你8点到，也不会令人感到惊讶。"正如一位拉丁美洲的生意人所说的："你们为什么要生活在精确计量的时间里呢？"

思考：小王为什么会遇到这种尴尬呢？以后应当如何避免？

（4）体现对身份地位较高者的尊重。一般来说，与身份地位较高者约见、会面时必须守时；而身份地位较高者约见相对地位低者时，应给予适当的宽容，以表现对他的尊重并且不会失礼。

（5）善于捕捉情绪传达的信息。人们对于感兴趣的事物会给予更多的关注；不感兴趣会迅速转移话题。商务洽谈和谈判中，可以从沟通者对内容、条款等关注的时间中获取一些信息。

案例：A公司要与一家大型跨国公司洽谈钢铁贸易事宜。在谈判过程中，A公司的小张认真仔细地观察双方在逐条审核合同内容时的一举一动，并且将合同的事项一条条列明，然后一项一项向前推进。当念出合同中涉及一项价值几百万美元的运输费用时，这家跨国公司的首席谈判代表缩紧了他的嘴唇，并且目光在这项条款上做了一个短暂的停留。小张立刻向本公司的主谈人员递了一张纸条，提示他合同的这一条款有争议或有问题，应当再仔细核查或谈论一下。于是，A公司谈判代表就这一问题主动与对方进行细致磋商。最终，双方达成了协议，A公司也节省了大笔的费用。

思考：小张是如何发现这一条款有争议或有问题的？

2. 空间语言

美国心理学家罗伯特·索默的研究发现：每个人都具有一个把自己圈住的心理上的个体空间，它就像一只无形的"气泡"一样为自己"割据"了一定的"领土"，一旦这只"气泡"被人侵犯，就会感到不舒服、不安全，甚至恼怒。从中可以发现，人体周围都有一个属于他个人的空间，犹如他个人身体的延伸，人际交往只有在这个空间允许的范围内才会显得自然，否则会给进一步的交往带来困难。

案例：以下是现实生活中经常遇见的几个现象。

(1) 某大厅的一张长沙发上有一个人坐着，当另一个人也去坐的时候，人们会发现他通常是坐在离这个人尽可能远的一端，尽管这个沙发能容得下三四个人。

(2) 在某间宽敞而又空闲的阅览室里，一个人正独自坐在一张大桌子前，此时有另外一个人坐在他的身旁，而且越靠越近，会立即引起这个人的"觉醒"或"心神不定"，或显得反感，向另一旁挪动。

思考：当你走进电梯后发现电梯内已经有一位陌生乘客，你会紧靠在他的旁边还是站在离他较远的位置？为什么？

(1) 保持距离。美国人爱德华·霍尔博士划分了四种区域或称距离，为交往空间提供了基本模式，即人际交往的四种距离。

是亲密距离（0--45厘米），这是人际交往中的最小间隔或几乎无间隔，适用于恋人、家人和至交。恋人和家人的亲密距离可以保持在0～15厘米；至交可以保持在16～45厘米，可以有一定的肢体接触，如挽着手臂、牵手等。

二是个人距离（46～120厘米），稍有分寸感，身体接触较少，适用于一般交际应酬。其中，近范围是46～75厘米，多用于熟人间的握手、交谈；远范围是76～120厘米，用于一般交往场合，朋友和熟人可以自由地进入这个距离空间。

三是社交距离（121～360厘米），超出了亲密或熟人的人际关系，适用于会议、庆典、仪式及接见等。其中，近范围是 121～210 厘米，多用于工作环境和社交聚会；远范围是 211～360 厘米，多用于谈判、会见客人、招聘等一般比较正式、严肃的场合。

四是公众距离（>360 厘米），适用于公共场所同陌生人相处、大型报告会、演讲会等。当然，因不同文化背景或民族、社会地位和年龄、性格、性别、情绪状态、交往场景等因素的影响，不同的人所需个体空间的范围有所不同，同一个人在不同心理状态下所需的个体空间也会有所变化。

在商务沟通中，要和他人保持恰当的距离：离得太近，会让人不舒服；离得太远，使人感觉傲慢、不重视。不要随意进入别人的小空间，以免造成侵扰，形成不愉快或敌意。

案例：在某次商务酒会上，张总遇到王总并开始了交谈。这时，张总往前走了一步，继续神采飞扬地进行刚才的话题。王总觉得两人离得太近，感到不舒服，向后移动了一步。张总很热情地又向前跟上了一步。王总无奈，只能又退了一步，张总又跟上一步……就这样，张总浑然不觉地将王总"逼"到了墙根。王总非常不悦，最后赶紧找了个借口结束了与张总的谈话。

思考：看了案例后，谈谈你的感受。你在交往中与人跳过这种"探戈舞"吗？

（2）改变身体位置。在商务交往中，要根据交往目的和所处场合等因素，适时改变身体所处的位置。如在商务接待过程中，对于重要客户或远距离客户的来访，接待人员应当视情到大厅或企业门口迎送，或前往车站、机场、码头进行接送；遇到客户来访或领导视察等场合要以站立姿态迎接等。适时改变身体位置，体现了对对方的尊敬和重视，在商务沟通中容易取得对方好感。

练习巩固

1. 阅读下面的案例，请你分析小王的问题出在哪里。

某公司新招进的员工小王是个性情开朗、热情大方的小伙子，喜欢和人交朋友，平时和同事交谈时喜欢拍着对方的肩，和对方靠得很近，有时甚至凑到同事的耳朵跟前说话。可是，一段时间后，小王发现同事们有些不愿意和他说话，老远看见了他就找个借口走了。小王很纳闷，不知自己出了什么问题。

2. 阅读下面的案例，试着分析：这位年轻的男店员为什么会打动老太太？

一个下雨天的下午，有位老太太走进匹兹堡的一家百货公司，漫无目的地在百货公司内闲逛，很显然是一副不打算买东西的样子。大多数售货员只对她瞧上一眼，然后就自顾自地忙着整理货架上的商品。

这时，一位年轻的男店员看到了她，立刻微笑着上前，热情地向她打招呼，并很有礼貌地问她是否有需要服务的地方。老太太说她只是进来躲雨罢了，并不打算买任何东西。年轻人安慰她说："即便如此，我们仍然欢迎您的光临！"并主动和她聊天。当老太太离去时，这位年轻人还送她到门口，微笑着替她把伞撑开。老太太看着他那亲切、自然的笑容，向这位年轻人要了一张名片，然后告辞而去。

后来，这位年轻人完全忘记了这件事。

有一天，他突然被公司老板召到办公室去。老板告诉他，上次他接待的那位老太太是美国钢铁大王安德鲁·卡耐基的母亲。老太太给公司来信，指名道姓地要求百货公司派这名年轻人到苏格兰，代表公司接下装潢一所豪华住宅的工作，交易金额数目巨大。老板祝贺年轻人："你的微笑是最有魅力的微笑！"

3. 阅读下面的案例，你认为杨春哪些方面做得合适，哪些方面需要改进？

大华公司要与法国某公司洽谈一笔业务。如果双方能够合作成功的话，将会为公司带来一笔可观的利润，因此大华公司非常重视。杨春心想这么重要的场合，一定要穿套裙。因此她选了一套深蓝色套裙，搭配了淡蓝色衬衫以及最近很流行的黑色丝袜，化了淡妆，喷了香水。会谈中，杨春觉得对方代表的视线频频注视在自己身上。她无意中低下头一看，发现右腿的丝袜抽了很长的一段丝，而自己又没有带备用丝袜，因此觉得很尴尬，浑身不自在。在接下来的会谈中杨春一直无法集中精神，她在给对方代表传递文件时甚至拿错了文件。在杨春走近对方代表时，对方代表因为杨春身上浓烈的香水味，不着痕迹地遮掩了下口鼻，看着她露出玫红色的指甲皱了皱眉。接下来的会谈有些不顺利……

第三章 商务沟通基本技能

第一节 倾 听

学习目标

- 了解倾听在交际沟通中的意义，掌握有效倾听的相关要求。
- 明确有效倾听的障碍并加以克服。
- 掌握倾听的技巧，提高倾听能力。

沟通最基本的特性就是双向交流性，这就要求一个人在沟通中不仅要会说话，而且要会听话。作为获取对方信息的重要方式，倾听是沟通的前提和必要的保障。有关言语交际功能的资料表明：在人们日常的言语活动中，“听”占45%，“说”占30%，“读”占16%，“写”占9%。也就是说，人们有近一半的时间在听。要使沟通融洽有效，做一个善于倾听的人是非常有必要的。你想要了解一个人，你得学会倾听他的看法；你想成为别人的朋友，你得学会倾听他的烦恼与快乐；你要与别人合作，你得学会倾听他的想法。在商务沟通过程中，我们必须认识到，有效沟通必须是双向的，不光要表达意见，还应当接受意见。只有自己主动去认真倾听，对方才会向你袒露心迹。

案例导引

一家小店的店主波斯老板发现自己店里的锁坏了，于是叫来修锁匠修锁。修锁匠完成修锁工作后，开始了与波斯老板的对话。

修锁匠：“打扰了，先生。”

波斯老板：“你干完活了?”

修锁匠：“我把锁换了，但是你的门还有大问题。”

波斯老板：“你修好了锁?”

修锁匠：“不！我换了新锁！但是你应该把门也修好!”

波斯老板："修好锁就完了！"

修锁匠："先生，听我说，你需要换个新的门。"

波斯老板："我需要一个新的门？"

修锁匠："是的。"

波斯老板："好吧，多少钱？"

修锁匠："我不知道，您得问修门的人。"

波斯老板："你想骗我，是不是？你有个朋友会修门？"

修锁匠："不，我没有朋友会修门，老兄。"

波斯老板："那么就去把锁修好，你这个骗子！"

修锁匠："那好吧，你就付我锁的钱，我的工钱我不要了！"

波斯老板："你没有修锁就让我付钱？你以为我傻了吗？给我修好锁，你这个骗子！"

修锁匠："我给你换了新锁！你得把你的破门换了。"

波斯老板："你是骗子！"

修锁匠："好，你不用付钱了。"

从上面的案例可以知道，如果不能自始至终倾听对方讲话的内容，认同对方的心理感受，交流就无法进行下去。所以，倾听对双方都很重要，它是一次语言交流成功的基础。与人沟通交流之前，不妨先换个角度思考一下：我们与别人沟通的目的是什么？问候、求助还是建议？不管出于哪种目的，我们都不希望对方毫无反应。

思考：修锁匠完成了自己的本职工作，换了把新锁，原本可以结账，完成这次任务。为什么最后修锁匠不但没有拿到工钱，而且连换新锁的钱也没拿到。你认为他们之间的沟通出现什么问题了吗？为什么波斯老板认为修锁匠是个骗子？

一、有效倾听的意义

1. 获得相关的信息

为了能够更好地解决问题和做出有效决策，尽可能多地获取相关信息是必需的。而倾听就是获取信息的有效手段。众所周知，在传递信息的过程中，总会有或多或少的信息损耗和失真。经历的环节越多，传递的渠道越复杂，信息的损耗和失真程度就越大。所以，如果能够做到直接倾听，并能促使对方更多地举出相关实例，那么我们获得的信息就越充分、越准确。同时，倾听还可以得到最新信息。交谈中有很多有价值的信息，有时它们常常是说话人一时的灵感，甚至连他自己都没有意识到，但对听者来说却有启发。因此，有人

阅读卡：人长了两只耳朵、一张嘴巴，因此，有人说，倾听比倾诉更加重要。

说，一个随时都在认真倾听别人讲话的人，可在闲谈之中成为一个信息的富翁，这可以说是对古语“听君一席话，胜读十年书”的一种新解。

案例：柯达公司在创业之初便设立了“建议箱”制度，公司内任何人都可以对某方面或者全局性的问题提出改进意见。公司指派一位副经理专职处理建议箱的内容，收效甚大。第一个提出建议并被采纳的是一位普通工人，他建议软片仓库应该常有人做清洁，以切实保证产品质量，公司为此奖励了他 20 美元。公司为奖励员工的建议共付出了 400 万美元，但他们因为善于倾听员工的建议而获得的利润却超过了 2 000 万美元。

2. 体现对对方的尊重

有效的倾听可以使被倾听者产生被关注、被尊重的感觉，他们会因此更加积极地投入到整个沟通过程当中。他们可以畅所欲言地提出自己的意见和要求，这除了可以满足他们表达内心想法的需求，也可以让他们在倾诉和被倾听中获得关爱和自信。通过有效的倾听还可以向对方表明，自己十分重视他们的需求，并且正在努力满足他们的需求。

不懂得倾听别人说话的人，是不尊重他人的人，同时也是不尊重自己的人。如果对方在努力地诉说时，你却一副心不在焉的样子，虽然只是你不经意的一个表情，却很容易给诉说者造成伤害，他会觉得你不够重视他，让他把本想对你说的话收回去，也许就因为一次不认真倾听，你会失去一个很好的机会。

> **阅读卡：**保罗·赵说：“沟通首先是倾听的艺术。”伏尔泰说：“耳朵是通向心灵的道路。”米内说：“会倾听的人到处都受欢迎。”松下幸之助把自己的全部经营秘诀归结为一句话：“细心倾听他人的意见。”

案例：有一位年轻的义工很喜欢帮助别人。有一天，义工联盟让她去敬老院陪老人说说话，她欣然答应了。

她是中午去的，直到傍晚才回来。她说整整四个小时，她一直在听一位老人说自己的“光辉历史”，说儿子儿媳的不好，说单位的领导对不住他……她没有机会插嘴，一直坐在那里听。但老人根本不在意，他一直在说，一直说到太阳西沉。老人心满意足，也累了。他说要小睡一会儿，晚上想吃一碗热米粥。

第二天，年轻的义工接到一个电话，是敬老院工作人员打来的。说那位老人要谢谢她，这么多年了，只有她能把他的故事听完，他非常开心。

3. 创造和寻找商务机会

在商务活动中，倾听当然并不是要求我们坐在那里单纯地听，而是为达成交易服务的。在倾听的过程中，我们可以通过对方传达出的相关信息判断对方的真正需求和关注的重点问题。然后，再针对这些需求和问题寻找解决的办法，从而令对方感到满意，最终实现成交。

> **阅读卡：**在生意场上，做一名好听众远比自己夸夸其谈有用得多。如果你对客户的话感兴趣，并且有急切想听下去的愿望，那么订单通常会不请自到。
>
> ——卡耐基

如果我们对对方提出的相关信息置之不理或

者理解得不够到位，那么这种倾听就不能算得上是有效的倾听，自然也不可能利用听到的有效信息抓住成交的最佳时机。

案例：很多年前，底特律的汽车厂商以生产“大型”“舒适”“强劲”的汽车主导了美国市场很长时间。后来，德国人来了，带来了经济可靠但“外形难看”的小型汽车，结果遭到美国汽车厂商的嘲笑，因为他们认为美国人喜欢的是外形漂亮的汽车。再后来，日本人来了，带来了外形漂亮的小型汽车。终于，美国汽车厂商笑不出来了，顾客大量流向国外竞争对手。

不过，当他们开始倾听客户的需求，并开始制造各种混合动力汽车和小型汽车时，事情有了改观，销售额增长了。所以，倾听客户的期望和需求至关重要。

思考：美国人为什么也开始造混合动力汽车和小型汽车了？他们从竞争对手身上得到了什么启示？

4. 能够调动人的积极性，提高效率

倾听作为一种非常重要的沟通方式，只有能让人愿意并且快乐地说出自己的观点与特点，才能更好地赢得别人的信任。说话者感到自己的话有价值，他们会乐意说出更多有用的信息。好的倾听者会促使对方的思维更加活跃，产生更深入的见解，从而提出解决问题的更好的办法。因此，倾听能够让人与人之间形成良好的沟通习惯，能够有效促进合作效率的提高。同时，如果你是一名管理者，倾听能让你更加了解对方的性格与特长，从而做到善用其才。倾听还能提高对方的自信心和自尊心，加深彼此的感情，激发对方的工作热情和负责精神。

案例：吉恩·邓沃迪在美国佐治亚州的麦肯市拥有一家成功的建筑公司。当别人问他最擅长的是什么时，他的回答是“倾听”。他解释说：“我不是一个很有创意的人，但我在这里工作的儿子还有几个职员都很有创意，我所擅长的就是倾听。你知道有时候客户和建造商会为了一些事情起争执，我的职员在交谈时也会产生新的创意，我经常可以从中找到共同点，也就提升了我们的质量。”这就是善于倾听的人所拥有的优势。

二、有效倾听的要求

倾听是商务沟通中的关键环节，善于倾听的管理者可以给员工留下良好的印象，激励他们畅所欲言，这样不仅可以让管理者获得重要的信息，更有助于管理者作出正确的决策。同时，对于缺乏经验的管理者来说，倾听还可以增长知识和经验，减少或避免因为不了解情况而出现失误。因此，倾听时必须注意以下要求：

1. 要集中精力，专心倾听

倾听别人说话本来就是一种礼貌，愿意倾听表示我们愿意客观考虑别人的看法。这会让说话的人觉得你很尊重他的意见，使对方有一种被认同的强烈感受，这有助于双方之间彼此接纳，建立融洽的关系。因此，在倾听过程中要集中精力，以一种高度负责任的态度来对待对方，这样能增加与他人对话成功的概率。如果不能自始至终倾听对方讲话的内容，认同对方的心理感受，交流就无法进行下去。没有人希望看到听众心不在焉的样子，也没有人愿意谈话被随意打断，更没有人乐意对着空气滔滔不绝。

我们在倾听的同时，要对所接收的信息进行理解、分析、判断、储存，并做出反应。如果不集中注意力，就无法掌握对方话语的内容，更无从做出及时的反馈。再有，倾听时注意力越集中，记忆就越深刻，保持得也越持久。如果你注意倾听领导要求你做的事，就容易圆满完成任务；如果你注意倾听别人告诉你的方向，就不容易走错路；如果你注意倾听顾客真正的需求，就可以避免浪费时间和金钱在他们不要以及不会买的东西上。

案例：乔伊·吉拉德是美国首屈一指的汽车推销员，曾创出一年内成功推销1 425辆汽车的纪录。然而，即使这样一位出色的推销员，也曾有过一次难忘的失败经历。

有一次，有位顾客来找乔伊商谈购车事宜。乔伊向他推荐了一款新型车，一切进展顺利，眼看就要成交了，但对方却突然决定不买了。

当天夜里，乔伊辗转反侧，百思不得其解。这位顾客明明很中意这款新车，为何又突然变卦了呢？他忍不住给对方拨通了电话：“您好！今天我向您推荐那辆新车，眼看您就要签字了，为什么却突然走了呢?”

“喂！你知道现在几点钟了?”

“真抱歉，我知道是晚上11点钟了。但我检讨了一整天，实在想不出自己到底错在哪里，因此冒昧地打个电话向您请教。”

“很好！你现在用心听我说话了吗?”

“非常用心。”

“可是，今天下午你并没有用心听我说话。就在签字之前，我提到我的儿子即将进入密歇根大学就读，我还跟你说到他的学习成绩和将来的抱负。我以他为荣，可我当时跟你说的时候你根本没有听!”

听得出来，对方仍然余怒未消。但乔伊对顾客在白天说过的这些话确实毫无印象。对方似乎察觉到了乔伊的疑虑，继续说道：“当时你在专心地听另一名推销员说笑话。或许你认为我说的这些与你无关，但是我可不愿意从一个不尊重我的人手里买东西。”

乔伊从此知道了，用心倾听对于做任何一件事都是那么的重要。

2. 要对倾听内容多加理解

沟通交流的过程实际上是信息表达和解读的过程。人们表达自身意图和目的，有时是采用有声语言来表达，但更多的时候会将真实意图隐藏在话语之外，形成隐含的语义。一个善于倾听的人，必须具有深刻的理解能力，对别人的话要进行分析、归纳和概括，只有这样，才能抓住对方说话的要点。特别要注意听清全部信息，不要听了一半就心不在焉，更不要匆忙就下结论，这样才能对倾听的内容有全面理解。

同时，要学会站在说话人的角度去听，不要凭自己的主观臆断。说话人的文化水平、教育背景、生活环境、职业理念等很多方面会与你有很大不同，你一旦以自己的角度去理解谈话人的问题就会出现很多误差。最好是听了说话人的介绍之后，根据说话人提供的信息，再从说话人的角度去思考对方的话语，这样就更加容易理解对方的真正意思。

案例：1977 年两架波音 747 飞机在美国特拉维夫机场地面相撞，两名飞行员其实都接收到了调度指令。KLM 的飞行员接到的指令是："滑行至跑道末端，掉转机头，然后等待起飞准许命令。"但飞行员并没把指令中的"等待"当作必须执行的部分。另一架飞机 Pan Am 的飞行员被指令转到第三交叉口暂避，但他将"第三交叉口"理解为"第三畅通交叉口"，因而没将第一个被阻塞的交叉口计算在内，就在他停在主跑道上的时候，KLM 飞机以 186 英里的速度与之相撞。飞机爆炸了，576 人遇难。

思考：这样的事故不可复制，我们应该从这次惨痛的事故中得到怎样的教训？

为了在倾听时加深理解，可以在对方说完以后，用自己的话重新表述一下，让对方检查正误。比如说"我刚才在××地方没听明白，你能否再讲具体一点?""我可能没听清楚，你说的是××意思吗?""你能再重复一下你刚才所讲的话吗?"一般来说，提出这样的问题，对方会很高兴地为你解释。

3. 要加强对倾听内容的记忆

倾听时，信息是无形的声音，稍纵即逝。只有边听边记，大脑才能凭借记忆表象展开思维，从而听懂对方要表达的真正意思。一般来说，人们讲话的速度约为 125 词/分钟，但绝大多数人的思维速度都快于 125 词/分钟，而人们对刚听过的信息的记忆率却只有 50%。因此，为了更好地倾听，必须加强记忆，让记忆内容在倾听者的大脑皮层留下多条"同一"的痕迹，从而提高记忆效率。

如果是重要的商务活动，我们可以在倾听之前做一些准备，比如了解沟通的主题、解决问题的大致方向等。这样会使记忆更加深刻，感受更加丰富。如果能够总结出对方说话的惯用模式，也会加深记忆。有时，为了避免走神，还可以适当做一些记录，或者向对方提一些问题。

4. 要对倾听内容及时整合

整合是指将某一范围内的，原本离散的、多元的、异构的、分布的信息资源通过逻辑的或物理的方式组织为一个整体，使之有利于管理、利用和服务。在沟通过程中，信息往往不是单一的、清晰的。因此，为了更加准确地获得信息，加强沟通效果，倾听者就必须在听话的同时，对话语及时进行整合处理。抓住对方话语的主干，虚化可能妨碍整合信息的旁支细节，并对所听取的话语进行主次轻重缓急的处理。这样，一方面可以向对方传达你一直在认真倾听的信息；另一方面，也有助于保证你没有误解或歪曲对方的意见，从而使你更有效地找到解决问题的方法。例如："您的意思是要在合同签订之后的20天内发货，并且再得到5%的优惠吗？""如果我没理解错的话，您更喜欢弧线形外观的深色汽车，性能和质量也要一流，对吗？"

案例：某天晚饭时，大婶走进了邻居家，说了下面一番话："哟，大兄弟，大妹子，还有大侄子，你们都在呢！刚吃完饭吧？你瞧我来得真不是时候。我是说好些日子不来坐坐啦，老不照面就显得生分了，俗话说'远亲不如近邻'嘛。你们吃的什么饭？今儿我买的洋白菜可真好，又嫩又甜，我们小佳最喜欢吃洋白菜了。要说小佳的功课可不如大侄子好啊，也腼腆，不爱搭理人。这不是，他们老师说组织他们到郊区那叫什么——'满足'。不，不是'满足'，好像是'远足'。小佳不敢去，她自个儿没出过门，怕丢了。我就告诉她：怕什么，有隔壁你大哥呢，他还不照顾你吗？……"

思考：你能对大婶的这番话进行整合吗？大婶真正想要表达的意思是什么？

三、有效倾听的障碍

大家都熟知列队传话游戏：十个人排成一列，由第一个人领来纸条，记住上面的话并保留纸条。而后，第一个人将记住的话低声耳语给第二个人，第二个人将听到的话低声耳语给第三个人，如此重复，直到第十个人。让第十个人将听到的话写在纸上。最后比较这两张纸条，会发现它们有很大的差别，甚至天壤之别。这个游戏生动具体地表明，倾听障碍是客观存在的。那么，到底有哪些条件阻碍了有效倾听呢？

1. 环境障碍

沟通总是在一定的环境中发生的，任何形式的沟通都会受到环境因素的影响。因为环境对人的听觉与心理活动有重要影响，环境中的声音、气味、光线以及色彩、布局，都会影响人的注意力与感知。

环境的氛围是环境的主观性特征，它影响人的心理接受定式，也就是人的心态是开放的还是排斥的，是否容易接收信息，对接收的信息如何看待和处置等倾向。环境是温馨和谐还是火药味浓；是轻松还是紧张；是生机勃勃的野外还是死气沉沉的房间，这些都会直接改变人的情绪，从而作用于心理接受定式。比如在布局杂乱、声音嘈杂的环境中倾听，就容易导致信息接收的缺损。

案例：一家公司由于受全球金融危机的影响，经营受到严重打击，最后决定裁员。

第一次裁员，公司通知全部被裁人员到会议室开会，在会议上宣布被裁人员名单，并且要求每个人立即拿走自己的东西离开办公室。所有被裁员工都感到非常沮丧，甚至很多留下的人也感到沮丧不已，极大地影响了公司的士气。

第二次裁员的时候，公司接受上次的教训，单独约见被裁人员到一家咖啡厅。为难地说出公司的决策：由于公司的原因致使他暂时失去了这份工作，请他谅解，并给他一个月的时间寻找下一份工作。被裁的员工得知这个消息后，都表示了理解和接受。并且表示，如果公司需要的时候，随时可以通知，自己会毫不犹豫地再回到公司。

两次裁员，由于选择了不同环境，所得到的效果是截然不同的。

2. 倾听者障碍

倾听者理解信息的能力和态度都直接影响倾听的效果。听讲人的知识水平、文化素质、职业特征及生活阅历往往与他本身的理解能力和接受能力紧密联系在一起，具有不同理解能力的倾听者必然会有不同的倾听效果。正因为如此，倾听者的理解能力构成了倾听中的障碍，"对牛弹琴"便是如此。

同时，倾听者的态度也会造成倾听中的障碍。这些态度主要有：对说者抱有个人偏见；对倾听内容先入为主、倾听过程中以自我为中心、倾听的态度三心二意等。在这些情况下，倾听者很难以冷静、客观的态度接收说话者的信息，倾听的信息也不能完全或部分进入倾听者的头脑中，由此也会大大影响倾听的效果。

案例 1：一个顾客急匆匆地来到某营业厅的收银台。顾客说："小姐，你刚才算错了 100 元……"收银台小姐满脸不高兴，说："你刚才为什么不点清楚，银货两清，我们概不负责。"顾客笑了，说："好吧，那就谢谢你多给了我 100 元。"说完，顾客扬长而去，留下目瞪口呆的收银台小姐。

案例 2：有一次，一家知名卫视做了一档节目，谈的是一位大龄硕士生毕业后没有合适工作的话题。节目中，那位当事人几乎从头到尾都在强调他不能进入理想单位的原因是社会的不公平（因为他想进当地的宣传部门，或者去大学教书），根本就不回应现场各位嘉宾与他的提问交流，甚至对给他的一些合理建议也置之不理，只是不停地在述说。他完全沉浸在自己的状态中不能自拔，主持人和嘉宾都非常无奈……据说，至今那位当事人还没有找到他理想的工作。

思考：那位大龄硕士生如果要找到合适的工作，他需要做哪些改变呢？

3. 表述者障碍

在沟通过程中，信息发送者的情绪、倾向、个人感受、表达能力、判断力等都会影响信息的完整传递。表述者障碍主要表现在：一是表达能力不佳，如口齿不清、语无伦次或词不达意、文理不通等。二是信息传送不全，信息传递不及时或不适时，以致大大降低了信息交流的价值。三是知识经验的局限，使信息未能清晰、准确地传递。还有就是传递者对信息的过滤。例如，当计算机销售人员对顾客提到 CPU、内存等术语或习惯用语时，可能顾客与销售人员的经验知识没有交集，因此无法理解这些词汇，这也会对顾客的倾听造成困扰。

案例：小强在完成 3 年的模具设计专业研究生学习之后，进了北方的一家大型国有企业。企业老总对他很器重，希望他能留在总经理办公室工作。但小强还是主动申请到一线车间去实习，想积累一定的一线工作经验。但令他苦恼的是，操着一口南方方言，常使用专业术语表达问题的他一直不能被一线工人真正接纳。车间中层领导也总是用“上级派来的”来为他定位，并不让他真正介入工作。

四、克服倾听障碍的技巧

应该说，倾听中环境障碍的克服较为容易，只需沟通双方共同创造和努力即可，这里不作讨论。从倾听的角度入手，我们也无法要求表述者每次表述都能明白无误。经过仔细分析后发现，障碍的形成主要出现在发现和吸收信息、解码和理解信息两个过程中；在前一过程中主要是不够专心或粗心大意的障碍；在后一过程中主要是误解的障碍。因此，我们认为，要实现有效倾听，倾听者本身应该更好地掌握倾听技巧，避免障碍。

应做到的	不应做的
表现出兴趣	争辩
全神贯注	打断
该沉默时必须沉默	从事与谈话无关的活动
选择安静的地方	过快或提前做出判断
留出适当的时间用于辩论	草率地做出结论
注意非语言暗示	让别人的情绪直接影响你
当你没听清楚时，要以疑问的方式重复	
当你发现遗漏时，直截了当地问	

1. 学会捕捉关键词

为了全面理解听者言辞中包含的内容和情感，倾听者一定要集中精力努力捕捉信息的精髓。要在倾听中关注中心问题和主要情感，不使自己的思维迷乱。因此，倾听者是否具有比较强的关键词捕捉能力，是有效倾听的关键，对于商务沟通能否取得成功显得非常重要。

在倾听过程中，倾听者要及时提取对方的话语要点，筛除不必要的信息，并在逐一提取话语要点的同时，将一些散乱的要点予以有机的串接，进而从倾听者的角度，构建起既忠实于说话人的原意，又融入了听话人独特理解的语境。还要学会区分话语中的事实和原理、观点和举例、证据和辩解，同时明确其内在的纲目层次关系。

案例：1914年的一天，德军突然向法军的一个阵地发动了猛烈的进攻。顿时，法军阵地烟雾弥漫。随军的厨房也未能幸免，弹片、石头、树枝纷纷从头顶砸下。一个在厨房值班的士兵，慌乱之中拿起一个炒菜锅倒扣在头上。战斗结束后，他虽然身上有伤，但头部完好，成为这个阵地上的唯一幸存者。有一天，法国将军亚德里安来慰问伤员，知道了这个士兵的经历。他看了看铁锅，脑海里闪出了“钢盔”的想法。于是，法国工程师根据亚德里安将军的指示，设计出了军用钢盔，并命名为“M1915钢盔”。

第二年，每一个法国士兵的头上都戴上了这种钢盔。

2. **学会观察说者的肢体语言**

倾听不仅仅是用耳朵在听，眼睛看到的往往也是对方传递给你的一种思想和情感。所以，听是耳朵和眼睛在共同工作。在倾听过程中，我们不仅要听到对方所说的话语，也不可忽视其重音、声调、音量停顿等因素传递的信息。倾听他人谈话的时候，不能简单地听他讲了什么，更要留意他讲话时的神色是否与他讲话的内容相一致，一旦出现两者不协调的情况，凭借非语言传递的信息来判断要更为准确。倾听时，说话人适当的停顿会给人一种谨慎、仔细的印象；过多的停顿会给人一种急躁不安、缺乏自信或不可靠的感觉。此外，说话的音量不同也会让人区分说话者愤怒、吃惊、轻视或怀疑等不同的态度。

案例：小马里奥特是万豪国际酒店集团的董事长。有一次，他在巡视一家酒店时，注意到顾客对餐厅女招待的服务评分不高。他问经理问题出在哪里，经理说不知道。但是，小马里奥特注意到了经理不安的身体语言，接着问女招待的待遇是多少。得到答复之后，他接着问为什么待遇比市场标准低。经理说：加薪要由总公司决定，而他不想提出来。

这段对话不过几十秒，但小马里奥特却发现了三个严重的问题：第一，总公司管得太多。第二，高层重视利润胜过顾客满意度。第三，经理不敢提加薪要求，说明他的上级是个糟糕的倾听者。当然，小马里奥特很快解决了这三个问题。

3. **结合具体语境领会言外之意**

有时，在面对面的沟通过程中，人们会根据双方都知道的前提或背景情况而省略一些成分，以达到言简意赅的目的。所以，口头沟通交流的语言中，往往有些句子是不完整的、省略的形式，但是说话的人用它可以圆满地表达意图，倾听者也能毫无困难地接收信息，其原因就是语境提供了潜在信息。同时，还要在聆听中结合语境，体会讲话人的“话外音”，仔细分析其中的非语言因素，弄清话语的真正意图。

在特定的交际环境中，交际双方进行的还常常是一种“只需意会，不必言传”或“只可意会，不可言传”的交际活动，即“言外之意”“弦外之音”。这就更需要我们结合语境去加以理解。在听的过程中，倾听者思考的不仅是对方说了什么，更包括怎么说的，甚至为什么这样说。

案例：战国时期，齐国人淳于髡很有才学，善为隐语。邹忌鼓琴取相以后，淳于髡心里很不服气，就带着门生来见邹忌。淳于髡大模大样地坐在上位，问邹忌：

“做儿子的不离开母亲，做妻子的不离开丈夫，对不对？”

邹忌答：“对。我做臣子的，也不敢离开君主。”

淳于髡问：“车轱辘是圆的，河水是往下流的，是不是？”

邹忌答：“是的，方的不能转悠，河水不能倒流。我不敢不顺民情。”

淳于髡问：“貂皮破了，别拿狗皮去补，对不对？”

邹忌答："对，我绝不敢让小人占据高位。"

淳于髡问："造车必须算准尺寸，弹琴必得定准高低，对不对？"

邹忌答："对，我一定注意法令，整顿纪律。"

淳于髡站起身来，向邹忌行了个礼，告辞了。

思考：你知道邹忌是怎么听出淳于髡问话中的隐语，并立即做出言语应对的吗？

4. 要学会进行有效反馈

反馈就是沟通双方期望得到一种信息的回流。倾听对方表达完后，要适时给予回应，也就是反馈。反馈要及时、明朗，要不含糊地给予认同或肯定。"是的、对、嗯、是啊"等都是必不可少的。用各种对方能理解的动作与表情表示自己的理解，如微笑、皱眉、迷惑不解等，给对方提供准确的反馈信息，以利于其及时调整。还应通过动作与表情表示自己的感情，表示自己对谈话和谈话者的兴趣。中央电视台《讲述》栏目中，倾听者时而面带微笑轻轻点头以示肯定或赞赏，时而双眉微皱面有愁容甚至热泪盈眶，使人仿佛身临其境，不经意地走进了对方的心灵世界。

在倾听过程中，有时还应该将讲话内容做出概括总结，这是回应反馈的一个重要方面。它不仅表明你的确在认真地听对方说话，也为对方提供了一个帮助你澄清可能已经产生误解的机会。对于一些不能肯定的地方，你也可以通过直接提问的方式，来寻求对方的反馈。此外，你的问题还有获取信息和引导谈话进入你感兴趣的领域的作用。

1. 阅读下面的案例，请你谈谈于聪在哪些方面值得我们学习？

于聪是一家大型电器生产厂家的销售部经理，最近他了解到公司最新推出的一批产品有问题，接到客户投诉的情况特别多。为了能尽快解决这个问题，他把所有的客户投诉都仔细分析了一遍，并走访了部分投诉客户。在倾听客户的抱怨时，他表示了极大的同情和理解，并且保证在最短的时间内解决目前产品的质量问题。客户感受到了厂家这种真诚的态度，表示继续支持该产品。通过于聪的努力，公司的名誉不但没有受到损害，而且为生产部门迅速地解决产品质量问题争取到了宝贵的时间。一个月后，新产品的所有问题都被圆满地解决，不但公司的销售业绩没有下降，而且赢得了"想客户所想，急客户所急"的好口碑。

2. 阅读下面几个案例，试着分析倾听中的障碍来自哪里，该怎样改进？

(1) 特德：你很快乐。

拉里：过山车是我的最爱。

特德：你最喜欢过山车。

拉里：但愿我们不用现在就走。

特德：你是想再多留一会儿。

(2) 妻子：成天照顾孩子，感觉就像是没完没了的无聊工作。

丈夫：孩子们真的让你很忙。

(3) 玛格丽特：我很失落。

珍妮特：你是有些不舒服吧？

第二节　介　绍

学习目标

- 了解介绍的几种类型和相关要求。
- 掌握各种不同的介绍方式和技巧。
- 能根据不同场合和要求熟练地进行各种形式的介绍。

在商务活动中，介绍是必不可少的人际交往手段。它是人与人之间进行相互了解和沟通的出发点，其最突出的作用就是缩短人与人之间的距离。正确地利用介绍，不仅可以扩大交际圈，广交朋友，而且有助于进行必要的自我展示、自我宣传，同时还能突出企业或公司的特色和优点。介绍是交际之桥梁，是交际之纽带，得体的介绍往往会给对方留下良好的第一印象。

案例导引

唐代的朱庆余有一首诗叫《近试上张水部》，是一首很有意思的自我推荐诗。“洞房昨夜停红烛，待晓堂前拜舅姑。妆罢低声问夫婿：画眉深浅入时无？”（诗的意思是：洞房里昨夜花烛彻夜通明，等待拂晓拜公婆讨个好评。打扮好了轻轻问丈夫一声：我的眉画得浓淡可合时兴？）

这首诗投赠的对象，是官为水部郎中的张籍。张籍当时以擅长文学而又乐于提拔后生而与韩愈齐名，朱庆余平日向他行卷，已经得到他的赏识。临到考试时，朱庆余怕自己的作品不一定符合主考的要求，又不好意思直接介绍和推荐自己，因此以新妇自比，以新郎比张籍，以公婆比主考，通过这首诗征求张籍的意见。

科举考试对于当时的知识分子来说，是和女子出嫁一样的终身大事。如果考取了，就有非常广阔的前途；反之，就可能落魄一辈子。作为一名应试的举子，朱庆余巧用语言文字真诚而又含蓄地介绍自己，表达了内心的不安和期待，后来他得到了张籍明确的回答，属于成功的案例。

思考：如果朱庆余在考试之前直接向张籍推荐自己，请求张籍向主考官推荐自己，会有怎样的后果？他的成功介绍给了我们怎样的启示？

一、介绍的种类

1. 自我介绍

自我介绍是日常工作中与陌生人建立关系，打开局面的一种非常重要的手段。求职、参加公务员等各种考试、学生入学自我介绍、编辑个人档案、演讲或者主持等，都需要进行自我介绍。如何通过自我介绍得到对方的认识甚至认可，是一种非常重要的沟通技术。

自我介绍的内容应考虑实际需要和所处场景，并且应该具有鲜明的针对性，不可“千人一面”，一概而论。一般来说，自我介绍需讲清下述几项内容：姓名、爱好、籍贯、学历或业务经历、专业知识、学术背景、优点、技能。有时，用幽默或警句概括自己的特点，也可以加深他人的印象。

依照表述内容的不同，自我介绍可以分为下述五种具体形式：

（1）应酬式。适用于某些公共场合和一般性的社交场合，如旅行途中、宴会厅里、通电话时。对介绍者而言，对方属于泛泛之交，进行自我介绍只不过是为了确认身份而已。往往只介绍姓名一项即可，例如：“您好！我叫张路”“我是李明”等。

（2）工作式。也叫公务式自我介绍，一般应包括本人姓名，供职单位及部门，担负的职务或从事的具体工作等几项。例如：“你好！我叫张××，是杭州市政府外办的交际处处长”“我叫郑××，在中国人民大学国际政治系教外交学”。

（3）交流式。主要适用于社交活动中，是一种刻意寻求与交往对象进一步交流与沟通，希望对方认识自己、了解自己、与自己建立联系的自我介绍。介绍的内容大体应当包括介绍者的姓名、工作、籍贯、学历、兴趣以及与交往对象的某些熟人的关系等。但不一定面面俱到，应依照具体情况而定。

案例：“我叫贾××，在北京吉普有限公司工作。我是清华大学汽车工程系2000级的，我想咱们是校友，对吗？”

“我叫甄××，天津人。我刚才听见你在唱彭丽媛的歌，她是我们山东人，我特喜欢她唱的歌，你也喜欢吗？”

（4）礼仪式。适用于讲座、报告、演出、庆典、仪式等一些正规而隆重的场合，是一种旨在表示友好、敬意的自我介绍。介绍的内容应包含姓名、单位、职务等，介绍时还应多加入一些适宜的谦辞、敬语，以示自己礼待交往对象。例如：“各位来宾，大家好！我叫范××，是云海公司的副总经理。现在，由我代表本公司热烈欢迎大家光临我们的开业仪式，谢谢大家的支持。”

（5）问答式。一般适用于应试、应聘和公务交往，在普通性交际应酬场合也时有所见。讲究问什么答什么，有问必答。

案例：

主考官问："请介绍一下你的基本情况。"

应聘者答："各位好！我是张××，现年26岁，浙江杭州人，汉族，共产党员，已婚。2008年毕业于浙江大学计算机系，获工学学士学位。曾以交换生身份去新加坡留学一年。本人除精通专业外，还熟练掌握英语，会驾驶小型汽车。"

2. 居间介绍

居间介绍，即介绍者站在第三者的立场，使被介绍的双方相互认识并建立关系的一种交际活动。这是一种"复合"的交际活动：一方面，被介绍的双方以介绍者为中心开始交往；另一方面，介绍者以介绍为手段，同时与双方交际。因此，介绍者既要做好"媒人"，促成双方关系的建立，又要兼顾自己与双方的关系发展。常见的居间介绍有以下几种：

(1) 一般式。一般式也称标准式，以介绍双方的姓名、单位、职务等为主，适用于正式场合。例如："请允许我来为两位引见一下，这位是××公司营销部主任张小姐，这位是××集团副总王倩小姐。"

(2) 简单式。只介绍双方的姓名，甚至只提双方的姓氏，适用一般的社交场合。例如："我来为大家介绍一下，这位是张总，这位是石董，希望大家合作愉快。"

(3) 附加式。附加式也叫强调式，用于强调其中一位被介绍者与介绍者之间的关系，以期引起另一位被介绍者的重视。例如："这位是××集团公司的业务主管刘先生，这是我同学李强，以后请多多关照。"

(4) 引见式。介绍者所要做的，是将被介绍的双方引到一起即可，适用于普通场合。例如："两位认识一下吧，柳林、张明，其实你们都在一个公司共事，只是不同部门而已。接下来的，请自己说吧。"

(5) 推荐式。介绍者经过精心准备再将某人举荐给另一人，介绍前通常会对前者的优点加以重点介绍，适用于比较正规的场合。例如："这位是欧阳先生，这位是拓宇传媒公司的王小天董事长。欧阳先生是位文学博士，文化界的名人，王总，您应该有兴趣认识欧阳先生吧？"

(6) 礼仪式。这是一种最为正规的介绍，适用于正式场合。其语气、表达、称呼上都更为规范和谦恭。例如："刘小姐，您好！请允许我把上海大地公司的副董事长李先生介绍给您。李先生，这位就是浙江新宇集团的人力资源经理刘梅小姐。"

3. 产品介绍

产品介绍是所有公司销售人员入门的必修课，也是最基础的技能。有效的产品介绍应该包括三个部分：了解产品，了解客户，介绍产品。产品介绍需要诚实地向客户表述两点：一是说明产品的效用，即产品能给客户带来哪些好处，解决什么问题、满足哪些需求等，一般称为"买点"。二是说明产品的特性，包括产品的基本功能、特点、与其他产品相比的优点等，也就是我们平时所说的“卖点”。

一般来说，产品介绍有下列几种形式：

(1) 下降式介绍法。一般先询问客户：“你最喜欢产品的什么地方？”客户的回答能帮助介绍者清楚地了解顾客购买此产品后所能获得的利益，在紧接着进行的产品介绍中，就可以针对这些方面多提供信息给客户。

案例：在家电商场，一位购买冰箱的客户对销售员说：“我家冰箱放在客厅里，所以不想要噪声特别大的，同时也需要物美价廉的。那种AE牌冰箱和你们的冰箱是同一类型、同一星级，可噪声却小得多，制冷速度也比你们的快，看来还是AE牌冰箱好些。”

销售员立刻爽快地回答说：“是的，您说的不错，我们的冰箱噪声是稍大些，但仍是在国家所允许的范围之内，不会影响您家人的健康。我们的冰箱制冷速度虽然慢了点，但耗电量要小得多。另外，我们的冰箱冷藏室很大，能存放更多的东西。夏天的时候，可以买很多冰棍放到冰箱里，想什么时候吃都行。再说了，我们的冰箱在价格上要比AE牌冰箱便宜300元，保修期也长一些，我们还可以上门维修。”

结果，客户痛快地买走了冰箱。

思考：一台本不令客户中意的冰箱，为何最后被客户痛快地买走，销售员的介绍中抓住了顾客的什么需求？

(2) 互动式介绍法。就是通过仔细观察客户的需求兴趣，适时提问并认真倾听来发掘客户的需要，在一种轻松的讨论氛围中介绍产品。一般来说，客户的参与程度越高，越能建立双方的信任感，介绍也越能切合客户的需求，也就越可能在交流中达成目标。

阅读卡：经过调查发现，90%以上表现欠佳的销售人员，与不能够有效介绍产品有密切关系，主要表现为：

(1) 产品介绍就像背书，缺乏生动性，客户很反感。

(2) 不能在极短的时间内引起客户兴趣，丧失了继续跟踪的机会。

(3) 产品掌握不够透彻，仅仅停留在知识层面，很难融会贯通。

(4) 过于自以为是，不能把握客户的心理状况。

(5) 缺乏基本的语言修炼，说出的话只有自己明白，别人都不明白。

(6) 缺乏严谨与专业性，过分依赖关系，客户信任感极差。

案例：“王先生，如果您要买的话，您愿意出多少钱？”

“我最多出700块钱，不过我现在还没决定要不要买。”

“嗯，我知道。要是你需要我们公司的产品，在这三个样品中，您对哪种最感兴趣？我没有强迫您买的意思，只是问问而已。”

“我看这种不错，外形美观大方，功能齐全，而且价钱又不是很吓人。”

“您真有眼光，这款产品确实不错。它是我们的最新产品，获得了尤里卡发明大奖，在国内可是第一流的！它兼有了刚才那两款产品的优点，特别适合家用，而且价格还很公道……”

(3) 预先框视法。一般情况下，假设你说：“请大家不要想蓝色。那么大家首先想到的肯定就是蓝色。”这就是预先框视的作用。在介绍产品时，如果知道客户特别注重质量，介绍时就需要抢先告诉他：“质量不必担心，我们产品最大的特点就是质量好，品牌大。”

(4) 假设问句法。在产品介绍中，有时可以先询问客户：“假设你拥有我们的产品，你对它最大的要求是什么呢?”如果客户最大的要求是价格合理，就要着重介绍价格方面的优势。

案例：一个偶然的机会，王瑞听说有位老板想买保险。第二天上午，王瑞来到老板郑强的办公室。

当时郑强一脸不悦。王瑞在办公室待了一会儿，见郑强一言不发，只得说：“郑总，听说您要买人寿保险，所以我来看看有没有这样的机会。”

“你在说什么呢?”郑强的声音突然大了起来，“你是这两天来推销的第五个人了，我现在不想买任何保险了!”

“您是非常成功的商人。”王瑞说道，“肯定有非常充分的理由不买保险，如果不介意的话，您能告诉我为什么吗?”

郑强听王瑞这么说，也就不再那么生气了。他说：“当然可以告诉你。我现在赚的钱已经够多了，即使有什么不测，妻子和女儿也会得到足够的钱。难道这个原因还不够吗?”

王瑞说：“我可以问您一个私人问题吗？如果有一天您真有不测，您的妻子和女儿能得到您所有的钱吗？答案是不能，因为如果您有负债，政府会用您的不动产去抵押。而且在您妻儿得到遗产之前，政府还会先收一大笔遗产税……而我们这款保险产品，就是给像您这样的成功人士专门设计的……”

听完王瑞的介绍，郑强很爽快地签下了保险单。

二、自我介绍的技巧

1. 预先了解对方的情况

如果你想认识某人，最好预先获得一些有关他的资料，诸如性格、特长及兴趣爱好等，这样在自我介绍后便很容易融洽交谈。在获得对方的姓名之后，有时不妨加重语气重复一次，因为每个人最乐意听到自己的名字，这样也容易融洽彼此的关系。

案例：小朱是一名大学计算机系应届毕业生，想应聘去一家软件公司。他了解到该公司的余总经理和他是校友，也喜欢跑步，在自我介绍时就有意识地予以突出。

“我参加贵公司的面试，有机会介绍我自己感到非常荣幸。我是来自上海××大学计算机专业的×××，是一个活泼开朗、热情、执着、有坚强意志的人。喜欢读书看报，因为它能丰富我的知识；喜欢跑步，因为它可以磨砺我的意志。我所拥有的是年轻和知识，年轻也许意味着欠缺经验，但是年轻也意味着热情和活力。我希望自己有幸加入师兄余总的公司，不断实现自我的人生价值和追求的目标。”

2. 自信真诚地表达希望

俗话说“空气可以被污染，情绪可以被传染”，一般来说，人们对自如、自信的人往往充满好感，而对局促不安的人会产生怀疑。因此，自我介绍时应该勇于向他人展示自己，树立自信，表示出自己渴望认识对方的真诚情感，也让别人产生希望与你交往的愿望。要真诚自信、落落大方、彬彬有礼。不要小里小气，畏首畏尾，也不要虚张声势，矫揉造作。任何人都以被他人重视为荣幸，如果你的态度热忱，对方也会热忱，反之亦然。

在自我介绍的过程中，语气要自然，语速要正常，语音要清晰，这对自我介绍的成功大有好处。要力戒语气生硬冷漠、语速过快或过慢，语音含糊不清，因为这些都是缺少经验、缺乏自信的表现。

案例：　　　　　　　　一位营销经理岗位应聘者的自我介绍

身为班长的我，在大学四年的时间里，我组织了班级的各种活动。通过组织活动，提高了自己的组织协调能力，加强了团队合作意识。同时也让我充分认识到，个人的能力毕竟很有限，只有通过团队合作，集思广益，取长补短，才能更好地完成工作。因为真诚为同学服务，表现出色，我获得了校级“优秀学生干部”称号。

大量的实践活动使我有机会接触各种各样的人，遇到各种各样的困难。在处理这些问题的同时也锻炼了自身的处世能力，能全面思考问题，对事物有自己的见解。这些既培养了我的团队合作精神，又使我能坦诚面对自身的问题。

…………

同时我认为，营销也是一种服务。既然是服务，就应该做到让大家满意，用热情和真心去做。激情，是工作中不可或缺的要素，是推动我们在工作中不断创新、全身心投入工作的动力。激情加上挑战自我的意识，我自信我能胜任这份工作。如果能够成为公司的一分子，我相信我一定能在自己的岗位上尽职尽责、踏踏实实地贡献自己的一份力量，与公司共同发展、进步。

思考：这位应聘者的自信来源于何处？你认为他的应聘能成功吗，为什么？

3. 掌握介绍的分寸

在初次见面作自我介绍时，指望交往对象仅凭自己的自我介绍就能对自己“一目了然”是不现实的。在自我介绍时，东拉西扯、借题发挥、信口开河、滔滔不绝，对自己而言是失态，对对方而言是失敬。只有实事求是、恰如其分地介绍自己，才会给人以诚恳、坦率、可以信赖的印象。因此，在介绍的时间和介绍的内容等方面，都应该讲究一定的分寸。

自我介绍要力求简洁，尽可能节省时间，一般以半分钟左右为佳。无特殊情况最好不要超过 1 分钟，否则会给人留下自吹自擂的印象。自我介绍时所表述的各项内容，也要实事求是，真实可信。没有必要过分谦虚，一味贬低自己去讨好别人；也不可吹嘘弄假，夸大其词。

案例：　　　　　　一位应聘者的自我介绍

我是一名应届毕业生，来自湖北武汉，我个性淳朴、诚实、善良，具有不怕困难挫折、不服输的奋斗精神。我深知学习机会来之不易，在校期间我非常重视专业知识的学习，熟悉各式机床的操作及数控机床的编程，通过了人力资源和社会保障部“模具设计师”高级工认证。在学习专业知识的同时，我十分重视培养自己的动手实践能力，还利用暑假参加企业给予的宝贵实习机会。

作为一名数控专业的应届毕业生，我自信凭自己的能力和学识，能在毕业以后的工作和生活中克服各种困难，不断实现自我的人生价值和追求的目标。

4. 独具特色的自我介绍加深印象

加深印象是自我介绍的目的，完美精彩、独具特色的自我介绍，能在他人的脑海中留下深刻而强烈的烙印。一个人的姓名往往有丰富的文化积淀，或折射出凝重的史实，或反映时代的特色，或寄寓双亲对子女的殷切厚望。在自我介绍中对自己“姓”和“名”的解释越巧妙，别人对你的印象就越深刻。这既可以反映一个人的知识水平和性格修养，也可以体现一个人的口才。

有时，也可用幽默的语言，借与名流相比来介绍自己。比如“我喜欢写诗，可写不过舒婷；我喜欢唱歌，可唱不过毛阿敏；我喜欢主持节目，她俩可能比不过我……”等。

案例：在全国“荣事达”杯节目主持人大赛中，一位名叫潘望的主持人是这样做自我介绍的：“我叫潘望，早在孩提时代，我那只有小学文化的军人爸爸和做小学教师的妈妈就轮番叮嘱我：‘望儿，你可是咱们家的希望啊！’为了不辱使命，肩负着双亲的重托，我脚踏实地、一步一个脚印地走来，直到今天，走到这个国家级的最高赛场。但愿老师们能给我这只盼望飞翔的鸟儿插上奋飞的翅膀。”在潘望的介绍中，父母的心愿并列呈现，谁能不为之心动呢？

三、居间介绍的技巧

得体、合适的居间介绍，一方面可以显示出自己在工作中的表现力，另一方面也可以体现出自己为人处世的能力和素养，能够提高自己在领导、朋友、同事中的影响力。因此，除了遵循上述的介绍要求外，还应该讲究一些介绍的技巧，力求做到准确无误、大方得体、口齿清楚。

1. 用得体的称呼介绍双方

对双方进行介绍时，选择正确、适当的称呼，不仅能反映出自身的素养，也能体现出良好的公司形象。一般对年龄小的或同龄人，可以直呼其名，如“张艳”“李刚”；也可以用“小+姓”的称呼法，如“小张”“小李”等。对年迈者，可以称呼“张老”“李老”等，既亲切，又显得十分干练。

具体的称呼要求如下：

（1）称呼必须符合对方的年龄、性别、身份、职业等具体情况，并应注意礼貌。

（2）称呼要符合交往的场合与当地的风俗习惯。比如在正式场合对前来进行业务洽谈、开会的人都应以职务相称，以体现执行公务的严肃性。

（3）需将多人同时进行介绍时，称呼要注意有序性。一般来说，应以先长后幼，先上级后下级，先女后男，先疏后亲为宜。特别是在涉外场合，称呼的次序更为重要。

（4）称呼要考虑与对方关系的亲疏远近，注意区别。

2. 熟悉居间介绍的顺序

介绍的先后顺序是“四先四后”：先将男士介绍给女士，先将年轻者介绍给年长者，先将地位低者介绍给地位高者，先将客人介绍给主人。例如：“王小姐，请允许我介绍一下，这位是××医疗设备有限公司李经理。”然后，面朝李经理说：“李经理，这位是××医药股份有限公司市场部的王小姐。”

如果把一个人介绍给众人时，首先应该向大家介绍此人，可以说：“诸位，请允许我把××纺织工程有限公司周先生介绍给大家。”或者说：“我很荣幸地向大家介绍，这位是××纺织工程有限公司业务部的周经理。”然后再把众人逐一介绍给此人。当把大家介绍给一个人时，可以按照座位次序或职位的高低顺序一一介绍。介绍的内容主要是被介绍人所在单位、职务、姓名等，介绍要尽量简明，不作渲染。

在介绍过程中，先提某人的名字是对此人的一种敬意。比如，要把汤姆介绍给玛丽，就可以这样介绍：“汤姆，让我把玛丽介绍给你好吗？”然后给双方作介绍：“这位是玛丽，这位是汤姆。”

再如，把一位较年轻的女同志介绍给一位德高望重的长辈，则不论性别，均应先提这位长辈，可以这样说：“王老师，我很荣幸能介绍小林来见您。”

案例：12月月底，公司开了一次年终酒会，办公室秘书李杰负责酒会的人员接待工作。下午5点半，客人陆续走入大厅，李杰的工作也忙了起来。他不断地给领导和客人做着介绍：“王总，这位是××公司市场部的张经理；张经理，这位是我们公司主管市场营销的李总。”“刘先生，请让我向您介绍我们公司客务部的章经理；章经理，这位是××集团市场总监刘先生。”……总经理刘明看到了，满意地笑了。

阅读卡： **介绍注意事项**

(1) 介绍者为被介绍者介绍之前，要先征求被介绍双方的意见，切勿开口即讲，显得唐突。

(2) 被介绍者在介绍者询问自己是否有意认识某人时，一般不应拒绝。实在不愿意时，应说明理由。

(3) 介绍时，介绍人和被介绍人都应起立，以示尊重和礼貌；待介绍人介绍完毕后，被介绍双方应微笑点头示意或握手致意。在宴会、会议桌、谈判桌上，被介绍双方可点头微笑致意。

(4) 介绍完毕后，被介绍双方应依照礼仪的顺序握手，并且彼此问候对方。必要时还可以进一步做自我介绍。

3. 掌握居间介绍的繁简度

居间介绍时，介绍语要适度，信息量要集中。过少会影响别人进一步了解和深入交谈，过多又可能引起不必要的麻烦。特别注意不要口无遮拦，随便把别人的隐私说出来。一般来说，介绍人陈述的内容宜简不宜繁，通常的做法是连姓带名加上尊称、敬语。

在比较正规的场合，介绍人可以说："尊敬的刘××先生，请允许我把黄××先生介绍给您。"

在比较宽松的场合，介绍人可以略去敬语与被介绍人的名字，例如："张小姐，让我来给你介绍一下，这位是吴先生。"

在介绍儿童时，介绍人可以称其名，略其姓。例如："陈先生，这是我的儿子××。"

如果介绍人感到时间宽裕、气氛融洽，在为被介绍人作介绍时，除了介绍姓名、单位和所任职务外，还可以介绍双方的爱好、特长、个人学历、荣誉等，等于给双方提示了开始交谈的话题，为双方提供交谈的机会。要是介绍人能找出被介绍双方的某些共同点，会使初识的交谈更加顺利。

为他人作介绍时，还要避免给任何一方厚此薄彼的感觉。不可以对一方介绍得面面俱到，而对另一方介绍得简略至极。也不可以对被介绍的一方冠以"这是我的好朋友"，因为这似乎暗示另外一个人不是你的朋友，显得不够友善，也不礼貌。

案例：有一次，公司邀请来自西安的业务单位进行业务磋商，公司秘书李琳担任接待人员。在接待之前，她详细研究了业务单位受邀人员。当天，她陪同公司副总林强去机场接机。接到客人后，他们坐上公司的专车。在车上，李琳先向客人介绍了副总，她说："我是××公司的办公室秘书李琳，请允许我向各位尊贵的西安客人介绍我们公司的副总林强先生。我们林总是北大毕业的高才生，主修人力资源管理，还是一位国家二级运动员呢。"话音刚落，客人们就纷纷跟林强交谈起来。一路上，气氛非常热烈。

4. 选择双方感兴趣的内容进行介绍

居间介绍的目的在于使被介绍双方能进一步合作和沟通，介绍者在其中起到"穿针引线”的作用，因此，应该选择双方感兴趣的内容进行介绍，使双方在某些方面产生共鸣，从而进一步交流。在介绍有名望、有成就或地位重要的人物时，可适当运用赞美之词。如：“这位就是大名鼎鼎的企业家××总经理，他们公司今年的上市业绩非常好。这位是杭州××公司的总工程师刘斌，刘先生毕业于美国加州理工大学，是电气工程方面的专家。”或者可以说：“这位是王老先生，以前是市发改委主任，对我们市里的工作可是很有发言权哦。”这些具有浓郁感情色彩的介绍，能产生积极的心理效应。另外，也可以找寻被介绍双方身上的一些共同点，来引起双方情感上的共鸣。

案例：天天好食品公司的王经理为了提高公司产品质量，想请大康食品研究所研究员郑晓明先生做技术指导，为此他登门拜访，请钟先生为双方做介绍。

钟：“请允许我为两位介绍，这是天天好食品公司的王经理。”

郑：“欢迎欢迎。”

钟：“这是大康食品研究所研究员郑晓明先生，郑先生是国内外知名的专家，是××科技进步奖的获得者，还享受国务院专家津贴。”

王：“久仰久仰。”

钟：“郑先生，今天王经理专门来向您请教，主要是想与您谈谈如何利用你们研究所的科技优势，促进他们公司的发展。”

郑：“这当然好啊。科研单位与企业联姻是一种趋势，是使科技成果转化为生产力的极好形式，我们愿意为此做出努力。”

王：“太好了！我们公司虽然效益不错，但我们还想进一步开发新产品，并提高原有产品的质量，从而扩大市场。这就需要劳驾您在技术上给我们多多指导。”

郑：“没问题，我们共同研究、解决各种问题，相信我们的合作会有很好的前景。”

王：“那太谢谢您了！如果可以，我们想请您本月 25 日去我们公司现场指导，不知道这个时间与您的安排有无冲突?”

郑：“那天我正好有空，可以去。”

王：“那我们就这样定了。”

钟：“郑先生，天天好公司能得到您的支持，真是荣幸。今天占用了您不少时间，我们告辞了。”

郑：“不必客气，两位慢走。”

钟、王：“再见。”

郑：“再见。”

思考：郑先生和王经理的交谈十分顺利，得力于钟先生的居间介绍，你认为钟先生的介绍有哪些值得我们学习和借鉴的地方？

5. 用幽默化解介绍中的口误

对有些重要任务，或者在有些活动中，介绍人对有些情况不甚了解。有时会“想当然”，结果在介绍时出现了失误，使自己陷入尴尬的境地。这时，不妨发挥自己的想象，用幽默的方式进行化解，会起到意想不到的效果。

案例：在北京大学首个校友等额配比基金设立仪式上，主持人首先介绍到会嘉宾。一时口误，将捐资的新东方校长俞敏洪说成了“北京大学校长俞敏洪……”台下立刻发出了善意的笑声。

刚刚上任的北京大学新校长周其凤紧接着上台讲话。他一开口就成功化解了主持人口误带来的尴尬。“这很正常嘛，我现在就在时时提醒自己，别一开口自我介绍就说成是吉林大学校长。”接着又说：“我刚去吉林大学时，就总是开口说自己是北京大学的，说错了自己还没意识到，还希望别人鼓掌。”幽默的化解立刻得到了台下师生的鼓掌欢迎。

四、产品介绍的技巧

产品介绍的高明之处在于既能将产品的特点、优点、利益点恰到好处地告知顾客，又能准确把握顾客关注点，在谈笑间将顾客的异议化解于无形。产品介绍，关键在于怎么说、说什么、何时说，当然也就需要很多技巧与方法。

1. 讲究介绍的顺序

产品销售的过程，是不断挖掘客户的需求，然后满足客户需求，最终成交的过程。因此，产品介绍的顺序要以客户需求的先后顺序进行。在挖掘出客户的一个需求后，针对此需求进行详细讲解；这个需求点讲解清楚后，再挖掘另外的需求并展开针对性的介绍，环环相扣。

案例：某款手机有以下卖点：两块电池，每块电池 1 200 毫安；最新输入法，汉字、拼音、英语、标点无须切换；待机桌面查找电话号码。

下面是产品介绍情景模拟：

顾客：“你这款手机有几块电池？能用多久？”

导购：“先生，您这个问题问得太好了，看来您是真心实意想买。您这么关心这个问题，您是出差比较多吧？”

顾客：“是经常出差，所以要选电池耐用的手机。”

导购：“您说得太对了！如果您经常出差，一块电池肯定不够。我们这款手机是专为商务人士设计的，配有两块原装电池，每块电池 1 200 毫安，可以轮流使用。”

（卸下电池，指电池标记给顾客看）

导购：“电池您绝对放心。哦，对了，您平时是打电话比较多还是发短信比较多？”

顾客 A：“发短信比较多。”

顾客 B：“打电话比较多。”

导购对 A 回答：“那太好了，这款手机在写汉字的时候也可以输入英文，在写英文的时候也可以输入汉字。您看！您来试试……”

导购对 B 回答：“那您生意上的朋友一定不少，您看，这款手机在您打电话的时候查询号码最方便，待机界面直接就能查……"

2. **突出产品的特色**

产品介绍时，一定要注意突出产品的三方面特色：产品特征——介绍该产品是什么，针对客户需要的是什么产品；产品功能——介绍该产品能做什么；产品用途——介绍该产品可以满足客户的什么需求。有时，还要运用视觉手段帮助展示产品和服务，有助于客户形象地了解产品。

案例：小王是一位自行车销售员。有一次，一对夫妇带着一个小孩来车行看车，小王热情地接待了他们，但他并不多言，只是请他们自己慢慢看。最后，这对夫妇选中了某型号的自行车，但他们嫌这辆自行车比其他同类型的自行车贵了 20 元。

这时，小王说："你们的这种感觉我同样有，但以后你们会发现，这 20 元是花得值得的。因为这辆车有一个非常好的名字，叫作'你放心吧'，它有一个非常好的刹车器，这个刹车器经久耐用，方便简单，更重要的是安全可靠。"

接着说："太太，孩子骑自行车，我们最担心的是什么？当然是安全，对不对，多花 20 元买一个安全，您难道不觉得太值得了吗？而且，一辆车，孩子至少会使用五年吧？五年只多了 20 元，每天多了不到几厘钱，还有什么好顾虑的呢？"

这对夫妇听了小王的介绍，当即决定买下这辆自行车。

思考：小王成功介绍产品的策略是什么？他以什么作为产品介绍的突破点？

3. **讲究介绍的语言**

产品的卖点大多是由专业术语、数字等堆砌而成，过于冰冷。如果直接向顾客阐述，顾客会无法理解。因此，要力求用通俗的语言介绍产品，使专业术语向通俗、形象转化。最好的方式就是把产品卖点融入故事，顾客在被故事吸引的同时，也将产品的卖点输入到顾客脑中。任何产品都有自己有趣的话题，如它的发明、生产过程，产品带给客户的好处等。介绍者可以挑选生动、有趣的部分，把它们串成一个动人的故事。销售大师保罗·梅耶说："用这种方法，我们就能吸引客户的注意，使客户产生信心和兴趣，进而毫无困难地达到销售的目的。"

案例：有一次，一位客户对海尔的销售员说："你们的产品质量有保障吗？"这位销售员没有直接回答，他给客户讲起海尔总裁张瑞敏在生产冰箱之初将质量不合格的冰箱通通砸掉的故事。这个故事让客户立即对海尔冰箱的质量肃然起敬了。

有时，也可以通过举例来介绍产品的卖点。当然，所选的例子要贴近生活，更要与客户的身份特征贴近。

案例：某百货商场手表专柜面对不同的顾客有不同的介绍。

"先生，这款手表比较适合您这种白领使用，我们店长用的就是这一款手表！"

"阿姨，这款手表绝对好用，我给我妈买的就是这款手表！"

"大哥，您放心好了，我给我哥买的就是这款手表！"

"这款是全场卖得最好的商务手表，不信您看这几天的销售清单！"

练习巩固

1. 阅读下面的案例，请你谈谈这位主持人的介绍为什么让经理和街道主任都笑了。

某酒业集团经理与所在街道主任有矛盾，双方很难心平气和地坐在一起，可是又必须把他们都请来参加一个重要的会议。参会时，他们都对对方视而不见。这时，会议的主持人抓住了他们的矛盾，进行了一瞬间的思考。他向人们介绍这位经理时说："下一位发言的先生不用我介绍，他们酿造了非常香醇的白酒，也在这片土地上酿造了同样醇厚的友谊。美酒一杯赠亲朋，相逢一笑泯恩仇。"听众爆发出一阵大笑，经理和街道主任也都笑了。

2. 阅读下面案例，请你谈谈：普通产品导购和专业签单高手在产品介绍时有哪些不同?

建材城每天都在上演着营销版的"导购暗战"："成交在胸"的签单高手 PK 着"一脸茫然"的普通导购。

普通导购的产品介绍：

(1)"我们是中国名牌，是驰名商标，他们的品牌不如我们有名。"

(2)"我们的产品质量绝对有保证，产品性能是最好的，他们的产品没有我们好。"

(3)"我们的生产设备是世界一流的，技术水平是国际领先的，他们的工艺比我们差。"

(4)"我们的价格是最优惠的，返利是最大的，他们的价格比我们的贵。"

签单高手的成交话术：

(1)"装修房子买建材是大事，您不急着做决定，多转转，多比较一下，相信您的选择一定不会错。"

(2)"无论您最后做出怎样的选择，我都愿意为您提供专业的家居建议，毕竟装修房子是大事，最怕的就是后悔。"

(3)"其他品牌也不错，只不过我们这款产品的工艺更有特色，更易打理。"

第三节　说　　服

学习目标

- 了解有效说服的标准，掌握说服的相关要求。
- 掌握说服的方法和技巧。
- 能在不同场景中运用多种技巧进行有效说服。

世界上没有两片相同的叶子，同样，每个人都有自己独特的思想和观点，谁都不可能拥有一把能打开所有大门的万能钥匙，用同一种方法将所有人的心门打开。在职场工作，如果你想让别人同意、赞同你的看法，要别人买你的产品，要改变别人对某一事物的看法，要解除别人的抗拒点，要领导你的团队等，都需要有非常强的说服力和说服技巧。那么，怎样才能让别人愿意接受你的观点呢？

案例导引

美国柯达公司创始人伊斯曼捐赠巨款在罗彻斯特建造了一座音乐馆、一座纪念馆和一座戏院。为承接这批建筑物内的座椅，许多制造商展开了激烈的竞争。但是，找伊斯曼谈生意的商人无不乘兴而来，败兴而归。

在这样的情况下，“优美座位公司”的经理亚当森前来会见伊斯曼，希望能够得到这笔价值9万美元的生意。伊斯曼的秘书在引见亚当森前，就对亚当森说：“我知道您急于想得到这批订单，但我现在可以告诉您，如果您占用了伊斯曼先生5分钟以上的时间，您就完了。他是一个很严厉的大忙人，所以您进去后要快快地讲。”亚当森微笑着点头称是。

亚当森被引进伊斯曼的办公室后，看见伊斯曼正埋头于桌上的一堆文件，于是静静地站在那里仔细地打量起这间办公室来。

过了一会儿，伊斯曼抬起头来，发现了亚当森，便问道：“先生有何见教？”

秘书把亚当森做了简单的介绍后，便退了出去。这时，亚当森没有谈生意，而是说：“伊斯曼先生，在我们等您的时候，我仔细观察了您这间办公室。我本人长期从事室内的木工装修，但从来没见过装修得这么精致的办公室。”

伊斯曼回答说：“哎呀！您提醒了我差不多忘记了的事情。这间办公室是我亲自设计的，刚建好的时候，我喜欢极了。但后来一忙，一连几个星期我都没有机会仔细欣赏一下这个房间。”

亚当森走到墙边，用手在木板上一擦，说：“我想这是英国橡木，是不是？意大利的橡木质地不是这样的。”

“是的。”伊斯曼高兴地站起身来回答说，“那是从英国进口的橡木，是我的一位专门研究室内橡木的朋友专程去英国为我订的货。”

伊斯曼心情极好，便带着亚当森仔细地参观起办公室来了。他把办公室内所有的装饰一件件向亚当森作介绍，从木质谈到比例，又从比例扯到颜色，从手艺谈到价格，然后又介绍他设计的经过。亚当森微笑着聆听，饶有兴致……

结果，亚当森和伊斯曼一直谈到中午。直到亚当森告别的时候，两人都未谈及生意。

最后，亚当森不但得到了大批的订单，而且和伊斯曼结下了终生的友谊。

说服别人，在很大程度上就是情感的征服。习惯于顽固拒绝他人说服的人，经常都处于“不”的心理状态之中，所以，你得努力寻找与对方一致的地方。本案例中亚当森的成功正在于此，他虽然没有开口要求订单，但最终还是无声地说服了伊斯曼。

思考：为什么伊斯曼把这笔大生意给了亚当森而没给别人呢？亚当森运用了怎样的技巧无形说服了伊斯曼，并和伊斯曼成为终生的朋友？

一、有效说服的标准

说服就是通过信息符号的传递，向说服对象阐明缘由、讲清是非利弊，进行劝诫与沟通交流，使对方心悦诚服的一种行为方式。它有别于争执、争论、争吵，它不会让双方成为敌人，而是为了让大家接受一些有益却因为种种原因而还没有取得共识的东西，说服有比较明确的标准。

1. 说服的目标明确

说服的目标可以有很多，比如谋得一个更重要的岗位，取得一次休假机会，获得一次加薪，提高本部门的生产效率，向顾客售出产品，以更低的价格购得某种服务，让管理层接受建议，等等。只有确立恰当的目标，才能迈出有效说服的首要一步。否则，漫无目的、滔滔不绝就是聒噪。

2. 提出的建议能让对方接受

当说服一个人的时候，他最担心的是可能要受到的伤害，因此，在思想上先砌上了一道墙。在这种情况下，不管你怎么讲道理，他都听不进去。因此需要用热情感化他，使他从内心受到感动，从而改变自己的态度。如果你提出的建议让对方接受了，说服也就接近成功了。

3. 不让对方感到难以抉择

在说服别人的时候，还要考虑保全对方的颜面，不让对方感到难以抉择。只有这样，说服才能获得成功。假定你与同事在一开始没有掌握全部事实的情况下产生了分歧，为了说服他，你可以这样说：“当然，我完全理解你为什么会这样设想，因为你那时也不知道这回事。”或者说：“最初，我也是这样想的，但后来当我了解到全部情况后，我就知道自己错了。”这样的表达可以把对方从自我矛盾中解放出来，使他体面地收回先前的立场。

案例：钱江咨询有限公司组织员工出去旅游。当天，所有人员到达预订酒店以后，却发现原先订好的套房（有单独卫浴，并有24小时热水）中没有热水。大家都非常不满，于是，联络人王科与酒店经理进行了以下谈话。

王科：“不好意思，这么晚还打搅您。我们现在都满身是汗，不洗澡想必是没法睡觉的。可是房间里没有热水，无法洗澡，请您想法解决一下。”

经理：“抱歉，这件事我也没办法。今天锅炉工忘了放水，而且他已经下班了。我让底下人打开集体浴室，你们上那儿去洗吧。”

一听这话，王科的脸沉了下来。“我们可以到集体浴室去洗。不过话应该先讲清楚，我们原先预订的是200元一间的套房，现在我们享受的是到集体浴室洗澡的统间待遇。明天我跟您结算的时候，请让我按照50元的统间价格跟您结算。不知您意下如何？”

经理：“那怎么行呢？”

王科：“那怎么不行呢，事实就是如此呀。如果我们去集体浴室洗澡，我们损失的是舒适，而您损失的可能就是金钱和您酒店的信誉了，您看呢？”

经理：“我实在没有办法。”

王科：“您有办法。您可以把那位失职的锅炉工叫回来烧水，我负责去和我们团队的人协调，让他们再耐心等待一段时间。您看行吗？”

经理答应了，叫回了锅炉工。半个小时后，每间套房的人员都洗上了热水澡。

议一议：这是一次有效说服，经理最终同意了王科的建议，你认为王科的说服中有哪些值得学习的地方？

二、说服的要求

在说服沟通中，除了提高说服者自身各方面的素质，使之具备权威性和可靠性，赢得被说服者的尊重和信赖外，还应该达到以下几个方面的要求。

1. 了解说服的对象

了解说服对象是说服的基础，这就要求我们在说服前首先掌握说服对象的相关情况，了解对方的人品和性格特点，掌握对方的处世原则和思维、行为方式，了解他们的思想症结所在及他们的心理需求，从而找到开启对方思想的钥匙。

说服者要通过观察和了解掌握第一手材料，力争把问题搞清楚。在了解的过程中，需要经过多方面的验证和分析，从众说纷纭中做出符合实际的归纳和判断。最终做到因人因事而异，“一把钥匙开一把锁”。相信只要充分了解对方，其思想信息总是可以捕捉到的，走进其神秘的心灵殿堂也是不难办到的。

案例：美国最负盛名的销售大师博恩·崔西在涉足销售行业不久，就成功说服了一位女士为她的11个儿子买了11份保险储蓄。而更为令人惊讶的是，崔西这次成功的推销没有用过多技巧性言语，他只是保持了沉默。

原来这位女士的先生刚刚因意外去世，她正处在一个苦闷时期，时刻为儿子们的教育和未来担忧。面对女士的苦恼，崔西安静地聆听，并偶尔讲几句安慰的话。最后，他建议女士为孩子购买保险。这样即使自己以后没能力抚养孩子时，孩子的教育和未来也不至于很困难。女士最后欣然听取了他的建议。

2. 把握说服的时机

济人须雪中送炭，而非锦上添花。高明的说服者应该能够适时地、恰到好处地把自己的观点表达出来。要想说服对方，往往需要审时度势，把握时机，这样才会让对方愿意听，用心听，并听得进去。说服者要注意观察当时的环境、背景和客观形势。要考虑对方当时的思想情绪，要选择对方心情愉快、头脑冷静的时候，这样做容易达到事半功倍的效果。反之，如果在对方心情不好，情绪冲动、恼怒的时候去说服他，就很难达到说服目的。

一个好的说服者，在说服过程中还要善于掌握谈话的火候，把握好结束谈话的时机，做到适可而止。就像一部好的电影一样，能给对方留下思考的空间和接受的时间。因此，当说服的目的基本达到之后，谈话就应该适时结束；否则，会给人索然无味的感觉。

案例：一个旅游团在自由活动期间，由于天气闷热，有不少游客到附近的集贸市场买西瓜解渴。其中一位游客在挑选西瓜时不小心将一个西瓜弄碎了，卖西瓜的小贩一定要这位游客将碎西瓜买下，而这位游客坚决不肯，于是两人发生了争执。导游闻讯立即赶来，只见周围围着许多人，那位小贩手里还拿着一把切西瓜的刀，游客手中也拿着一块砖头，眼看一场流血的冲突就要发生。“朋友！大家都住手！”导游大声吼道，“两个大男人为一个西瓜动手值得吗?”说完，他从口袋里掏出 10 元钱放进小贩的上衣口袋里。争执中的双方这才从冲动中猛然醒悟过来，两人的手慢慢地垂了下来。

在回集合地点的路上，导游又耐心地劝说那位游客，并且讲了著名的“三尺巷”的故事。那位游客听后，越想越为自己的行为后悔。在旅游行程即将结束时，那位游客诚恳地对导游说：“要不是你在关键时刻说的那些话，我可能要闯大祸了，谢谢你!”说完把 10 元钱递到了导游的手中。

思考：如果导游在双方吵得不可开交的时候用“三尺巷”的故事进行说服行不行，为什么?

3. 营造说服的氛围

说服氛围的好坏是决定说服能否成功的一个关键因素，一个有经验的说服者往往会在说服前注重营造和谐的氛围，然后再开展说服工作。如《触龙说赵太后》中，触龙面对赵太后的强硬态度，没有强行劝说，而是先从自己的身体以及给儿子求职之事谈起，待赵太后脸色稍微好转，才转入正题谈论国家大事。

阅读卡：加拿大阿尔伯特地区某公园有一块告示牌，上面写着：“请不要打扰里面的鸟，它们在此避难。”

一般来说，人心情好时更易于接受他人的观点，因此说服时采用轻松的话题、随和轻快的语气、诙谐幽默的方式，让对话气氛变得轻松，就显得非常必要。反之，在说服时不尊重他人，摆出一副盛气凌人的架势，那么说服多半会失败。毕竟人都是有自尊心的，谁都不希望自己被他人轻易地说服而受其支配。

案例：第二次世界大战期间，美国因为参战而必须动员大批青年服兵役。但多数美国青年过惯了舒适生活，担心自己的生命会骤然消失，于是纷纷抵制美国五角大楼发出的征召令。其中，俄亥俄州的地方行政长官已经是第五次被参谋长联席会议主席训斥得灰头土脸。正当他焦头烂额之际，有人向他介绍了一位大名鼎鼎的心理学家。

这位心理学家经过一番精心准备之后，信心十足地来到募兵现场。当他面对台下东张西望的青年时，先沉默了五分钟，然后用浑厚的男中音开始演讲：

"亲爱的孩子们，我和你们一样，特别珍惜自己的生命。"

青年们见他颇有学者风度，说话又切合自己的胃口，便开始安静下来聆听。

"首先我要提醒大家，热爱生命是无罪的，因为，我们每个人都只有一次生命。凭良心说，我同样反对战争、恐惧死亡，如果要求我到前线去，我也会和大家一样想逃避这项命令。"

"但是，我也存在另外一种侥幸心理：假如我服兵役，可能只有一半的概率会上前线作战，因为也有可能会留在后方；即使上了前线，我作战的可能性同样也只有一半，因为说不定我会成为某长官的左右手而留在安全地区；万一我不幸必须扛起枪，受伤的可能性仍然只有一半；即使不幸挂彩，如果只有轻伤也不致受到死神的召唤，因此，我实在没有担忧的理由；如果是重伤，或许在医生的帮助下也有可能逃离地狱的鬼门关；就算真的运气不好，如果我不幸为国捐躯，亲人和朋友也将替我感到骄傲，我的父母不但会受颁一枚最高勋章，还可得到一笔数量可观的抚恤金和保险金，邻居小孩子们会以我为英雄，把我当成偶像来崇拜。而我，一位伟大的战士也将进入天堂，来到慈祥的天父身边，说不定还会见到万人敬仰的华盛顿将军。"

听完这段演讲，本来极力抗拒上战场的青年们纷纷表示愿意赌一赌。

思考：你有在心理讲座上被打动的时候吗？这位心理学家为何能打动年轻人，并使他们热血沸腾地愿意从军？

4. 讲究说服的艺术

有的说服，三言两语就说到了当事人的心坎上，心里的疙瘩迎刃而解；有的说服，越说对方越不服，结果不欢而散。为什么会出现这样的情况，区别就是说服的艺术不同。有理不在声高，有效的说服同样如此。不要企图将自己的意志强加到当事人身上，尽量少用大道理教训人，而要用人们日常的生活感受和普通道理说服人，一般情况下，具体化的事例和生活中能体验到的经验比概括的论证和一般原则更有说服力。有时，用讲故事的形式进行说服，也不失为一种有效的艺术。通过故事，使说服者与被说服者之间进行心灵对话，引发思维互动，进而引导被说服者进行正确的观点和立场的自我建构。

案例：在一家高档酒店里，一位用餐的客人往地毯上吐了一口痰，服务员小陈看到后走过来，对那位客人说："先生，您不能往地毯上吐痰，这会弄脏地毯，形成难以清除的污渍。”客人不屑一顾地说：“不吐在地毯上，叫我吐在哪里？”

这时，服务员小李走了过来，面带微笑，亲切地说：“先生，您好，这里有一包纸巾，如果您要吐痰，就请您吐在纸巾上，让我们收拾好了。”客人接过纸巾，面色潮红，竟有点不好意思。小李继续说：“在地毯上吐痰容易弄脏您的饮食环境，影响您的健康，所以，如果您不介意的话，我们愿意为您服务得更好。”

此时，客人的面色由红变白，又由白变红。他羞愧地答道：“这太麻烦你了，我不吐就是了。”

思考：同样是劝告顾客不要随地吐痰，小陈与小李的方式有何不同？小李为何能成功说服客人？

三、有效说服的技巧

1. 投石问路，循循善诱

苏格拉底有一句名言：“不善问者难存于世。”说服者要通过主动询问、善于询问，突破对方的心理樊篱，使对方愿意敞开心扉说话。由此让对方多说话，而且多说你需要了解的真话。说服别人时，不要过早地透露自己的真实意图，有时需要绕道而行，说别人爱听的话，然后按照预定方案实施说服，这样相对容易成功。倘若一开始就与对方唇枪舌剑，简单直白地表明目的，往往会遭到拒绝。因此，与其自己先发言，不如先听对方的，从谈话内容中了解他，给予对方发表意见的机会。也可以缓和对方的紧张情绪，进一步使他对你产生亲切感。更重要的是，还能根据对方谈话的内容找到说服的重点。

案例：一天，某商城的一家儿童玩具店挤满了顾客。正在销售员李小姐应接不暇时，一个调皮的小孩拿起一件玩具就跑。但不一会儿，小孩和他的父母就都被保安带了回来。顾客们也纷纷围过来，想看看销售员小姐是怎样处理这件事的。

孩子多半是由于好奇、爱玩而情不自禁地拿了玩具。如果销售员说重了，小孩及家长的自尊心都会受不了；但不说的话，以后他还会犯同样的错误。正当人们都不知道该怎么解决时，只见销售员微笑地拉着孩子的手温和地说：

“小朋友，这个玩具你喜欢吗？”

“喜欢。”

“那你没有经过阿姨的同意就拿，这种做法对吗？”

“不对。”

“嗯，以后想要什么玩具了，对爸爸妈妈说，让他们给你拿，好吗？”

“好。”说着，小孩就把玩具还给了销售员。

最后，小孩的爸爸妈妈在这家商店买了好多小孩喜欢的玩具。

2. 设身处地，将心比心

也许有人认为，说服凭的是三寸不烂之舌，靠的是两排伶牙俐齿，其实，这种看法是十分片面的。人们都知道，一厢情愿、填鸭式的说服方法往往难以奏效。说服别人，在很大程度上就是情感的征服。只有善于运用情感技巧，动之以情，以情感人，才能打动人心，以至于说服别人。感情是沟通的桥梁，要想说服别人，必须跨越这座桥才能到达对方的心理堡垒。在说服别人时，应推心置腹，动之以情，讲明利害关系，使对方感到你并不抱有任何个人目的，而是真心实意地帮助自己，为他的切身利益着想。反之，在说服别人时，不考虑对方的感受，只单方面谈论自己的事，即使你说得非常有道理，也无法打动对方的心，反而会显得疏远。

阅读卡：假如有什么成功秘诀的话，就是设身处地替别人着想，了解别人的态度和观点。因为，这样不但能得到你与对方的沟通和理解，而且可以更为清楚地了解对方的思想轨迹及其中的“要害点”，可有的放矢，击中“要害”。

——美国汽车大王福特

案例：一家银行的信贷员在向一家习惯于拖欠贷款的企业催收外汇贷款时，巧妙地将一条“重要信息”带给企业：在国际外汇市场上，美元对日元的比价将可能下跌。而这家企业恰恰是通过收回日元贷款再折成美元偿还银行贷款的，拖欠贷款意味着企业要付出更多的钱。信贷员正是利用了企业想少花钱这一内在需求，巧妙地暗示，成功地说服对方，收回了贷款。

3. 事理结合，打动人心

在说服过程中，很多人不愿接受别人的劝解，就是因为他们本身具有很强的戒备心。要使他们心服口服地接受你的观点、意见，就要让事实说话，用充分的事实交流使你言重如山。事实胜于雄辩，只有在具体事实的基础上说明自己的观点，做到晓之以理，对方才会据此重新思考问题，并改变自己的观点和行为。因此，要善于运用事实，把事实作为最佳的说服手段，以此来阐明自己的观点。让对方在事实面前心悦诚服地接受你的意见和建议，而没有被强制的感觉。如果我们不善于以事实说明，就会给人以虚假的感觉，当然也就不可能达到说服的目的。

案例：销售员：“先生，你觉得这台电脑怎么样，喜欢吗?”

客户：“我挺喜欢的，它的配置比我家里的高多了。但是我们不需要呀，我家里已经有一台了。”

销售员：“您可以考虑一下，刚才您提到家里有一个正在上初中的孩子。而这款电脑的显示器屏幕是由 6 层树脂构成，可以反射不良光线，对保护视力比较好，尤其是对于用它来学习的孩子更为重要。再说，您的儿子随着年龄的增长，会越来越需要这种配置高的电脑。”

客户：“你说得也有道理。不然我儿子又会说我 OUT 了，呵呵。”

4. 抓住要害，拨动心弦

有的说服，三言两语就说到了当事人的心坎上，心里的疙瘩迎刃而解；有的说服，越说对方越不服，结果不欢而散。为什么会出现这样的情况，就是因为没有说到点子上。一个道理再正确，一个论证再雄辩，如果没有说到点子上，没有触动当事人的内心世界，就不会有效果。因此，在说服过程中，必须正面对待当事人提出的问题，抓住问题的关键，切中对方要害，一针见血。只有这样，才能让他心服口服，并接受你所提出的建议。不要总是对当事人说些不痛不痒的话，也不要回避问题和矛盾。

案例：　　　　　　　　　烛之武退秦师

鲁僖公三十年，晋文公和秦穆公联合围攻郑国，郑国处在危险之中。为了国家的安全，郑国的烛之武连夜出城去见秦伯。

烛之武说："秦、晋两国围攻郑国，郑国已经知道要灭亡了。假如灭掉郑国对您有好处，我怎敢冒昧地拿这件事情来麻烦您手下的人。越过邻国把远方的郑国作为您秦国的东部边邑，您知道这是困难的，您为什么还要灭掉郑国而给晋国增加土地呢？晋国的势力雄厚了，您秦国的势力也就相对削弱了。如果您放弃围攻郑国而把它当作是您东方道路上的主人，秦国出使的人来来往往，郑国可以随时供给他们缺少的东西，对您也没有什么害处。而且您曾经给予晋文公恩惠，晋文公曾经答应给您焦、瑕两座城池，后来晋文公食言了。您说晋国怎么会满足呢？现在它已经在东边使郑国成为它的边境，又想要扩大它西边的边界。如果不使秦国土地亏损，将从哪里得到呢？"

秦伯心悦诚服，于是与郑国签订了盟约并撤军了。

思考：烛之武仅凭口舌之功就说服了秦伯，使秦与郑化敌为友。烛之武是如何抓住秦穆公的心理要害，从哪些方面最终说服对方的？

5. 旁敲侧击，柳暗花明

> **阅读卡：**齐威王不闻政事，沉浸于酒色之中，诸侯各国纷纷入侵，国家陷入存亡危机。淳于髡去见威王，说道："齐国有一只大鸟，在大王的庭院中，三年从来不鸣叫，不知道为什么它这样？"齐威王顿时醒悟并说道："此鸟不飞则已，一飞冲天；不鸣则已，一鸣惊人。"

战国时期，苏秦到楚国三天后，才被楚王召见。召见后，苏秦立即请辞回国。楚王说："我久闻先生大名，见到你如同见到古代贤人。今天先生不惜千里来会见我，竟然不肯多停留，这是为什么呢？"苏秦回答说："楚国的饮食比宝玉还贵，柴火比桂木还贵，传达人像鬼一样难以看见，大王像天帝一样难得拜会。如今您是让我吃宝玉、烧桂木，靠着鬼去见天帝。"楚王顿时很羞愧，说："请先生暂到宾馆安歇，我听命就是了。"苏秦在这里运用的即是"旁敲侧击法"。

生活中，正面说服往往会使人产生逆反心理。这时，不妨独辟蹊径，从侧面打开缺口，或许能事半功倍。旁敲侧击可避免难堪的场面，常被用来作为说服的有效手段。它一般多以人与人的感情为媒介，以人对新事物的兴趣、注意力或以列举有关事例为突破口，向对方进行攻心。

案例：在一列火车上，一位年轻的母亲抱着孩子挤进了车厢。在几乎身无立锥之地的情况下，她身旁一张长椅上却躺着一个佯装睡觉的青年人。不懂事的孩子老是吵着："妈妈，我要坐椅子！妈妈，我要坐椅子！"这位年轻的妈妈略微沉思了一会儿，大声对孩子说："好孩子，别再吵。叔叔累了，等叔叔休息一会儿，他会让给你坐的。"果然，年轻妈妈话音刚落，青年人就起身给母子俩让座了。假如年轻母亲用论理的方式要那青年让座，说："坐的地方都没有，你还在这睡觉！起来吧。"接下来的情景怎样，大家不用猜都知道。

练习巩固

1. 三位应聘者前去应聘，效果各有不同，请结合所学知识评价他们的说服方式。

某大型市场招聘产品促销员，小王、小赵和小魏前去竞争应聘。他们分别被主考官带到三个卖葡萄的摊位上。过了一会儿，小王面前过来一位老奶奶，老奶奶问他："这葡萄酸不酸？"小王忙热情地回答："一点都不酸，保准令您满意。"可令他惊讶的是，老奶奶居然说："哦，那算了，我小孙子爱吃酸的。"于是，头也不回地走了。

没过多久，小赵摊位前来了一位大姐，问："你这葡萄甜吗？"小赵心里想着要吸取小王的教训，就问："您要甜的还是要酸的？"大姐嘟哝了一声："怎么这样问，一定是骗人的。"也离开了。

最后，老奶奶和大姐同时走到小魏的摊位面前，问了同样的问题，小魏很简单地说了一句："那堆葡萄比较甜，这堆葡萄有点酸。"如此，两个客户都购买了葡萄，小魏也赢得了产品促销员一职。

2. 阅读下面的案例，请你谈谈这个推销员成功"说服"对方的原因。

某保险推销员向一位公司经理推销保险，但多次都不成功。一次在街上，推销员见到一些小孩给人擦鞋，就带了一个擦鞋小孩去见那位经理。

"这是我最后一次见您。这些天多次打扰，非常抱歉。为了表示歉意，我今天专门请了一个人帮您擦鞋，希望您能同意。"

趁着擦鞋的时间，推销员就和经理聊了起来："这个孩子本来是上学的年纪，却出来擦鞋，您觉得是不是很可怜啊？"

"确实可怜。"推销员跟进："听说您有一个和这个小孩差不多大的孩子，虽然您现在事业有成，但天有不测风云，万一……您肯定不希望自己的孩子也像这个小孩一样吧？您现在这么有钱，很有必要为自己的家庭未来买一份保障。"

最终，经理购买了该公司的保险。

第四节　拒　　绝

学习目标

- 了解拒绝在商务沟通中的意义和拒绝的相关要求。
- 能描述拒绝的要求并运用到拒绝过程中。
- 会运用拒绝的技巧，合理拒绝。

喜剧大师卓别林说："学会说'不'吧！那你的生活将会美好得多……"在商务沟通过程中，很多场合会使人"心有余而力不足"，要学会拒绝别人。当客户提出无理或过分要求的时候，当领导做出影响你工作效率决定的时候，当同事提出让你违心的请求的时候，你要勇敢地说"不"。因此，要学会合理拒绝别人，用恰当的方式说"不"。既要把拒绝的意思表达清楚，又要把话说得委婉动听，让他人接受的同时体会到自己的无奈。学会拒绝是商务沟通的一项必备技能，也是商务沟通中一门深奥的学问。

> **阅读卡：**毕达哥拉斯曾说过："在说那两个最短、最老的字——'好'或'坏'时——需要最慎重地考虑。"

案例导引

一向性情温和的财务部主管刘晔已经向小鱼催了三遍报表了，小鱼每次都态度很好地说："好的，好的，马上就交。"但公司规定的最后期限都超过两天了，小鱼还是没有交。

刘晔没办法，就跑到小鱼的同事小昭那里请求帮忙："小昭呀，小鱼的报表你能不能帮她填一下呀，反正你对这报表也很熟，很快就填好了。"

一向不喜欢填报表的小昭冷着脸拒绝："你还是让小鱼自己填吧。"

忍无可忍的刘晔终于火山爆发了，在办公室当着所有同事的面咆哮道："你们部门怎么这样呀，一个报表催了十多天，我还要不要干活呀？耽误了发工资你们乐意吗？"小昭这时也满心委屈和怒火："你冲我发什么火，又不是我干的！"

在商务交往中，拒绝是件尴尬的事，如果方法不当，会使被拒绝者不快，甚至会得罪对方。案例中，事情本来与小昭无关，最后她却成了替罪羊。假如她不急着表态或者先说些理解、体谅的话，再找合适的机会委婉地拒绝，可能也不会让自己陷入被动的局面。由此看来，拒绝是一门学问，应该讲究方法艺术。

思考：你觉得案例中的小昭冤枉吗？

如果你是小昭，你该怎样拒绝，同时又不伤害同事感情呢？

一、拒绝的意义

有一个故事讲的是有人去找禅师求得解脱痛苦的办法，禅师让他自己去悟。第一天，禅师问他悟到什么，他不知，禅师便举起戒尺打他一下。第二天，禅师又问，他仍不知，禅师又举起戒尺打他一下。第三天他仍然没有收获，当禅师举手要打时，他挡住了。于是禅师笑道："你终于悟出了这个道理——拒绝痛苦。"

在人际交往和商务交往过程中，当别人前来要求协助时，难免会遇到自己力不从心的时候，这个时候就应该拒绝。习惯于中庸之道的中国人，在拒绝别人时很容易产生一些心理障碍。人们没有意识到自己有说"不"的权利，或者会因为拒绝了别人而有负疚感和畏惧感。不敢和不善于拒绝别人的人，往往得戴着"假面具"生活，活得很累而又丢失了自我，事后常常后悔不已。我们要学会拒绝，敢于说"不"。只有这样，才能体会如下的意义：

阅读卡：拒绝是一种权利，就像生存是一种权利。古人说"有所不为才能有所为"。这个"不为"，就是拒绝。人们常常以为拒绝是一种迫不得已的防卫，殊不知它更是一种主动的选择。

——毕淑敏

- 拥有了自己空闲的时间，对于超负荷工作的人来说尤为关键。
- 可以专注于自己觉得真正重要和有兴致的事情。
- 减少了别人下次以同样理由麻烦你的机会。
- 最重要的是，可以显示出你是一个有"自我选择权利"的独立的人，这样你就不会被逆来顺受地对待。

当你学会拒绝之后，虽然可能会给他人带来失落和不快，但是同时也清晰地传达了一个信息：你珍惜自己的时间，你有选择的权利，而且你也尊重那些被你拒绝的人，你之所以拒绝正是因为你负责任。

案例：雨果在成名之前是一位名不见经传的小作家，平时很难收到请柬。但是在他成名以后，大家都以能够请到他赴宴为荣，于是一张张请柬在他的办公桌上堆成了小山。面对这些堆积如山的请柬，就连一向满脑子都是点子的雨果也感到无可奈何。

该如何处理这些请柬呢？直接拒绝肯定是不行的，这样既显得自己没有礼貌又容易得罪人；一个个回信说明理由呢，请柬太多又实在忙不过来。该怎么办呢？经过一番思考，雨果终于想出了一个两全其美的办法：他将自己的头发和胡须剪掉一半，以显示自己"没脸见人"。

当宴请者请他赴宴时，雨果笑嘻嘻地指着自己的头发和胡子说："您觉得我这样的胡须和头发还有脸见人吗？"邀请者见到雨果这副模样，只好悻悻而走。

雨果通过这种方式，既达到了拒绝参加别人宴会的目的，又没有伤害宴请者的自尊。当雨果的头发长齐后，又一部影响世界的巨著诞生了。

二、拒绝的要求

一般来说下列情况应考虑拒绝：不符合自己的兴趣爱好；有损自己的人格；违背自己做人的原则；违背自己的价值观念；助长虚荣心；可能陷入关系网；庸俗的交易；违法犯罪的行为；等等。但是，如果拒绝不当就很容易伤害别人的感情和自尊心，给双方以后的交往带来不利影响。要避免这种事情发生，为对方留下“日后相见不会尴尬”的余地，就要学会设身处地地换位思考。合理拒绝是商务交往中的一门至关重要的处世行为艺术，具体要求如下：

1. 拒绝的态度要真诚

懂得拒绝的人，在商务交往中才会赢得好感与尊敬。拒绝时一定要把握拒绝的态度，顾及对方的心理，尽量用温和的语言拒绝，将拒绝产生的不愉快降低到最低程度。

首先要认真倾听。当别人向你求助的时候，无论你有多忙，都要暂停手头的工作，认真倾听对方的讲话。这样既表达了对对方的尊重，又便于给对方提供建议或帮助对方寻求替代方案，赢得对方的感激。

其次要表示同情和理解。尽量不要一开口就说“不行”，那样很容易伤害对方的自尊心，产生不良后果。可以说一些关心、体谅的话表示理解，来达到双方情感的共鸣。比如“你能做到这样的程度，已经很不容易了”“先别急，坐下喝口水”等。

最后要阐明理由，温和又坚定地说“不”。拒绝时，要看着对方的眼睛，用诚恳委婉的语气表达你的想法。向对方真诚地表达歉意，表述你的实际情况，阐明不能接受的理由。

案例：张经理向董事会递交了李小姐的策划案，受到董事长的褒奖，他心里非常高兴，决定邀请大家去聚餐。

张经理走到李小姐办公桌前说：“小李，你提出的新的营销策划案非常好，总经理也很欣赏。”

李小姐马上放下手头正在研究的资料，说：“谢谢！这是大家共同努力的结果，努力还是有价值的。”

张经理：“我很高兴。怎么样？今天我有空儿，我们大家一起去庆祝下？”

李小姐说：“真是太好了……可是，实在很抱歉，经理。今天我已经和朋友约好看电影，票都买好了。实在太遗憾了！”

张经理：“那就没办法啦！”

李小姐：“经理，真是太谢谢您了！下次我一定挪出时间。”

2. 拒绝的内容要清楚

每个人的能力有限，答应别人的请求时，首先要考虑自己能否办到。当超出自己能力所及时，就应当坚定拒绝。不管采用何种表达方法，都要清楚明白地表达出拒绝的意思。比如“我实在是无能为力”“你托办的这件事我可真办不到”等。拒绝时不能含糊其词，暧昧不清，拖拖拉拉，采取似是而非的态度、模棱两可的说法。因为拖泥带水、含糊其词，会给对方留下期望和幻想，以为尚有回旋余地，而一旦处理不好，就会给双方带来不快和尴尬。所以，要拒绝，心意就要坚决，一定要克服“不好意思拒绝”的心理，以免带来不必要的麻烦。

案例：老郑最近正在为自己侄子的工作发愁。正巧他的同学赵华和王强都在省城工作。他马上联系了他们，看看能否让自己侄子去他们单位上班。赵华了解了情况后说：“我们单位啊，我帮你看看。”老郑又打电话给王强，王强在听了全部情况后明确告诉他：“很抱歉，这个忙还真没法帮。一是因为我们现在新进人员都要求研究生以上学历，而你侄子是大学本科，学历不相符合。二是目前我们单位没有适合你侄子专业的空缺岗位。所以，我想你还是去别的单位打听一下，我也帮你一起留心找找吧。”老郑听后表示理解：“那好吧，既然是这样，我也不难为你了，以后再说吧！”接下来的一段时间，老郑把希望都寄托在赵华身上，不时打个电话问候一下。一天，老郑又打电话给赵华：“老同学，不知道我跟你说过的我侄子进你们单位的事情怎么样啦？”赵华说：“这件事啊？我们单位今年好像不招人。”老郑放下电话，嘀咕道：“这个赵华，也不早说。这个人就是不实在。”

思考：你认为案例中赵华和王强谁的处理方式好？为什么赵华会招致老郑的埋怨呢？

3. 拒绝的理由要具体

拒绝他人是一件很正常的事情，但应该有充足的理由，最好具体说出理由及原委，让对方明白自己的处境，以求得谅解，这才是成功的拒绝。反之，如果对方觉得你是在应付他，甚至是胡乱地编造理由，那么谎言终究会被揭穿，从而产生许多不必要的误会，导致彼此都不愉快甚至双方的关系也将会恶化。

拒绝别人，最困难的就是不便说出真实原因时又找不到可信而合理的借口。那么“借用别人的意思”，以“别人的身份”拒绝是一种行之有效的方法。这样不仅不会伤害对方，可能还会换得对方的理解。

表示拒绝的时候，也可以从对方利益出发来说明自己爱莫能助的理由，并积极与他一起寻找可能替代的方案。这样既能换得对方的体谅，又能使对方在感受到你的关怀中心存感激。比如工作中对方请你帮忙，你可以说：“这几天我实在脱不开身，有个重要的会议需要准备。我就是帮你，仓促赶出来的东西也好不到哪里去。你能否请小李帮忙，他这方面业务比我专业多了。”

案例：王菲是某公司招标办的工作人员，平时为人热情，工作业务能力较强。一天，同部门的小黄找到她说：“王姐，我们部门中你业务能力最强了。我有份计算机采购招标书要起草，但无从下手。您这块业务熟，能不能今天帮我起草一份啊?”王菲想到自己最近正与装潢公司洽谈装修一套新购房产的问题，根本抽不出时间，不想答应小黄的请求，于是说：“我今天抽不出时间。”谁知，小黄马上说：“没有关系，你明天再帮我做好了。事情就拜托你了，王姐。”

思考：王菲这样拒绝妥当吗？为什么？如果你是王菲，你该怎样拒绝小黄呢？

4. 拒绝的措辞要委婉

委婉是一种真诚而又含蓄，尊重别人感受，不随便伤害别人的语言沟通方式。在商务沟通场合，委婉含蓄的表达是一门语言艺术，能够展现一个人的语言修养。当别人向你求助的时候，或多或少会有心理上的不安，如果用“不行”直截了当地断然决绝，很容易伤害对方的自尊心并且得罪人。要学会用委婉含蓄的语言表达自己无可奈何的原因和无能为力的歉意，给对方留足面子。表述时应当采用“请您原谅”“不好意思”“真对不起”“实在抱歉”等致歉语辅助表达；多说些关心、理解的话，如“我很同情你的处境，要是我，早就累趴下了”等；解释的语气要温和委婉，态度要真诚，用语要得体。让对方明白自己的苦衷，给双方留下情面，也可以冲淡彼此间因拒绝而产生的尴尬和不快。

阅读卡：拒绝别人一定要委婉，因为没有人喜欢被拒绝；被别人拒绝一定要大度，因为拒绝你的人总有他的理由。

——汪国真

案例：丘吉尔是一位享誉世界的伟大政治家。在第二次世界大战中，丘吉尔领导英国人民配合盟军战胜了法西斯。为了使英国人民不忘记他的卓越功勋，英国国会拟通过提案，在他卸任时，为他塑造一尊铜像，树立在人民公园的中心。

丘吉尔是一位勤政廉洁的政治家，他认为这样做是一种浪费，很不妥，于是表示了拒绝。他的拒绝非常巧妙。他说：“多谢大家的好意，可是我不喜欢鸟儿在我的铜像上拉屎。我已经这么大把年龄了，也不想天天站在那里日晒雨淋的。请大家让我这个老人家清静地度过晚年吧!”大家听到丘吉尔的拒绝后，都很难坚持己见了。

三、有效拒绝的技巧

在商务交往中，不仅要敢于拒绝，更要善于拒绝。既要能够拒绝别人，又不能让对方太尴尬和难堪。既要把拒绝的意思表达清楚，又要把话说得婉转含蓄，在别人接受拒绝的同时，还能体谅自己的不便之处。因此说，拒绝是一种艺术，是一门深奥的学问。常见的拒绝技巧有以下几种：

1. 托词拒绝巧妙应付

托词拒绝就是在拒绝别人提出请求时，以客观原因为借口，通过强调客观的原因来拒绝对方的要求。它能直接地表达自己拒绝的意思，理由充分又较能获得理解和认同。

在现代商务沟通中，找一个好的借口帮助自己摆脱困境，一点儿也不难。但是一定要注意借口是否合理，不要让对方轻易看穿，以免造成尴尬。常用的一种方法就是用其他事来推掉不愿做的事。比如一位同事想让你帮他完成本应由他自己完成的工作，你不妨这样对他说："这件事我非常愿意为你效劳，只是不巧，我这几天正有重要的会务材料要处理，下次你再有这样的事，我一定帮忙。"

案例： **白领的烦恼**

在快节奏的现代社会中，出入高级写字楼的白领要经常加班。可是长期不注意劳逸结合地做高强度的工作，身体肯定要亮红灯。但是领导提出的加班要求又不好拒绝，一边是健康，一边是领导，这是白领们经常要面对的难题。

下列一些说法可以参考：

"我今天晚上没有时间加班啊，还有其他事情呢！"

"我今天不能加班，家里有点儿事情，要等着我回去处理。"

"今天晚上不行啊，换个时间可以吗？"

"那一天不行，我还有活动要参加。"

"下个星期我可以帮忙，但是今天我有事必须先走。"

或者直接向领导坦言，自己需要休息。

"我今天已经很累了，现在要好好休息一下，明天才有精神工作。"

"我不能留下来继续工作，我必须走了，因为我需要四个小时的休息时间。"

2. 先扬后抑委婉拒绝

有人向你们公司推荐产品，你在拒绝时可以说："这套产品确实挺实用的，不过目前我们用不上。"这种方法往往是先用肯定、温和的语气认同对方的观点作为缓冲来缓和双方的关系，而后话锋一转表达自己拒绝的意图，这种"以柔克刚"的方法就是我们通常所说的"先扬后抑"的拒绝方法。拒绝时可以不着痕迹地顺应转折，也可以借助"可惜""不过""但是"等词语表达自己的意见。这种拒绝方法温柔而缓和，先承认对方的要求，给对方留了面子，使对方得到了抚慰，不容易引起抱怨；再清楚地传达出你的拒绝是出于不得已，并感到遗憾、抱歉，这样给对方留有了余地，不致使场面变得尴尬。

阅读卡：心理学研究表明，当一个人听到别人肯定自己的时候，他的肌体就处于开放状态，使他在轻松的心理感受中，继续接收信息。尽管最终是转折了，否定了，但这样柔和的叙述方式，对方很容易接受意见。

3. 巧言拒绝幽默机智

巧言拒绝就是采用诙谐机智、幽默含蓄的方式巧妙委婉地拒绝别人。并不是所有的拒绝都会影响到人际关系，只要你拒绝得巧妙，就一定能获得对方的理解。诙谐含蓄的语言会使拒绝听起来更加顺耳，气氛不那么尴尬。幽默含蓄是日常用语中的巧妙的艺术，是拒绝别人必不可少的手段，会使原本没有意义的话语变得高雅含蓄而富有情趣。

当别人提出荒谬或不能满足的要求时，采用这种方法，也能有效地拒绝。以诙谐幽默的方式表示拒绝，不仅会给人留足面子，使其产生被尊重的感觉，还能化解可能因拒绝而带来的尴尬。

案例 1：文学大师钱钟书的《围城》问世后，许多报纸争相转载和报道，而钱钟书最怕被宣传，更不愿意在报刊露面。有一次，一位英国女士执意求见，钱先生一再谢绝。那位女士却不肯罢休。情急之下的钱钟书在回电话时说："假如你吃了个鸡蛋觉得不错，何必要认识那只下蛋的母鸡呢？"终于使那位女士自知求见无望，只好知难而退。

> **阅读卡**：池田大作在《青春寄语》中说："有幽默感的人不会让人厌烦，有幽默感的话题不会给人压力。"

案例 2：一次，公司安排小张和小王出差。晚上，他们一起回到住宿的房间，离睡觉时间还早。两人边看电视边聊天。突然，小张很神秘地问小王："你和公司人力资源部的张萌关系很好呀。她最近很奇怪，看上去情绪不是很好。她怎么啦？你肯定知道的。"小王说："那是一件隐私的事情。我告诉你，你能保密吗？"小张拍着胸脯说："当然能，我能为朋友两肋插刀，何况为朋友保密呢！"小王说："我也能。"

4. 转移话题避实就虚

这种方法是采用装傻充愣、所答非所问、寻找借口等方式转移话题，避实就虚，通过顾左右而言他间接、委婉地加以拒绝。在有的场合，对对方的请求或提问不管做出怎样的回答，都于己不利，这时不妨装聋作哑、所答非所问地转移话题来拒绝对方。避实就虚、避重就轻是这种方法的窍门。如同事有件事非拉你去帮忙，你跟他一起走了一段路后，可以突然说："哎呀，糟了，王总让我准备的会议计划我忘啦……"这种拒绝法既可以有效避免对方的纠缠，最大限度地保留双方的面子，也拒绝了对方的请求。

案例：在一次集团组织的宴会上，芳芳和同事小红正在一起聊天。

这时，分公司的小梦走过来把芳芳叫到一边，说："芳芳啊，听说你和总公司财务部王大姐关系很不错。她老公是教育局副局长，今年我孩子要升学了，想让她帮忙上个好学校。我和王大姐不是很熟，你和我一起过去找王大姐说说，让她帮帮忙吧！"

芳芳觉得很为难，实在不想去。于是装傻道："她在哪？我怎么没看到？"然后不等小梦指明方向，立刻把话题转移到了别的方向："今天的宴会办得真不错，那边好像有什么活动，我过去看看，你自己先逛逛啊！"说完马上走开了。

5. 沉默拒绝蕴含暗示

沉默拒绝不仅指缄口不言，也可以通过表情、目光、肢体动作等体态语言，传达自己的拒绝态度。有时开口拒绝对方也不是件容易的事，往往心中演练了很多次，而一旦面对对方又总是无法启齿。这时候可以借助沉默或者肢体语言暗示拒绝之意。对于自己难以解释，或者即使解释也无法令对方体谅的拒绝，可以以静制动，一言不发；也可以在沉默的同时伴以严厉的目光、严肃的神情，这样常常会产生极强的心理威慑力，令对方明白自己的要求不够合理。当一个人拒绝与对方继续交谈时，可以通过揉太阳穴、转动脖子、擦拭眼睛、不时查看手表、中断微笑、目光移向别处等漫不经心的动作来暗示对谈话不感兴趣，传达拒绝的意图。

案例：吴经理已经安排好了下午的行程，要到A公司进行拜访。为了配合这一行程，他必须要尽快结束与B公司的谈判。

吴经理与B公司的郑科长平时交情不错，而且B公司又是重要客户，不能轻易地拒绝。可是郑科长是出名的“话痨”，天南地北地扯起来没完没了。而且马上就要到中午了，如果现在还不送走郑科长，可能中午就要一起吃饭了。和这位爱聊天的科长一起吃饭，估计最快也要到下午1点才能结束了。这样会耽误下午的工作计划。

于是，吴经理说话的语速加快，而且频频看表，并打电话询问秘书车有没有备好。

郑科长终于意识到吴经理可能还有别的事情需要处理，就起身告辞了。吴经理看着郑科长离开的背影，明显地松了一口气。

思考：如果是你，你还有其他办法拒绝这位“话痨”科长吗？

练习巩固

1. 阅读下面的案例，谈谈老夫妇用何种技巧拒绝了上门的推销员？如果是你，你会怎样拒绝？

一位老先生听到敲门声后，步履稳健地去开门。但是打开门一看，外面站的却是一位年轻的推销员。老先生微笑着对推销员说：“你可回来了，你终于回来了，老太婆你快出来，我们的儿子回来了。”

老太太循声而至，积极配合老头，她对推销员说：“孩子，你终于长大了，我记得你失踪的时候才小学六年级。我想你一定会回来的，所以连这个旧门都不修理，一直在等着你呀。”

推销员实在待不下去了，一溜烟就跑了。

2. 阅读下面的案例，说说小李的做法妥当吗？如果是你，你会怎么做？

公司领导安排刚进公司不久的小李去办一件私事。小李恰巧手头工作很多，他担心耽误工作，就对领导说：“我不去。”领导非常不高兴。

之后的一个月里，领导怎么看小李都不顺眼，处处找茬儿，总是嫌小李工作做得不够好。

小李觉得很委屈，明明工作很努力了，但却总是得不到领导认可。他也知道领导肯定是因为上次被拒绝的事儿耿耿于怀。小李觉得这样下去也没意思，于是就辞职了。

第四章 商务沟通实务

第一节 商务接待

学习目标

- 掌握商务接待的相关要求。
- 能描述并学会做商务接待的准备工作。
- 学会运用商务接待技巧，做好商务接待工作。

商务接待工作是指企业在商务交往过程中所进行的迎送招待、联系洽谈的服务性活动。它是沟通内部上下的桥梁，是联系外部的窗口。所谓“见其礼而知其政”，接待工作的每一个细节都贯穿了企业的精神风采和独具魅力的特色文化。商务接待工作的好坏，不仅体现了接待人员的内在修养，更直接展现了一个企业的工作作风和外在形象。热情细致、礼貌周到的商务接待工作，不仅可以给来访客户留下良好的印象，也可以广交朋友、增加信任、促使合作，为企业带来商机，提高社会效益和经济效益。接待工作与商务洽谈工作密切相关，在商务沟通、展示对外形象中发挥着不可替代的作用。

案例导引

华夏贸易公司经销部经理近几天一直为订货越来越少、销售额下降发愁。现在正是销售淡季，很难拓展销售渠道。一天下午，经销部经理突然接到法国某访华团公司的订单，而且是一笔数额不小的买卖，相当于公司大半年的销售额。他连忙拿了订单来到总经理办公室。总经理一看就明白了，站在一旁的沈秘书更是露出了会心的微笑。

这飞来的订单究竟与沈秘书有什么关系呢?

总经理解开了这个谜：一对法国夫妇来华旅游，在北京机场下了飞机后，还要转乘火车去南方某省。这对法国夫妇对这里的一切都很陌生，不知如何是好，于是就在机场乱拨了一个电话，竟打到了华夏贸易公司总经理的办公室，接电话的正好是沈秘书。沈秘书从电话里得知对方的身份和困难，当对方请求帮助时，他马上请示了总经理，然后用英语回答对方："请不要着急，我们是华夏贸易公司，愿意向两位提供帮助。"他随即派车到机场，把这对夫妇送到宾馆安顿下来，又陪他们游玩了几天，代购了去某省的车票，直到送上火车，热情话别。这一切，沈秘书都做得非常真诚、得体，给两位外国客人留下了深刻印象。

销售部经理恍然大悟，深有感触地说："看来接待工作中也有公关。搞好接待，不仅可以广交朋友，树立公司形象，而且可以促进产品销售，为公司赢得经济效益。难怪有人说'接待也是生产力'呢！"

接待工作是一项事务性较强的工作，与企业的对外形象和沟通协调密切相关，发挥着不可替代的作用。接待人员是企业的代表，接待工作做得好坏直接影响企业的形象。案例中华夏贸易公司的沈秘书在接待外宾时，非常真诚、热情、得体，为公司赢得了大笔订单。那么，在具体的商务接待工作中，怎样才能做好接待工作呢？它有一定的技巧，需要我们不断去思考，在实践中逐渐完善。

思考：大订单产生于小细节，沈秘书的接待工作哪些方面值得学习？在商务接待工作中还应当注意哪些方面？

一、商务接待的准备

"知己知彼，百战不殆。"准备工作做得好坏，在很大程度上决定了商务接待活动的质量和效果。

1. 了解客户的基本情况

阅读卡：精明的商人只有嗅觉敏锐才能将商业情报的作用发挥到极致，那种感觉迟钝、闭门自锁的公司老板常常会无所作为。

——李嘉诚

掌握客户的基本情况是做好商务接待工作的前提。首先，要了解客户基本信息。弄清来访者的单位、姓名、职务、性别、年龄、民族、宗教信仰及过去的来访情况等。还应通过多种途径，最大可能地了解来访客户的性格、兴趣、爱好、生活习惯以及来访企业概况等信息。其次，弄清客户来访的目的。客户来访目的多样，可能是进行参观考察、商务洽谈、讲课培训、投诉抱怨等活动。了解客户来访的真实意图非常必要，可以做好相应准备工作，并进行积极有效的应对。最后，确定客户来访日程。未预约的客人，也要通过委婉问询，了解其大致信息及来访意图，以便做出妥善安排。

案例：某公司来了一位意大利客人。在此之前，他曾发来传真，要求该公司做好签证、订好旅馆等工作。但因传真上未写明要为客人安排接送的车子，因此秘书就没有做这项安排。而意大利客人却按照他们的惯例，认为秘书应当把一切安排妥当，于是他下飞机后就等车来接，可是等了很久都没有等到。他想，也许中方考虑到他旅途劳累，要等第二天才安排相关活动，于是就自己先回了宾馆。第二天一早，他在宾馆内等公司的车来接他去参加活动，可是等了很久还是没有车来。他一气之下就打电话给该公司的总经理，抱怨秘书的工作。总经理听了很生气，秘书也因此受到严厉的批评。

思考：意大利客人为什么抱怨？该公司秘书做法有没有错误？错在哪里？

2. 确定客户的接待规格

在商务接待过程中，要根据来访客户的身份、来访活动和意图及与本企业关系的密切程度等确定接待的规格。接待规格过高，可能会影响领导关系，也可能会造成对方不自在或助长对方气势，给今后工作带来难度。接待规格过低，会让对方感觉不受重视而造成不快甚至恼怒，容易影响双方关系。接待时，应注意以下几点：当来访事关重大、我方期望与来访方合作时，往往以高规格接待。对以前接待过的客人，接待规格参照上一次标准。遇到突发情况，如领导突然有事，需找他人代替，实在不行，一定要做好解释工作，并表示歉意。

3. 制订具体接待计划

“凡事预则立”，制订接待计划可以合理地安排接待工作，使接待工作有条不紊地开展。接待计划一般包括接待规格、日程安排、经费预算等内容。要根据来访客户单位、人数、职务、性别、抵离日期等，确定接待工作的规格和流程，做好接待的日程安排。一般以表格的形式列出，可一目了然；每个环节都应明确具体的责任人，防止发生疏漏。

> **阅读卡**：虽然计划不能完全准确地预测将来，但如果没有计划，组织的工作往往陷入盲目，或者碰运气。
>
> ——哈罗德·孔茨

4. 做好接待的准备工作

具体的准备工作包括资料准备、食宿安排、交通安排、接待场地和环境安排、礼品准备等方面。准备过程中，需要其他部门配合的，要提前沟通，取得其他部门的协作与配合。对于重要宾客来访，应事先与安全保卫部门联系，做好必要的安全保卫工作。企业的重要文件、资料要保管好；不能让来访客户参观的地方，不要安排接待。

二、商务接待的要求

1. 迎接客人时，要亲切热情

俗话说：“情暖三冬雪，诚招天下客。”亲切热情的言行举止，会使来访者产生一种温暖、愉快、受欢迎的感觉。它不仅展现出接待人员良好的职业素养，也体现了企业良好的形象。接待

> **阅读卡**：接待的 3S 原则：Stand up（站起来）、See（注视对方）、Smile（微笑）。

时，不论客户何时来访，都应立即停止手头上的工作，以站立姿态面带微笑地主动问候。当远方客人或重要客户抵达时，接待人员可在大门口或大厅迎候，走上前微笑问候。迎接时，可以使用“您好，欢迎光临!”“张先生，您好！我们经理正在等着您呢!”“张先生，您好！欢迎您的到来!”“见到您很高兴!”“一路辛苦了!”“欢迎到我们公司来!”等语言表示热情的欢迎。

“迎一张笑脸，致一声问候，让一个座位，倒一杯清茶”，这样的接待会给客人带来温暖、愉悦的感觉。而把客人晾在那里，是极不礼貌的行为。如果来访客户比预约的时间到得早一些，领导或自己因工作关系，不能马上接待，应请其入座，送上茶水，致以歉意并递送书报以消遣时间。非本人接待的客户，也可以和他们轻松进行交谈，使他们感觉不受冷落。可以采用“经理正在会客，请稍候”“实在对不起……”“真抱歉……”等语言向来访客户表达歉意。问候后，应及时将来访者信息通知领导或将其引领到接待地点。如果客户来访时接待人员正在接电话，应先向来访者致意，请其稍候，然后迅速结束通话，招待来访者。

案例：张娜是方正公司的一名新前台接待。她和小芬主要负责在前台接待客人和转接电话。每天早上是她们最忙的时候，电话不断，客人络绎不绝。

有一天，一位与总经理预约好的客人提前20分钟到达。张娜马上通知经理室。总经理说正在接待一位重要的客人，请对方稍等。张娜转告客人说：“李总正在接待一位重要的客人，请您等一下。”正巧一个电话又响起来了，张娜急忙用手指了一下椅子，说：“您先坐吧!”说完赶快接起电话。

客人面露不悦，心想：“难道我就不重要吗?”

小芬接完电话后，赶紧为客人倒上一杯热茶，并向客人致以歉意，又陪同客人闲聊了几句，客人的情绪才逐渐缓和下来。

思考：张娜和小芬谁处理得更好？张娜在接待客人时为什么会使客人不悦？

2. 接受礼品时，要多加赞赏

“千里送鹅毛，礼轻情意重。”礼品是感情的载体，是社交礼仪的规范之一，任何礼品都表示送礼人特有的心意。当来访客户附送礼品时，应当大大方方接受下来。接受时，应当起身站立，面带微笑，双手接过礼品，然后同对方握手并郑重其事地表示感谢。通常应该当着对方的面打开礼品，认真地对礼品进行欣赏，并对礼品适当地加以赞赏。可以真诚地说：“多漂亮啊”“这太好了”“哦，多精致的手工”“我真喜欢”“您想得真周到”“谢谢您的心意”“这正是我想要的”等，这样既是对自己的尊重，也是对送礼人的尊重。否则，对方就会认为你对他送的礼物不感兴趣，或是直接反映出一种错误的信息，那就是会让人误以为你不在意他送的礼物。当然，对于收到的礼品，能马上用上，会使送礼人更高兴。

收到的礼品不论价值大小，都应对其进行赞赏。对别人赠送的礼品，千万不要询问对方花了多少钱；即使对方主动告诉你很便宜，也应该真诚地表示感谢。如果在收下礼物时，顺口说一句："这东西很贵吧？"送礼者会感到生气、难堪。

案例1：小韦是一家跨国公司的业务总监。由于他的性格随和，结识了很多朋友，尤其是一些外国朋友都非常喜欢这个中国小伙子。因此，每当有聚会时，一些朋友都会热情地邀请他去参加，而他也时不时地请朋友来家中聚聚。一次，他过生日请了几个要好的朋友一起出去庆祝。其中有一位叫杰克的小伙子特意为小韦准备了一份礼物。这让小韦十分感动，但是他接过礼物时并没有及时拆开看，而是和其他人喝酒去了。杰克站在那里，用一种奇怪的眼神看着小韦。坐在小韦旁边的张明看见了，连忙告诉小韦。小韦急忙回头找到杰克，并打开他送的礼物，大加赞赏一番，还邀请杰克喝了一杯红酒。杰克这才面露微笑。

案例2：小李是大地公司的秘书。一天，一位从新疆来的客户拜访总经理。恰巧总经理不在，小李按照经理的意思在某酒店设宴对其进行招待。吃饭时，客户拿出了一尊和田青玉茶具套装要送给总经理。小李一边说着"谢谢"，一边用双手接过这套茶具，仔仔细细地欣赏了后，真诚地说："这套茶具晶莹剔透，真是太漂亮了。玉能养人，随'玉'而安啊，总经理一定会非常喜欢。"客人听了，非常开心。

3. 接待客人时，要言辞得体

"一句话可令人发笑，一句话也可令人暴跳"，在商务接待中，得体的语言举足轻重。一般来说，应注意以下几个方面：

看准对象，掌握分寸。"见什么人说什么话"，根据接待对象的职务、年龄、性别、性格、爱好、禁忌及来访意图等来决定说话的方式和内容。

分清场合，巧妙用语。在不同时间、地点、人物和氛围的商务交际场合，要采用不同的表达方式。一般来说，会议场合，用语要庄重规范，一般采用书面语；工作场合，用语要准确、简要，常用专业术语与行业用语；娱乐场合，用语风趣、生动、幽默；生活场合，用语自然、灵活，多用口语。

> **阅读卡：**语言得体，就是语言材料适应语言环境，该俗就俗，该文就文，该土就土，该野就野。
>
> ——老舍

弄清意图，有的放矢。可以这样说："请问，我能为您做些什么？""有什么需要帮忙的吗？""有什么可以为您效劳的吗？"等，让客人感到亲切，也愿意将真实意图告知接待人员，从而为下一步工作打下基础。然后根据客户的来访目的，采取相应的应对措施。

注意谦敬，用词礼貌。接待中常用的敬词有：请，您，贵姓，久仰，光临，光顾，惠赠，等等；常用的谦词有：劳步，劳驾，过誉，等等。可以采用"欢迎光临！""先生，您好""对不起，您是不是打错了呢？这里是……""对不起，××先生暂时不在办公室，请问有什么事情我可以转告吗？"等礼貌用语，表示对客户的尊敬。

案例：小赵是一家微波炉公司的前台接待。有一天，她正在前台值班，一位 50 多岁的中年妇女风风火火地走了过来。小赵马上起身，双眼注视着她，脸上露出真诚的笑容，然后伴以 15°的鞠躬对中年妇女说："您好，欢迎您的来访。"中年妇女还没等她把话说完，就说："我不好，我们家的微波炉着火了，差点爆炸。我今天来，就是讨个说法，你们公司得赔偿我的损失，否则没完。"说完，叉着腰，喘着粗气。

小赵听她把话说完，沉稳地说："阿姨，您先别生气，请先坐下，喝口水，慢慢说。"然后把中年妇女扶到接待区的沙发上坐下，冲了一杯茶递到她面前，说："阿姨请喝茶，先顺口气，再详细地说一下事情的经过，看看我能帮助您做些什么。"

本来怒气冲冲的中年妇女看到小赵如此真诚热情，也不好意思再发作，缓和了一下语气说明了情况。原来前几天，她的儿子买了一台小赵他们公司生产的微波炉。她在微波炉的使用宣传手册里看到一个生活小常识：把抹布放在微波炉里加热两分钟可以杀死抹布上的细菌。于是，她早饭后就把抹布洗净晒干，放到微波炉里加热杀菌。谁知两分钟后，抹布着火了，还差点酿成火灾。她向小赵抱怨说："你说这可怎么办，儿子媳妇肯定得埋怨我老糊涂了。"说完就大哭了起来。小赵一见，马上掏出纸巾安慰道："阿姨别哭，别哭。您先听我给您解释。微波炉着火是因为您没有看清楚小常识的内容，那里面是说把湿的抹布加热杀菌，而不是干的。这样吧，您留下联系方式，先回去，我会把您的情况跟领导汇报，明天一定给您答复。"

就这样，来的时候怒气冲冲的顾客，经过小赵热情耐心的接待，心平气和地留下电话号码回去了。小赵在这位来访者走后，及时向上级做了汇报。

思考：中年妇女为何怒冲冲而来，心平气和而走？小赵的"灭火器"秘诀是什么？

4. 送别客人时，要礼貌周到

当来访客户离开的时候，应当主动帮他取下衣帽等物，提醒客户不要遗忘物品，并为客户开门。重要客户应送至电梯口、公司大门口或将客户送上车或机场、码头。送客户到电梯口时，要为客户按下电梯按钮，在电梯门关上前道别。送到大门口时，应等客户坐上交通工具后，目送客人离开。送至车站、机场和码头时，应等客户乘坐的交通工具启动后方可离开。与领导一起送客时，应当比领导稍后一步。送别时，可以采用"再见，欢迎您下次再来""请慢走""以后常联系"等礼貌用语。

案例：小张是一家汽车 4S 店的维修接待。一天，在为某客户的汽车做好保养并进行检查后，小张再次强调下次来店进行保养的里程和时间，将客户送至门口。与客户道别，然后目送客户驶离 4S 店，方返回工作岗位继续进行电话追踪回访工作。

三、接待的语言技巧

1. 善用恰当称呼

称呼，是人们在交往应酬中彼此之间所采用的称谓语。选择恰当的称呼，既反映出

> **阅读卡：**记住对方的名字，并把他叫出来，等于给对方一个很美妙的赞美。而若是把他的名字忘了，或写错了，你就会处于不利的地位。
>
> ——卡耐基

个人的素养，又体现着对他人的尊重和重视程度。在商务交往中，对不同的人应采用不同的称呼方式。

称呼时，原则上就高不就低，就尊不就卑。熟悉的客户，要称呼到位。最为常用的是称呼对方的行政职务，如“张处长”“王经理”“李厂长”等；也可称呼技术职称，以示敬意，如“张工程师”“周教授”；有时也可以职业为称呼，如“李老师”“郑律师”。不知道对方身份和姓氏的，可以称呼通行尊称。常称男性为“先生”，未婚女性为“小姐”，不明确婚否的为“女士”，已婚的可称为“太太”“夫人”。对于同学、平辈的朋友、熟人，也可直呼姓名，以示关系亲近。对于德高望重的长辈，可以在其姓氏后加“老”或“公”，如尊称为“谢老”“张公”等，以示尊敬。另外，称呼时，可以多说客套话。如初次见面说“久仰”，好久不见说“久违”，麻烦别人说“打扰”，等等。

案例：《北京晚报》曾报道，一位衣冠楚楚的男士带着自己刚刚怀孕的妻子，专门去一家著名的孕妇装专卖店买衣服。一进店门，店里的女服务员就很热情地迎上来，但刚一张口就把买卖给喊“黄”了：“先生，您给小姐买点什么？”

这位妻子立即黑下脸来：“你才是小姐呢。”并且狠狠地瞪了服务员一眼，气呼呼地拉着丈夫扭头而去。店里的女服务员愣了一下，对自己刚才言语的冒失感到后悔。

2. 营造融洽氛围

良好融洽的氛围，对商务洽谈和沟通起着十分重要的作用，在接待过程中应尽可能地努力营造和谐愉悦的沟通氛围。接待人员要开朗、活泼，面带微笑。可以谈论一些轻松的或来访客户比较感兴趣的话题，比如谈论旅游度假、休闲娱乐、美容保健、电影电视、当地的风土人情及交通气候等话题来活跃气氛。交谈时，要注意讲话的语气要温和、有礼。当遇到冷场或比较敏感的话题时，不要硬说，以免适得其反；要学会转移话题，引起对方的兴趣，避免尴尬，让沟通气氛变得更热烈。另外，幽默具有强大的感染力，在交流中适当穿插一些幽默会让交流变得有趣，气氛更加轻松、融洽。在接待沟通中，还要避免触及对方的短处、隐私或攻击性的话题，以免造成不快。

案例：西安某公司是一家规模不小的公司，再过两天，德国有家公司就要来会谈。这次会谈很重要，关系到公司下一年的发展计划。因此，总经理点名让小吕来负责接待工作。

在机场接到来宾后，小吕安排了一辆专车，自己当起了导游，开始了游览西安的旅程。每到一处，小吕就向德国客人绘声绘色地讲解当年的历史典故，讲这里的奇闻趣事、风土人情、文化古迹。

三天下来，德国客人的归期到了，可是他们却流连于当地的风味小吃，更忘返于这片充满深厚文化内涵的圣地。小吕独具匠心的安排，让德国客人大饱了眼福和口福。

后来双方的洽谈很融洽，合同也顺利地签了下来。经理称赞小吕这次接待做得很出色。

3. 学会适时赞赏

> **阅读卡：**赞扬是一种精明、隐秘和巧妙的奉承，它从不同的方面满足给予赞扬和得到赞扬的人们。
>
> ——（法）拉罗什夫科

每个人的潜意识里都渴望得到别人的赞美，每个人也都有自己独具一格、值得赞美的地方。赞美能拉近双方的心理距离，让对方对自己产生好感。善于赞美别人是为人处世的有力武器，也是商务交往中取得成功的秘诀。在商务接待中，赞美他人要发自内心、真诚有度。可以从对方的服饰、外表、发型、谈吐、学识、气质、能力等方面切入，选择适当的场合、适当的时机加以赞美，取得来访客户对接待人员的好感。赞美时，要善于发现他人的优点，也可以从对方的身上找出值得骄傲的一两件事或优点，以及对方比较关注、在意的事情进行赞美，为接待沟通创造良好的基础。比如，张经理的儿子今年刚考上清华大学，你在接待时适时称赞他的儿子，他一定会很高兴。赞美对方时，不要以否定他人为铺垫，以免引起反感。比如说："张主任，您经验就是丰富。您这件事处理得比前任王经理有技巧多了。"张经理可能会感到很尴尬。赞美应当恰如其分、点到为止，避免过度恭维、盲目吹捧而导致对方不舒服。如一位天生丽质的姑娘，可以称她"漂亮"；对一位相貌平平的姑娘，可以称她"很有气质"。

案例：当小王被派去接待要在公司进行为期10天考察、洽谈的"凤辣子"周总的时候，她的同事都为她捏了一把汗。因为公司里的人都认为周总虽然美丽精明，但为人比较刻薄，经常挑三拣四。小王却不慌不忙，她认为，人心都是肉长的，总有办法打动她。她发现周总穿着打扮总是非常入时得体，尤其喜欢买新衣服，还经常照镜子。每次她看到周总穿新衣服的时候，总是由衷地称赞："周经理，您这套连衣裙不仅款式时尚，而且优雅大方，非常适合您的气质。""真的？"周总听了也总是很高兴。

几天后，小王对周总说："周经理，我太崇拜您的眼光了。什么时候您也给我参考一下，帮我搭配一套衣服。"周总爽快地答应了，并且真的在一天傍晚和小王一起去逛街买衣服。

不仅如此，小王还称赞周总的工作能力，发自内心，而且恰到好处。周总要离开的时候，对小王恋恋不舍，一个劲地对经理称赞小王，还叮嘱小王有机会去她那儿坐坐。

思考：小王是如何打动"凤辣子"周总的？请举例说明。

---

4. 选择安全话题

在商务交往中，接待人员一般都会选择安全的话题与客户交流，以防出现冷场和尴尬。安全的话题会使听者感到舒服，不会使他产生厌烦感。对于初次见面的来访者，不妨从天气、兴趣、籍贯等方面入手，这些话题不会触及个人隐私，还利于谈话继续下去。比较熟悉的来访者可以谈及兴趣、饮食等，还可以谈人生、爱情、责任感等话题。

在与来访客户交流时，有些话题应当避免主动提及。比如，年龄大小、收入支出、恋爱婚姻、身体健康、家庭住址、个人经历、信仰政见、所忙何事等皆属于个人隐私问题。具有争议的话题也要尽量避免谈论，以免引发不快。同时，特别要注意保护商业机密，交谈中不要谈论有关上级领导的话题；还要防止对方套话，以防不经意间透露商业机密，给企业造成损失。

案例：某公司秘书小张去宾馆迎接天地公司的客人。大家上车后，有一位年轻的女性客人匆匆赶来。小张连忙迎上去，热情地说："你忙什么去啦?"客人很不好意思地小声说："去 WC 了。"小张没有听清楚，又问了一遍。客人不耐烦地说："1 号。""1 号房不是李总的房间吗?"小张自言自语道。客人非常生气，小张有些莫名其妙，连忙请客人先上车。车上有一位客人说："小张，你还挺尊重女同志的，让女士先行。"小张连忙说："不是，不是，我是尊重长者。"他的话说完，发现那位女士的脸更黑了，于是连忙缓和气氛："您今天这件衣服真漂亮，老公给您买的吧？您老公真体贴!"于是全车人都不作声了，车上弥漫着尴尬的气氛，天地公司的李总脸色很难看。小张内心非常忐忑。后来才明白：原来那位女士离异了!

思考：小张的接待工作做得好吗？出现了什么问题？请指出。

1. 阅读下面的案例，请你谈谈客商为什么拂袖而去？秘书应当如何说呢？

一外地客商到某地某公司商谈投资合作事宜，公司上下非常重视，早早做出了各种安排。公司经理拿出专门的时间，在会客室专候，并准备了烟茶水果，还派自己的秘书提前在公司门口等候。客商走进公司大门后，迎候在门厅的公司经理秘书马上上前和客商握手，可能是知道事情的重要性，他有些紧张，竟然对客商说："我们经理在那边(指会客室)，他叫你过去。"客商一听，当即非常生气："他叫我去？我又不是他的下属，凭什么叫我？你们现在就是这样对待合作者的吗？那以后还了得？合作应当是关系平等的。"接着这位客商说："贵公司如有合作诚意，叫你们经理到我住的宾馆去谈吧。"说完拂袖而去。

2. 阅读下面的案例，请判断秘书小王哪种做法更好，为什么？

A. 小王说："你们好！老总正在外地开会，请问我有什么可以帮助你们的？你们的事情，等老总回来，我一定转告。"

B. 小王说："这类事情不归我们领导管。"来访者："那我们要去找谁呢?"小王："不知道。"

C. 小王粗暴地拍着桌子说："就你们这些人，没有任何思想觉悟，整天芝麻大点儿的事也要跑来闹。最近领导忙着和某某公司洽谈，忙得要死，哪有工夫管你们？出去!"

第二节 商务协商

学习目标

- 了解协商的概念及与谈判的区别。
- 掌握协商的特点和要求。
- 学会根据情境、对象，恰当运用协商手段。

随着人类社会的进步、文明程度的提高，社会组织间的交往需求逐渐增强，沟通方式也越来越复杂和频繁。在日常生活工作中，人们为了调节彼此之间的关系，满足各自的需求，就要通过协商来处理双方的差异以达成一致意见并取得一致的行为。

协商，是通过共同商量以便取得一致意见。从某种角度来看，协商也是一种谈判，只不过这种谈判更加具体、微观。只有选择协商，与他人有效沟通，才能寻求共同的价值观，慢慢达成团结一致，达到“我赢、你赢、大家赢”的目的。在协商过程中，诚恳、友好的态度，应变得体的口才，都是促成双方合作的必要条件。

案例导引

邵逸夫与李小龙失之交臂

娱乐大亨邵逸夫，祖籍浙江宁波镇海；李小龙，蜚声海外的功夫巨星，出生在美国旧金山，自小接受西方教育。

20世纪70年代，当时在好莱坞发展受挫的李小龙带着被华纳兄弟枪毙的电影项目《无音箫》返港，他想到当时实力最雄厚的“邵氏”电影公司。于是，他通过越洋电话与“邵氏”协商，直接向邵逸夫提出“片酬1万美元，拍摄周期不能超过60天，剧本必须让我满意”的条件，惹怒了邵逸夫。其实，邵逸夫对李小龙是欣赏的，对他的慕名而来有意接纳。但李小龙刚谈几句就提片酬，还“狮子大开口”，让邵逸夫霎时改变了对李小龙的看法，果断回绝了李小龙的条件。

邵逸夫的怠慢让李小龙气愤难平，他转而投奔了邵氏的竞争对手“嘉禾”。后来，“嘉禾”凭借李小龙主演的第一部电影《唐山大兄》，将“邵氏”影片所创的纪录甩到了太平洋。

思考：李小龙与邵逸夫的协商最终失败的原因有哪些？成功的协商应该考虑哪些因素？

一、协商的特点

1. 双向互动性

协商是双方“给予”与“接受”兼而有之的一种互动过程，单方面的施舍或接受都不是真正意义上的协商。在双方的这种互动过程中，每一方都有多种利益，而不是仅有一种利益，所以双方要在公开立场的背后寻找基本利益时，注意那些驱动行为的各种需求。在双方能够互利时，寻求能最大限度满足双方需求的解决方案。

案例：有两个人在图书馆里吵架，一个人要开窗户，一个人要关窗户。他们计较于窗户开多大，一条缝、一半还是全开。没有一种办法能使他们都满意。这时，图书管理员走过来。

她问其中一个人：“你为什么要开窗户？”

“呼吸一些新鲜空气。”

她又问另一个人：“为什么要关窗户？”

“不让纸被风吹乱。”

图书管理员考虑了一下，她把旁边的窗户打开了，既让空气流通，又不会吹乱纸。

思考：如果你是这位图书管理员，还有没有解决问题的其他方法？

2. 利益合作性

各类社会组织或者是社会中的人之所以进行或参与协商，其根本原因是因各自需求所产生的愿望及目标。这种商务内容的交易性，就决定了双方都是以追求和实现交易的经济利益为目的。参与协商的双方都在争取自身利益最大化的同时，也意识到只有达成协议才能实现自己的经济利益。因此，双方也会自觉地向共同接受的条件靠近，这又使得这种商务协商显现出一定程度的合作性。所以，美国汽车大王李·艾克卡有一句发自肺腑的感慨：“要经常为别人的利益着想。”

案例：奥克拉荷马州的乔治·强斯顿是一家建筑公司的安全检查员，检查工地上的工人有没有戴安全帽是他的职责之一。当他看见工人不戴安全帽时，便会问帽子是否戴起来不舒服，或是帽子的尺寸不合适，然后用愉快的声调告诉工人戴安全帽的重要性。他用协商的口气提醒工人最好在工作时戴上安全帽，告诉工人说：“为了一家人的幸福，还是要注意自己的安全，这是对自己妻子、孩子的责任。为了防患于未然，一定要把安全帽戴好。”

经过实践证明，这样的协商效果很好。乔治找到了自己与工人在安全帽佩戴方面的一致性，再也没有工人不愿意戴安全帽了。

3. 不均等的公平性

如果协商不是互惠互利的，而只是一方单纯地从另一方索取利益，只想到满足自己的需求，那这种协商就缺少最起码的基础，也就不可能使双方真正地坐在一起。但是互惠并不意味着均等，双方所拥有的实力与技巧的差异，会使得一方获得的好处多些，而另一方获得的好处少些。不过协商的结果使一方绝对吃亏也是不现实的。这是因为，每一方都有否决的权利，如果协商的结果不能使自己的基本利益得到满足，那么其必然会否决这次协商。而如果协商的结果无论在外人看来是多么的“不平等”，只要当事双方都同意，那也是事实的平等，这就是协商中不均等的公平性。

案例：贾先生想为他的女朋友买一枚戒指用来求婚，他已经攒了 8 000 元。一天，他在东方明珠珠宝店被一枚标价 12 000 元的戒指吸引。他认为这枚戒指就是他想用来求婚的戒指，但他买不起！于是该店的老板说，他可以几个星期后来买，因为那时店里会搞活动，但不能保证那时是否会被别人买走。贾先生有点沮丧。随后，他在另一家店里看到了一枚相似的戒指，标价 8 000 元，但他仍惦记那枚标价 12 000 元的戒指。几个星期后，果然东方明珠珠宝店在搞活动，而之前的那枚戒指也还在，价格已经降到了 9 600 元。但贾先生的钱还不够，他把情况和老板讲了，老板表示愿意帮助他，于是又给他提供了 10%的优惠，只需付 8 640 元。贾先生当即付款，怀着喜悦的心情离开了。

其实，两家店的戒指是完全相同的，都是从批发商那里以 7 000 元的价格进来的。但东方明珠店却获利 1 640 元，而另一家店标价虽低，却没有吸引贾先生。贾先生为自己聪明地等待了数星期后获得的减价好处而感到愉快，还为与老板讨价还价后又获得 10%的特别优惠而高兴。

思考：作为案例的旁观者，你是否会意识到，生活中我们也会经常成为“贾先生”？为什么？

二、协商的要求

协商的过程是双方的语言交流过程。语言在协商中如桥梁，占有重要地位。双方的信息传递既有通过有声语言，也有通过无声语言来完成，所以协商中的双方必须综合运用听、说、看、问、答、辩以及劝和、拒绝等方面的技巧，才能准确把握对方的行为和想法，传递自己的意见与观点。因此，协商时必须注意以下要求：

1. 用意明确，思路清晰

> **阅读卡**：世事洞明皆学问，人情练达即文章。
>
> ——《红楼梦》

古语云：“言不在多，达意则灵。”一个善于与人沟通的人，不仅可以缩短彼此间的距离，还能使交谈气氛和谐融洽。在商务协商中，要求沟通者说话要简洁，语言要精练，思路要清晰，要能够恰如其分地表情达意，并尽可能以简洁的语言表达出深刻的内涵。在阐述对某一问题的观点、立场和看法时，务必明确易懂，使对方明白自己的意思。如有较为晦涩的词语，要加以解释。应该通过有理有据的摆事实讲道理，清楚表达自己和对方的想法。表达时要少用缩略语或专业术语，免得带来沟通上的障碍。如果有可能，可以用图表或举例的形式进行说明，让对方明确了解自己所要传达的信息。讲到重点时，要适当地停顿一下用以强调，使对方明白协商的要点。

案例：王先生想买一盏台灯放在书房看书用，于是他走进一家家电城，这时一位销售人员走了过来。

销售员："先生，您看一下这款灯，它的功率大一些，房间里面更加明亮，在房间里看书就会更方便。"

王先生："嗯，是这样的啊。可我用不着这么大功率的，我要放在书房看书用。"

销售员："先生，请看这款蓝色的，是护眼的，对您的眼睛很好。您看一下是选择这个蓝色的一款，还是红色的一款呢?"

王先生："蓝色这一款要多少钱?"

销售员："598 元。"

王先生："红色的那一款呢?"

销售员："548 元。两个相差不大，打完折后差 50 元。如果您喜欢蓝色，就选择蓝色这一款。先生，你还可以看一下这盏床头灯，不用开房间大灯，只需要开这个床头灯就行了，比较省电。另外，如果你有小孩的话，我建议您再为小朋友购买一盏护眼灯，小孩子的眼睛要保护好。"

结果，王先生很痛快地买了三盏灯回去了。

2. 学会倾听和观察

"听"是在协商中了解和把握对方观点和立场的主要手段与途径。为了能够听得完全、听得清晰，在倾听的过程中，要专心致志，用一种积极的态度去听。不仅要听到对方的言语，还要听清对方话语背后真正想要表达的意思，真正了解和掌握对象的需求和愿望，准确、全面接受对方语言中传递的信息。还要主动与讲话者进行目光接触，并做出相应的表情。同时也可以观察对方运用的行为语言，分析这些行为语言背后所要传达的意思，要结合当时的语言环境，有鉴别地倾听对方的发言，去粗取精、去伪存真、抓住重点，从而收到良好的倾听效果。千万不要为了急于判断或者是因为轻视对方，抢话、急于反驳而放弃倾听。

案例：一位连锁酒店的老板准备买 20 台电冰箱，他走进一家大商场，陪同他的还有两位朋友。售货员介绍了没几分钟，一位朋友便对那位酒店老板讲："好极了，这款冰箱很适合你的需要。"在一番讨价还价之后，另一朋友表示赞同，那位酒店老板也点点头。可是这位蹩脚的售货员没有认真倾听和观察到这一切，而是继续介绍其他款式电冰箱的性能和功用。后来，买主又表示出好几个强有力的成交迹象，而那个售货员还是继续往下讲。直到那三个人离开商店去别处选购时，他还在夸夸其谈。

3. 善于有效提问

巧妙而恰当的提问可以摸清对方的需要、掌握对方的心理、传达信息、表达自己的感情或者是引发对方思考，是双方顺利交流的良好媒介。所以，如何“问”是很有讲究的。基于不同的目的所提出的问题往往是不相同的，同一个问题也可以用各种不同的形式提出。比如，当对方对某一产品不感兴趣、不关心或者是犹豫不决时，可以使用引导性的问题来提问。例如，问对方“喜欢红色的还是蓝色的?”就比直接问对方喜欢什么颜色的效果要好。如果对方说都不喜欢，便可以再接着问他原因，然后再针对他的反对意见与他沟通。由此可见，对一个问题的发掘能力，反映出一个人的思维水平，能否采用一个好的问句，也体现出一个人的综合素质。

案例：某商场休息室经营咖啡和牛奶，刚开始服务员总是问顾客：“先生，喝咖啡吗?”或者是：“先生，喝牛奶吗?”但销售额平平。后来老板要求服务员换一种问法：“先生，喝咖啡还是喝牛奶?”结果其销售额大增。

思考：如果这家商场休息室还有很多种类的饮品，服务员该如何询问呢?

4. 语言简练委婉

协商中的“说”，往往有阐述自己的观点、立场，说服对方接受、理解的意义。协商的双方刚刚坐在一起时，难免会拘谨或者由于某种原因而造成僵局。为了缓解这种尴尬的状态，语言的使用就非常重要。所以，在沟通中一定要注意掌握“火候”，力求以委婉的语言表达观点，提出意见和建议，共同商量解决问题的方法，营造一种和谐、友好、积极向上的协商气氛。要尽量避免使用一些容易令人不快或者无效的句子。例如：“我认为……”“如果我是你的话……”“考虑一下我说的话……”可以尝试将“我”换成“您”，如“您觉得怎么样?”“您还有什么需求?”等，同样的内容，会收到不一样的效果。

案例：有个人早晨路过一个报摊，他想买一份报纸却找不到零钱。这时他在报摊上拿起一份报纸，扔下一张10元钞票漫不经心地说：“找钱吧!”报摊上的老人一句话没说，从他手中拿回了报纸。

这时另一位顾客也遇到类似的情况，只见他和颜悦色地走到报摊前对老人笑着说：“你好，朋友！你看，我碰到难题了，能不能帮帮我？我这儿只有一张10元钞票，可我真想买您的报纸，怎么办呢?”老人笑了，拿过刚才那份报纸塞到他手里说：“拿去吧，什么时候有了零钱再给我。”

三、协商的技巧

协商的过程是一个短兵相接的过程，信息的输出和接收，信息内容和信息量的调整，语言形式的变换都相当的迅速。要想取得协商的成功，必须采取一定的手段，运用正确的方法和技巧。通常，在协商中常用的技巧如下：

1. 打开协商话题的技巧

汉语中有一个很妙的词叫“情商”，很生动地说明了“协商”是要注意双方情绪的。

因此，话题的打开是决定整个协商前景的重要阶段。良好的话题氛围不仅可以获得对方的好感，还可以在彼此之间建立一种互相尊重和信赖的关系，而双方礼貌而真诚的举动则显示着各自的文化修养。一般来说，进入协商正题之前要留出一定的时间，就一些非业务性的、轻松的话题进行交流以缓和气氛，缩短双方在心理上的距离，为以后进入实质性内容做好必要的准备。比如文体新闻、私人问候、业余爱好等话题，容易拉近彼此间的关系，也为后面的协商奠定了良好的情感基础。

案例：华克公司在美国费城承建了一座庞大的办公大厦。工程开始进行得很顺利，可是在接近完工时，负责供应内部装饰用的纽约铜器承包商却告知其无法如期交货。在一次次电话交涉未果的情况下，华克公司只好派高先生前往纽约。

高先生一走进承包商的办公室就微笑着说："噢，朋友！我一下火车就查阅电话簿，想找到你的地址。结果巧极了，在这座城市里，这个姓只有你一个人！"

"是吗？我还一直都不知道呢。"承包商也兴致勃勃地查阅起电话簿并高兴地说："不错，这是一个不平常的姓。"接着，他兴致勃勃地讲述自己的家族史。之后，高先生又赞叹他居然拥有一家这么大的工厂。承包商说："这是我花了一生的心血建立起来的事业，我为它感到骄傲，你愿不愿意去车间里参观一下？"高先生欣然前往。参观时，高先生一直夸奖这位承包商的公司组织制度健全、机器设备新颖，承包商自豪地介绍，这里有他亲自发明的机器。高先生马上又向他请教机器如何使用、工作效率如何等问题。时至中午，承包商坚持要请高先生吃饭。午餐毕，承包商主动说："我知道你这次来的目的，但我没想到我们的会面竟是如此愉快。放心吧，我可以保证你们要的材料准时到货。尽管这样做会给另一笔生意带来损失，不过我认了。"结果，所需货物及时运到，大厦如期完工。

思考：从这个小故事中，我们可以从高先生的身上学到哪些开局技巧？

2. 提出协商条件的技巧

协商的双方都是带着利益进行的，既要满足自身的利益，又不能损害对方的利益。所以，对于矛盾统一体的双方来说，如何提出自己的条件就显得十分重要。首先，通过提问、聆听、观察等各种方式探测对方的需求，然后在此基础上提出自己的条件，不要

阅读卡：一杯冷水，一杯热水，一杯温水，我们如果先将手放到冷水中，然后再把这只手放到温水中，会感到温水热。如果先将手放到热水中，然后再把这只手放到温水中，会感到温水凉。同一杯温水，出现了两种不同的感觉，这就是"冷热水效应"。

鲁迅先生曾说："如果有人提议在房子墙壁开个窗户，势必会遭到众人的反对，窗子是肯定开不成的。可是如果提议把房顶扒掉，众人则势必退让，同意开个口子。"这就是著名的"拆屋效应"。

把对方当作你要捕获的猎物，只想把他俘虏过来。其次，如果有求于对方，就应当提出互相受益的条件，这样比较容易达成共识。最后，对于极端条件要慎提。所谓极端条件就是难以答应的条件，虽然提出极端条件在某些情况下可以起到一定的效果，如降低对方的期望，使其妥协。但是不能轻率地提出，因为它有可能激怒对方，以致形成僵局。

案例：马先生有一套位于市中心的房子，此房的地点价值远远大于居住价值。他想卖掉此房，有一家开发公司想买下来，便派吴先生出面协商。

吴："您好，马先生，很高兴见到您。我在电话里已经告诉过您，我们老板对您的房子有兴趣，特派我来与您商谈价钱。"

马："很好，吴先生，这栋房子对任何房地产商都有吸引力，很有价值。"

吴："是的，我们老板也这么认为。不过，他所感兴趣的只是那块土地，不是房子。"

马："那是自然的。不过，我不断接到买主打来的电话，就在您来之前，我还回绝了一位买主，因为价格谈不好。"

吴："价格是可以变化的，我认为时机更重要。要不是我们老板对这块地感兴趣，我也不会占用您的宝贵时间了。"

马："是的，我知道。那么，请问你们的出价是多少?"

吴："我们老板愿意出70万，现金交易。"

马："好的，让我再考虑考虑吧!"

3. 争取同理的技巧

在协商过程中，双方都会站在各自的立场上向另一方提出各种条件，这些条件一是要对自己最有利，二是要有成功的可能性。但首先要能充分了解对方的需求情况和实际情况以此提出一定的条件，要寻求相互理解和与对方的共同心理。要试着了解对方，争取对方的信任。对自己提出的条件要加以清楚的解释，让对方清楚条件提出的原因。同时，在进行解释时应该注入一定的感情，让对方也能理解自己进行协商的诚意，体谅到自己的难处。这样，协商相对会变得顺畅起来。否则，如果让对方感觉你的条件苛刻，而且态度也很强硬的时候，对方就会认为你毫无诚意，也就会影响协商的效果。

案例：某推销员向一家商品包装企业的厂长推销新型打包机，下面是他与厂长的对话。

推销员："王厂长，您好，我带来了一种新型打包机，您一定会感兴趣的。"

厂长："我们不缺打包机。"

推销员："王厂长，我知道您在打包机方面是个行家。是这样，这种机器刚刚研制出来，时间不长，性能相当好，可很多用户不愿使用。我来是想请您帮着分析一下看问题出在哪里，占用不了您几分钟的时间。您看，这是样品。"

厂长："哦，样子倒挺新的。"

推销员："用法也很简单，咱们可以试一试。"（接通电源，演示操作）

厂长："这机器还真不错。"

推销员："您真有眼力，不愧是行家。您看，它确实很好。这样，我把这台给您留下，您先试用一下，明天我来听您的意见。"

厂长："也行。"

推销员："让我们算一下，一台新机器800多元，比旧机器可以提高功效30%，每台一天能多创利20多元，40天就可收回成本。如果您要得多，价格还可以便宜一些。"

厂长："便宜多少？"

推销员："如果把旧机器全部换掉，大概至少要300台吧？"

厂长："310台。"

推销员："那可以按最优惠价，每台便宜30元，310台就是1万元。这有协议书，您看一下。"

厂长："好，让我们仔细商量一下。"

阅读卡：

具有代表性的建议类型

A. "……您觉得怎么样？"	一般性的建议
B. "……这样不行吧？"	引导上级领导说"是"的建议
C. "A和B，还有C三种方案，您看哪个合适？"	让上级领导从选项中挑选的建议
D. "您考虑其他什么样的方案？"	增加选项的建议
E. "……也有这样的方案，您觉得怎么样？"	改变角度的建议
F. "……关于某某方案，您的意见如何？"	征求意见的建议

4. 讨价还价的技巧

价格关系着双方的切身利益，是协商的核心。多数情况下，协商双方都会有一种"讨价还价"的心理。当一方提出条件之后，另一方不会马上无条件接受，而是会很快地提出自己的条件或要求对方降低条件。这种"讨价还价"会让双方都获得某种心理满足，然后达成一致的结果。所以，无论是哪一方先报价，都要本着尊重对方和说理的方式启发和诱导对方降价。如果"硬压"对方降价，可能会过早陷入僵局。当对方对讨价做出回应后，要进行策略性分析，可以采用"投石问路"的方法，取得讨价的主动权以及了解对方及其产品；还可以采用"吹毛求疵"的技巧，向对方表明自己不会轻易被人蒙骗；甚至可以主打"感情投资"，如"你说的有道理，我这里也有一个主意，不妨我们再商量一下"等。让对方看出自己的诚意，促成协商的成功。

案例：王小姐来到了商场。售货员得知王小姐欲购外衣，立即介绍了货架上展示的一款："这是欧洲进口面料，棉涤混纺，手感柔软，色调纯正，样式优雅，既实用又大方。"

王小姐："式样还不错，哪儿产的？价格能不能优惠？"

售货员："这是大连产的，是出口转内销，现在已经是特价了。"

王小姐：“那个柜台的外衣是北京生产的，面料手感也很好，可价格低了差不多200元。”

王小姐经过一番挑选，挑到合适的一件，随即问：“价格怎么优惠？”

售货员：“看您这么喜欢，那我按会员价给您打个九七折吧。”

王小姐：“这才减了十几块钱，不行！”

于是，售货员把经理请来。王小姐表示了购买的诚意，和经理商量了一番，最后也没成功。

王小姐：“那好，让我检查一下衣服。”

王小姐仔细检查外衣，结果发现衣服下摆附近有接线头，而且在外面，就马上对经理说：“这件有接头，不行，请给我换一件。”可是同款同号的已经没有了。

王小姐说：“就这么一件，这不是断码吗？”经理即答：“这不是断码，我们还可以从工厂调。”

王小姐反问：“不说这是出口转内销产品吗，怎么还可以从工厂调？”经理哑然。

王小姐接着说：“我看你们服务态度好，我也想买，但这点瑕疵让人不舒服。”

经理：“这么着，我们再降点价，行不行？”

“降5%，我就买了。”

最后，经理同意了，王小姐买了外衣，与经理和售货员微笑道别。

思考：如果这位经理没有说“可以从工厂调货”，那么你作为王小姐接下来该如何同经理讨价还价？

5. 协商完结的技巧

当双方经过多次磋商基本成功时，欲定局的一方可以主动向对方做出间接的暗示，然后再做一些诱导式的提问，促使对方接受。例如：“请不要错过这个机会，现在购买，有……赠送。”“今年的冬天是个寒冬，取暖用品供应紧张，请不要错过机会！”欲定局的一方也可以采取直接暗示的方法，告诉对方定局信息，例如：“这是最后的价格，不能再更改了。”但这种方式必须选定恰当的时机，否则，对方退缩，交易就失败了。

当对方犹豫不决时，也可以给对方提供两种或两种以上的选择，引导对方成交，如：“你们是决定购买单门的还是双门的电冰箱？”或者是给对方以某种利益促使对方接受定局，如赠送赠品、价格折扣等；也可以提出一系列的问题，诱导对方对问题作出肯定回答，最后成功达成交易。

案例：

买方：“总之，我不需要你们提供的大型卡车，我们需要的是中小型车。”

卖方：“请问您需要运输的货物平均重量为多少？”

买方：“很难说，两吨左右吧。”

卖方："有时多，有时少，对吗?"

买方："是这样。"

卖方："你们的经营旺季是在冬季，运输地区主要是在丘陵地区吧?"

买方："是的。"

卖方："在这种情况下，汽车的机器和本身所承受的压力是不是比正常情况下大一些?"

买方："是的。"

卖方："您在购买卡车时，是否主要看装载量和卡车的使用寿命?"

买方："对，另外价格也要考虑。"

卖方："正是这样，我们前面所说的一切和我这里的一些数字，正好可以说明装载量、使用寿命、价格和收益比例关系……"

买方："让我仔细看一看。"

卖方："怎么样，您现在是否可以做出决定了?"

练习巩固

1. 阅读下面的案例，请你谈谈爱迪生在这次价格协商中的成功之处在哪里。

美国著名发明家爱迪生在某公司当电气技师时，他的一项发明获得了专利。公司经理向他表示愿意购买这项专利权，并问他要多少钱。爱迪生想："只要能卖到 5 000 美元就已经很不错了。"但他没说出来，只是督促经理说："您一定知道我的这项发明专利权对公司的价值了，所以，价钱还是请您自己说一说吧!"经理报价道："40 万美元，怎么样?"

还能怎么样呢? 当然是没费周折就顺利签约了。爱迪生因此而获得了一笔意想不到的巨款，为他日后的发明创造提供了资金。

2. 阅读下面这些话语，试着分析它们到底暗示了什么意思。

(1)"我们的工厂并不是专为制造这种规格的产品而设计的。"

(2)"这个价格已经很合理了。"

(3)"我无权议价。"

(4)"根据我们公司的政策，我们是不打折扣的。就算是打折扣，也不会超过10%。"

(5)"你所给的期限太短，我们很难接受。"

第三节 商务谈判

学习目标

- 掌握商务谈判中沟通的相关要求。
- 学会谈判的技巧，能应用各种技巧解决问题。
- 掌握打破僵局的手段，提高谈判的效率。

狭义的谈判仅指在正式场合下所进行的谈判，是指两方或两方以上的个人和组织，对涉及切身利益的分歧和冲突，寻求解决途径和达成协议的过程。商务谈判的过程，其实就是谈判各方运用各种语言进行沟通的过程。美国管理学家哈里·西蒙曾经说过："成功的谈判者都是出色的语言表达者。"任何一场成功的商务谈判都是谈判各方出色运用语言艺术的结果。它决定了谈判双方关系的建立、巩固、发展、改善和调整，决定了双方谈判的态度和结果。因此，对谈判各方提出了更高的沟通要求，既要最大可能地维护自己的利益，又要较好地保持融洽的合作关系，这就取决于沟通的技巧。

案例导引

日本松下电器公司创始人松下幸之助刚"出道"第一次到东京，找批发商谈判。

刚一见面，批发商就友善地对他寒暄说："我们第一次打交道吧？以前我好像没见过你。"松下幸之助缺乏经验，恭敬地回答："我是第一次来东京，什么都不懂，请多关照。"正是这番极为平常的寒暄答复却使批发商获得了重要的信息：对方原来只是个新手。批发商问："你打算以什么价格卖出你的产品？"松下幸之助又如实地告知对方："我的产品每件成本是20元，我准备卖25元。"批发商了解到松下幸之助在东京，人地两生，又暴露出急于要为产品打开销路的愿望，因此趁机杀价，"你首次来东京做生意，刚开张应该卖得更便宜些。每件20元，如何？"结果没有经验的松下幸之助在这次交易中吃了亏。

一个有经验的谈判者，能透过相互寒暄掌握谈判对象的背景材料：性格爱好、处世方式、谈判经验及作风等，进而找到双方的共同语言，为相互间的心理沟通做好准备。这些都对谈判成功有着积极的意义。案例中松下幸之助的产品在销售中大受损失，就是因为对手以寒暄的形式探测了松下幸之助的底细，从而有的放矢地压价，促使松下幸之助成交。

思考：如果你作为一名商务谈判代表，面对对方"友善"的寒暄时，你认为该如何回应呢？

一、商务谈判的原则

在商务谈判中，进行有效沟通是达成谈判各方共赢的一种方式。所以，商务谈判与沟通是密切相关的，没有不经过沟通就能顺利达成的谈判，但是在商务谈判中怎样进行有效沟通，才能使双方的利益最大化呢？

1. 尊重对手

在谈判过程中，只有尊重对方、理解对方，才能赢得对方感情上的亲近和信任。因此，谈判人员在开始谈判前，要认真研究对方的文化背景，分析、了解语言习惯、文化程度、生活阅历等可能会对谈判造成影响的种种因素，从而选择令对手容易接受的态度和形式开始整个谈判过程。同时，应该意识到在交谈和沟通时，说和听是相互的、平等的。发言时要掌握好时间、语气、语速、语调和音量。语言要精练，并尽可能地承载更多和更有用的价值；态度要自然，充满自信。而当对方发言时，要适当跟讲话者进行目光的交流，或用点头、微笑、手势等方式表示自己在倾听。调查结果表明，在谈判中，始终能够面带微笑、态度友好、语言文明礼貌、举止彬彬有礼的人，有助于消除对手的反感、漠视和抵触心理。

阅读卡：“以诚感人者，人亦以诚而应。以术驭人者，人亦以术而应。”

案例：迪吧诺公司是纽约有名的面包公司，纽约很多的大酒店和餐饮消费场所都与迪吧诺公司有合作业务。而迪吧诺公司附近一家大型的饭店却一直没有向他们订购面包，经过几次谈判都没有成功。

公司创始人迪吧诺通过长期观察调查后发现，这家饭店的经理是美国饭店协会的会员，而且由于热衷于协会的事业，还担任会长一职。这一重大发现给了迪吧诺很大帮助，当他再一次去拜会饭店经理时，就以饭店协会为话题，围绕协会的创立和发展以及有关事项和饭店经理交谈起来。这一话题引起了饭店经理的极大兴趣，而迪吧诺丝毫不提关于面包销售方面的事，只是就饭店经理所关心和感兴趣的协会话题，取得了很多一致性的见解和意见。

几天以后迪吧诺突然接到这家饭店的电话，让他立刻把面包的样品以及价格表送到饭店去。

2. 依法办事

在商务谈判中，利益是谈判各方关注的核心。对任何一方来说，大家讲究的都是“趋利避害”。在不得已的情况下，则会“两利相权取其重，两害相权取其轻”。但无论如何，都不能为了实现利益而触犯法律。所以，商务谈判必须遵守国家的法律、政策，国际商务谈判还应当遵循有关的国际法和对方国家的相关法律。应该通过公正、公开的手段达到谈判目的，而不能采取某些不正当的手段，如行贿受贿、暴力威胁等手段来实现自己的利益。只有依法办事，谈判结果及其协议才具有法律效力，谈判各方的权益才能受到法律保护。

案例：在美国，一位俱乐部的总经理以强硬著称，他凭借“不能跳槽”的保留条款一直迫使球队的一位著名运动员签订低于应得报酬的合同。有一天，这位运动员找到总经理，他说：“总经理，考虑再三，我决定从此退出体育界，去做点其他的事业，请您谅解。”这样一来，那位总经理慌了手脚。因为那项“保留条款”只能限制他跳槽到别的球队去，却不能阻止他退出体育界。而一旦这位著名的球员退出球队，球迷就会闹个天翻地覆，他的生意就该到头了，于是他不得不做出让步。

3. **平等互利**

所谓成功的谈判，应该是双方愉快地离开谈判桌。谈判的基本规则是没有哪一方是失败者，其目的都是达成对各方有利的协议，不是一定要一方盈利，另一方亏本。只有双方都有“让步”，也都有“斩获”的情况下，才能叫作平等互利，才是“双赢”。如果只有一方是赢家，必然会导致不利方退出整个谈判，从而导致谈判破裂。这就要求谈判各方在追求自身利益的同时，也应尊重对方的利益追求，互补合作、互惠双赢，才能实现各自的利益目标，获得谈判的成功。美国谈判学学者尼尔伦伯格把这种平等互利的关系称为“合作的利己主义”。

阅读卡：据调查，在谈判桌上，一个想获得95%以上利益的人，对方就有可能拒绝合作。即使合作，生意也将会做小。

案例：1986年，中国批准了第一汽车制造厂（以下简称一汽）生产轿车计划。于是一汽决定派代表团去美国，考察克莱斯勒汽车制造公司，并准备商谈合作事宜。

考察团抵达美国底特律后，受到了克莱斯勒公司的热情款待，经过比较后，双方就其中一款发动机的制造技术和生产线达成了协议。回国不久，一汽立刻开始该款发动机的试生产，效果比较理想，于是决定尽快引进克莱斯勒的轿车车身。然而，这次美国在谈判桌上的态度却迥然不同，他们提出的条件相当苛刻，要价也异乎寻常的高。他们认为一汽既然已用上了他们的发动机，就肯定会用他们的车身，因此有恃无恐，谈判陷入了僵局。

德国大众汽车公司闻讯，以参观为名前来寻找商机。他们对一汽所具备的生产条件颇为赞叹，表示愿意为克莱斯勒的发动机量身定做合适的车身。

此时，美国克莱斯勒公司也得到了消息，赶紧向一汽提出和解，降低了要价和各项交易条件。但最终，一汽还是决定选择德国大众汽车公司为合作伙伴，并把一汽生产的这种轿车正式定名为“奥迪”。两年后，奥迪轿车走上市场，随即风靡全国。

思考：一汽为何舍弃了最早进行合作的美国克莱斯勒公司，而和德国大众汽车公司成为了最终的合作伙伴？

4. **求同存异**

商务谈判是人们为了实现交易目标而进行协商的活动，使自己的利益最大化是所有谈判者的最终目标。但每个谈判都会有潜在的共同利益，只有围绕共同利益，才能使谈判顺利进行下去。当谈判陷入僵局时，需要淡化立场，强化追求利益的共同点，在不损害正当利益的前提下，可以适当让步。谈判者应始终遵循求同存异的原则：即对于一致之处，达成共同协议；对于一时不能弥合的分歧，不得求一致，允许保留意见，以后再谈。有经验的谈判者一般会用对自己并不重要的条件去交换对对方无谓却对自己很重要的一些条件。这样的谈判自然也是双赢的谈判。

案例：我国某出口公司在同东南亚某国洽谈大米出口交易时，我方代表告诉对方："我们对这笔出口买卖比较感兴趣，我们希望贵方能以现汇支付。不瞒贵方说，我们已收到了某国其他几位买主的意向书，因此现在的问题只是时间。我们希望贵方以最快的速度决定这笔买卖的取舍……"对方谈判人员也诚恳地表达自己的意思："我们的想法和您的一样，都想把这笔买卖做下来。我们认为最好的支付方式是用我们的橡胶，这在贵国也很需要。当然了，如果贵方大米的价格很有竞争力，我们也愿意考虑用现汇支付。"于是与我方人员谈定了具体的现汇数额及支付的时间，最终谈判顺利结束了。

二、商务谈判的要求

商务谈判是指买卖双方为实现某种商品或劳务的交易就多种条件进行的协商活动，是双方或多方观点互换、情感互换、利益互惠的人际交往活动。良好的沟通，是通向谈判成功的桥梁。

1. 陈述要清晰

商务谈判中要是想让对方相信本方所言的内容属实，并使其接受本方的观点，那所用的语言表述要清晰、严谨、精确，使对方听了马上就能够理解。同时，在表达自己的观点时，立场要坚定，思路要敏捷、严密、逻辑性强，必须认真思索、谨慎发言，用严谨、精确的语言表述自己的观点和意见，这样才能通过商务谈判维护或取得自己的经济利益。所以，商务谈判是综合运用"听""问""答""叙"等各种技巧的一项工作，既要极力取得他人的信任，也要努力维护自身的权益。

案例：美国汽车业"三驾马车"之一的克莱斯勒汽车公司拥有近 70 亿美元的资金，是美国第十大制造企业。但自进入 20 世纪 70 年代以来，该公司却屡遭厄运，从 1970 年至 1978 年的 9 年内，竟有 4 年亏损。为了维持公司最低限度的生产活动，总经理艾柯卡请求政府给予紧急经济援助，提供贷款担保。

但这一请求引起了美国社会的轩然大波，社会舆论几乎众口一词：克莱斯勒赶快倒闭吧。按照企业自由竞争原则，政府绝不应该给予经济援助。因此，参议员、银行业务委员会主席威廉·普洛斯迈问艾柯卡："如果保证贷款案获得通过的话，那么政府对克莱斯勒将介入更深，这对你长久以来鼓吹得十分动听的主张（指自由企业的竞争）来说，不是自相矛盾吗？"

"你说得一点也不错。"艾柯卡回答说："我这一辈子一直都是自由企业的拥护者，我是极不情愿来到这里的。但我们目前的处境进退维谷，除非我们能取得联邦政府的某种保证贷款，否则我根本没办法去拯救克莱斯勒。”

他接着说：“我这不是在说谎，其实在座的参议员们都比我还清楚，克莱斯勒的请求贷款案并非首开先例。事实上，你们的账册上目前已有了 4 090 亿美元的保证贷款，因此请你们通融一下，不要到此为止。请你们也全力为克莱斯勒争取 4 100 万美元的贷款吧，因为克莱斯勒乃是美国的第十大公司，它关系到 60 万人的工作机会。”

随后，艾柯卡指出，日本汽车正乘虚而入，如果克莱斯勒倒闭了，它的几十万职员就得成为日本的佣工。根据财政部的调查材料，如果克莱斯勒倒闭的话，国家在第一年里就得为所有失业人口花费 27 亿美元的保险金和福利金。所以，他向国会议员们说：“各位眼前有个选择，你们愿意现在就付出 27 亿美元呢？还是将它一半作为保证贷款，日后并可全数收回？”持反对意见的国会议员无言以对，贷款方案终获通过。

思考：在全国上下都认为克莱斯勒汽车公司应该倒闭的情况下，为什么艾柯卡能够在谈判中成功说服参议院，并且顺利获得政府 4 100 万美元的贷款？

2. 表达要委婉、得体

商务谈判中应当尽量使用委婉语言，这样易于被对方接受。谈判高手往往努力把自己的意见用委婉的方式伪装成对方的见解来提高说服力。在自己的意见提出之前，先问对手如何解决问题。当对方提出以后，若和自己的意见一致，要让对方相信这是他自己的观点。在这种情况下，谈判对手有被尊重的感觉，他就会认为反对这个方案就是反对他自己，因而容易达成一致，获得谈判成功。在否决对方要求时，还可以这样说：“您说的有一定道理，但实际情况稍微有些出入”，然后再不露痕迹地提出自己的观点。这样做既不会有损对方的面子，又可以让对方心平气和地认真倾听自己的意见。

阅读卡：人是不可能被说服的，天下只有一种方法可以让任何人去做任何事，那就是让他自己想去做这件事。

——戴尔·卡耐基

案例：苏联政府派柯伦泰女士为全权贸易代表与挪威进行鲜鱼谈判。面对挪威人报出的高价，柯伦泰针锋相对地还了一个极低的价格，双方进入了漫长的讨价还价阶段，继而陷入僵局。挪威人不怕僵局，苏联人要吃鱼就必须得找他们买；柯伦泰拖不起，政府下令非成不可。于是柯伦泰向挪威人说“好”。她笑着对挪威人说：“好吧！我同意你们的价格，如果我的政府不同意这个价格，我愿意用自己的工资来支付差额。但是这自然要分期付款，可能我要支付一辈子。”挪威的绅士们从来没有遇到过这样的谈判对手，堂堂绅士能把女士逼到这种地步吗？所以一笑之余，同意将价格降到最低标准。

3. 适当采用模糊语言

商务沟通中的模糊表达是指沟通中采用否而不决、允而不定的表达方式及用语来表述观点和态度。主要在以下几种情况下使用模糊表达：第一，不便直说、不宜明说或不好硬说的情形，可采用模糊语言，以便留下必要的回旋余地。如：对方对某种产品的价格表示关心，采用模糊语言，会使价格表达有伸缩性和灵活性。第二，在沟通中，有时己方会遇到理由不充分而又无力马上做出让步，或是气氛不利于双方的情况，这时可以采用模糊语言使自己从尴尬的气氛中脱身。既能准确地表述自己的观点，又可以表现出礼貌。如："贵方的道理我方明白，但我方仍需要查证，也需要从我方的角度来权衡一下哪些条件我方能够同意。再说，有些问题还须与专家进一步研讨，不妨暂缓一下，研究之后再作答复。"这样既表达了自己不同意的观点，也保持了通情达理的形象。第三，在被谈判对手步步紧逼，沟通会陷入僵局时，最好的办法还是运用模糊语言。如："看来双方目前很难一下子想到解决分歧的办法，我们双方都先回去商量一下，有什么好的办法再做商谈，再约时间。"

案例：我国从日本S汽车公司进口大批FP148货车，使用时普遍发生严重质量问题，致使我国蒙受巨大经济损失。为此，我国向日方提出索赔。

谈判一开始，中方简明扼要地介绍了FP148货车在中国各地的损坏情况以及用户对此的反映。中方在此虽然只字未提索赔问题，但已为索赔说明了理由和事实根据，展示了中方谈判威势，恰到好处地拉开了谈判的序幕。日方对中方的这一招早有预料，因为货车的质量问题是一个无法回避的事实，日方无心在这一不利的问题上纠缠。日方为避免劣势，便不动声色地说："是的，有的车子轮胎炸裂，挡风玻璃炸碎，电路有故障，铆钉震断，有的车架偶有裂纹。"中方觉察到对方的用意，便反驳道："贵公司代表都到现场看过，经商检和专家小组鉴定，铆钉非属震断，而是剪断，车架出现的不仅仅是裂纹，而是裂缝、断裂！而车架断裂不能用'有的'或'偶有'，最好还是用比例数据表达更科学、更准确……"

思考：日方在谈判中采用了哪些模糊语言，中方认识到后怎样进行了反驳？

三、商务谈判的技巧

语言是传递信息的媒介，是人与人之间进行交际的工具。而商务谈判更是要求人们运用语言来表达意见、交流信息的过程。因此，谈判人员要综合运用各种技巧来准确把握对方的行为与想法，传递自己的意见与观点，从而达到谈判预期的结果。常见的谈判技巧如下：

1. 善于创设谈判气氛

谈判气氛直接作用于谈判的进程和结果，不同的谈判气氛会导致不同的谈判效果。宽松热烈、积极友好的谈判气氛，更容易让人听取不同意见，拉近彼此的距离，找到共同的语言。所以，谈判者在双方见面、彼此寒暄后，就要开始根据自己的亲身体察，对这场谈判要有所感觉，要抓住关键环节，细心体察对方的一举一动，留心对方的谈判风格，营造出适合谈判策略的气氛，争取在谈判过程中获得有利的地位。

案例：1972年2月，美国总统尼克松访华，中美双方将要展开一场具有重大历史意义的国际谈判。为了创造一种融洽和谐的谈判环境和气氛，中国方面在周恩来总理的亲自领导下，对谈判过程中的各种环境都做了精心而又周密的准备和安排。在欢迎尼克松一行的国宴上，当乐队熟练地演奏起由周总理亲自选定的《美丽的亚美利加》时，尼克松总统简直听呆了。他绝没有想到能在中国的北京听到他如此熟悉的乐曲，因为，这是他平生最喜爱的并且指定在他的就职典礼上演奏的家乡乐曲。这种融洽而热烈的气氛也同时感染了美国客人，为整个谈判的顺利进行营造了良好的气氛。

2. 善于利用期限

如果在谈判过程出现双方一时难以达成协议的棘手问题时，可以尝试给这个谈判做个最后的期限，因为这可以有效地提醒双方的谈判人员注意各自的谈判效率，督促他们振奋精神、集中精力。如果快到最后期限，而双方还没有达成协议，他们都会感到时间的紧迫性，会一改平时的拖沓或者是漫不经心的态度，会努力从合作的角度出发，争取问题的解决。尤其是在谈判过程中，提出期限一方不断地暗示、表明立场，会使得对方内心的焦虑不断增加。尤其是如果对方还负有签约使命时，就会更加急躁不安，而到了截止的日期，这种焦虑就会达到顶峰。如果一方再做出一些小的让步，造成“机不可失，时不再来”的局面，就会更加容易地说服对方，以达到谈判的目的。

案例：美国一公司的商务代表迈克到法国去进行一场贸易谈判，受到法国人的热烈欢迎。法国人开着豪华轿车到机场迎接，然后，又把他安排在一家豪华宾馆。迈克有一种宾至如归的感觉，觉得法国人的服务水平够棒。安排好之后，法国人似乎无意地问：“您是不是要准时搭飞机回国去呢？到时我们仍然安排这辆轿车送您去机场。”迈克点了点头，并告诉了对方自己回程的日期，以便对方尽早安排。法国人掌握了迈克谈判的最后期限，只有10天的时间。接下来，法方先安排迈克游览法国的风景区，丝毫不提谈判的事。直到第7天才安排谈判，但也只是泛泛地谈了一些无关紧要的问题。第8天谈判，也是草草收场。第9天仍没有实质性进展。第10天，双方正谈到关键问题上，来接迈克上机场的轿车来了，主人建议剩下的问题在车上谈。迈克进退维谷，如果不尽快做出决定，那就要白跑这一趟；如果不讨价还价，似乎又不甘心。权衡利弊，为了不至于一无所获，只好答应法方一切条件。

3. 善于出其不意

在商务谈判过程中，突然改变谈判的方法、观点或提议，使对方为之一惊，从而软化对方的立场，施加某种压力的一种方法，就是出其不意策略。它能在短时间内产生一种使对方震慑的力量，形成压力。通常情况下，这种策略主要是针对“不合作型”的谈判作风，为了求同存异，而采取的一种适度冒险的方法。比如：突然提出新的产品包装的要求；突然改变谈判的截止时间和谈判速度；突然毫无理由地大发雷霆，让对方难以招架；突然加入某一专家或者权威等，种种令对方意想不到的事情，借此给对方一定的压力。

案例：山东某市塑料编织袋厂厂长获悉日本某株式会社准备向我国出售先进的塑料编织袋生产线，立即要求与日商谈判。谈判桌上，日方代表开始开价240万美元，我方厂长立即答复："据我们掌握情报，贵国某株式会社所提供产品与你们完全一样，开价只是贵方一半，我建议你们重新报价。"一夜之间，日方列出详细价目清单，第二天报出总价180万美元。随后在持续9天的谈判中，日方在130万美元价格上再不妥协。我方厂长有意同另一家西方公司做了洽谈联系，日方得悉，总价立即降至120万美元。我方厂长仍不签字，日方大为震怒。我方厂长拍案而起："先生，中国不再是几十年前任人摆布的中国了，你们的价格，你们的态度都是我们不能接受的！"说罢把提包甩在桌上，里面那些西方某公司设备的照片散了满地。日方代表大吃一惊，忙要求说："先生，我的权限到此为止，请允许我再同厂方联系请示后再商量。"第二天，日方宣布降价为110万美元。我方厂长在拍板成交的同时，提出安装所需费用一概由日方承担，又迫使日方做出让步。

思考：在此案例中我方使用了哪些出其不意的策略？

4. 尝试丢卒保车

谈判中，一方退让或委曲求全，可以消除对手的心理戒备，使其放松警惕，然后再想法进行更好的进攻，以实现更大的目标。但实际上，表面上的"退"是为了更好的"进"。这种以退为进的谈判方式，既是一种谈判策略，也是一种谈判技巧。但在具体做法上要注意，这种让步是有策略的。要先在小问题上让步，让对方感觉到自己的利益得到了保护，然后再伺机让对手在己方关注的重要问题上让步。但是这种让步也不要太快，因为谈判对手经过长时间辛苦的谈判取得的小利益，会对这种让步倍感珍惜。

案例：美国钢铁大王戴尔·卡耐基曾经有一段时间每个季度都有10天租用纽约一家饭店的舞厅举办系列讲座。突然有一天，他接到这家饭店的一封要求提高租金的信，将租金提高了2倍。当时举办系列讲座的票已经印好并且都发出去了。

几天后，卡耐基去见饭店经理。他说："收到你的通知，我有些震惊。但是，我一点也不埋怨你们。如果我处在你们的地位，可能也会写一封类似的通知。作为一名饭店经理，你的责任是尽可能多地为饭店谋取利益。如果不这样，你就可能被解雇。如果你提高租金，那么让我们拿一张纸写下将给你带来的好处和坏处。"接着，他在纸中间画了一条线，左边写"利"，右边写"弊"，在"利"一边写下了"舞厅，供租用"。然后说："如果舞厅空置，那么可以出租供舞会或会议使用，这是非常有利的，因为这些活动给你带来的利润远比办系列讲座的收入多。如果我在一个季度中连续20个晚上占有你的舞厅，这意味着你失去一些非常有利可图的生意。

"现在让我们考虑一个'弊'。首先你并不能从我这里获得更多的收入，只会获得的更少，实际上你是在取消这笔收入，因为我付不起你要求的价，所以我只能被迫改在其他的地方办讲座。其次，对你来说，还有一‘弊’。这个讲座吸引了很多有知识、有文化的人来你的饭店。这对你来说是个很好的广告，是不是？实际上，你花了 5 000 美元在报上登个广告也吸引不了比我讲座更多的人来这家饭店。这对于饭店来说是很有价值的。”

卡耐基把两项“弊”写了下来。然后交给经理说：“我希望你能仔细考虑一下，权衡一下利弊，然后告诉我你的决定。”

第二天，卡耐基收到一封信，通知他租金只提高为原来的 1.5 倍，而不是提高 2 倍。

思考：舞厅经理为何要将租金直接上涨两倍？卡耐基用什么方法使他改变了初衷？

5. 学会打破僵局

许多谈判人员都把僵局视为失败的概念，因为一旦双方陷入一筹莫展的境地，就会影响谈判效率，挫伤谈判人员的自尊心，所以许多谈判人员都企图竭力避免它。但这不是积极的态度，还可能为了避免出现僵局，而事事迁就对方，失去谈判的主动权。应该看到，僵局的出现对双方都不利，但一旦僵局出现，如果能正确认识，恰当处理，也会将不利变为有利的。一般为了使陷入僵局的谈判出现新的转机，可以从以下几方面入手：

(1) 转变主题。有时，谈判僵局的出现，是因为僵持在某个问题上，从而导致双方的情绪均处于低潮。此时，可尝试把这个问题避开，换一个新的话题与对方谈判，由于话题和利益之间的关联性，当其他话题取得成功时，再回来谈陷入僵局的话题，就会比以前容易些。比如：谈判双方在价格条款上互不相让，可以暂时把这一问题放置一边，就其他的条款如交货日期、付款方式、包装等内容进行洽谈。再重新回过头来讨论价格，阻力就会小很多。

案例：一著名企业家在接管一家濒临倒闭的公司后，认为第一步必须先降低工人工资。他首先将高级职员的工资降低 10%，自己的年薪也从 36 万美元减为 10 万美元。

工会当即拒绝了他的降薪要求。双方僵持了一年，始终没有任何进展。一天，企业家突然向工会代表称：“你们这种间断的罢工，使公司长期无法正常运转。我已跟劳工输出中心通过电话，如果明天上午 8 点你们还不开工的话，将会有一批新工人顶替你们的工作。”

工会谈判代表一下子不知所措，他们本想通过谈判使工薪问题得到新的进展，因此他们也只在这方面做了资料和思想的准备。未曾料到，企业家竟然让他们自己选择出路！被解聘也就意味着他们将失业，这可是很严重的问题。工会经过短暂的讨论之后，基本上接受了企业家提出的所有要求。

(2) 提供备选方案。在谈判过程中，各种情况都有可能会发生突然变化，同时也就存在着多种可以满足双方利益的方案。所以要使谈判人员在复杂多变的形势中取得理想的结果，就必须在不违背根本原则的基础下，做几个可供选择的备选方案。以便一旦情况出现僵局，可以实施备用方案。

案例：1991 年的一个夜晚，美国谈判大师罗杰·道森在家中接到一个电话，对方称自己在科威特石油公司的兄弟被伊拉克萨达姆扣为人质。他想聘请罗杰为谈判顾问，说花多少钱都愿意赎回他的兄弟。罗杰告诉对方，他不用花一分钱赎金就能救回他的兄弟。

罗杰联系了一名 CBS（哥伦比亚广播公司）的著名记者，问其是否愿意陪他去巴格达一趟，与萨达姆展开谈判。如果他愿意，就把独家采访权给他。时逢美伊激战正酣，记者非常乐意，但 CBS 总编却不同意记者冒险上战场。于是这位谈判大师又拿出第二套方案：在伊拉克邻国约旦采访萨达姆。结果，萨达姆喋喋不休地对着电视说了两个小时之后释放了人质，而这正是那段时期萨达姆所放出的唯一的人质。

练习巩固

1. 阅读下面的案例，请你谈谈买卖双方的谈判地位经过此番对话后有何变化？卖方是如何打破僵局的？

买方：“贵方已讲了贵方产品性能非其他同类产品可比，现在我们找到了可比的产品。贵方一定要改善性能，否则，我方要再降低价格。”僵局由此产生。

卖方：“是否可比产品，我不得而知，我需要具体的证据。”

买方：“贵方既是专家，同类商品自应知晓。我手中资料不便公开但却有可比的产品。”

卖方：“同类商品是有的，但是否可比之，就我们掌握的情况看，目前还未发现。如贵方发现了，希望告之，也增长我方见识，以利我方改进。”

2. 阅读下面几个句子，试着分析，在商务谈判中这些句子是否合适，为什么？

(1)“肯定如此。”“绝对不是那样。”

(2)“不用讲了，事情就这样定了。”

(3)“你们为什么不同意？是不是领导没有点头？”

(4)“开价就是这些，买不起就明讲。”

(5)“请快点决定。”

(6)“我的看法是……”“如果我是你的话……”

(7)“可能是……”“大概是……”

(8)“上次你们已赚了几万了，这次不能再让你们占便宜了。”

3. 阅读下面的案例，请你谈谈：美方采取了什么策略迫使巴西谈判代表自觉理亏，并在来不及认真思考的情况下匆忙签下对美方有利的合同？

巴西一家公司到美国采购成套设备。谈判小组成员因为上街购物耽误了时间，当他们到达谈判地点时，比预定时间晚了45分钟。美方代表对此极为不满，花了很长时间来指责巴西代表不遵守时间，没有信用。对此，巴西代表感到理亏，只好不停地向美方代表道歉。谈判开始以后，美方似乎还对巴西代表来迟一事耿耿于怀，弄得巴西代表手足无措，说话处处被动。他们无心与美方代表讨价还价，对美方提出的许多要求也没有静下心来认真考虑，匆匆忙忙就签订了合同。等到合同签订，巴西代表平静下来后，才发现自己吃了大亏，上了美方的当。但已经晚了。

第四节　商务营销

学习目标

- 了解商务营销的原则和特殊障碍。
- 学会营销语言艺术的应用，明确有针对性的沟通方法。
- 掌握各种类型顾客的沟通方法，提高沟通能力。

商务营销的本质是满足需求，也就是促使客户达成交易，满足客户的欲望；而满足需求必须依靠沟通。由此而言，要做好营销，首先必须学会沟通，尤其是与客户的沟通，与消费者的沟通。当你与客户进行行之有效的沟通时，客户所感受到的不是你要卖给他东西，而是得到非常专业的帮助。

通常情况下，销售人员与客户交往最大的障碍就是，不论怎么说，对方总是将信将疑。这也正是销售员在商务活动中面临的第一道考验。格兰仕集团执行总裁梁昭贤曾说："营销是什么？真正的营销就是沟通、沟通、再沟通，没有沟通，营销就是一句空话。"

案例导引

有家公司的总经理很奇怪地发现，他的一位雇员一天时间竟然卖了30万美元的商品，于是便去问个究竟。

"是这样的。"这位销售人员说，"一个男士进来买东西，我先卖给了他一个小号的鱼钩，然后告诉他小鱼钩是钓不到大鱼的。于是，他买了大号的鱼钩。我又提醒他，这样不大不小的鱼不就跑了吗？于是，他又买了中号鱼钩。接着，我卖给了他小号鱼线、中号鱼线，最后是大号鱼线。接下来，我问他去哪儿钓鱼，他说海边。我建议他买条船，就带他到卖船的专柜，卖给他长20英尺有两个发动机的纵帆船。他告诉我，他的车可能拖不动这么大的船。于是我又带他去汽车销售区，卖给他一辆丰田新款豪华型'巡洋舰'。"

经理后退两步，几乎难以置信地问道："一个顾客仅仅来买鱼钩，你就能卖给他这么多的东西吗？"

"不是的。"这位销售人员说，"他是来给他妻子买针的。我就问他："你的周末算是毁了，干吗不去钓鱼呢？"

这个故事听起来有些夸张，在现实生活中也是不可能发生的。但这个故事从一个极端的角度告诉我们，商务营销和人的心理有关。一个有效的营销人员懂得挖掘客户内心深处的需求，不断在客户心中建立新的意愿图像，从而达到交易实现。所以，一名出色的营销人员一定需要拥有出色的口才，同时也要带给客户更多愉悦的享受。

思考：生活中你是否经常买了很多本来没有打算买的东西？你的意见和想法是否总是很容易就被营销人员左右？为什么会那样呢？

一、商务营销的原则

1. 客户为本的原则

营销不是简单跟客户对话。当客户说不需要的时候，首先要弄明白客户是不是真的不需要。如果客户是从来都没有用过，就需要告诉客户使用你的产品能够有什么好处，引起客户的兴趣。如果客户确实不需要，那么就试着换一样产品。所以，企业的一些营销活动不是考虑企业想要营销什么，而是要从客户的角度出发，考虑客户有哪些需求，怎样创造客户的需求，只有客户的高度满意才会有企业的长期利润。

阅读卡：顾客是什么？顾客是公司最重要的人。顾客并不依靠我们，而我们却依赖于顾客。顾客不是我们工作中的麻烦，而是我们工作的目的。顾客把需要给了我们，我们的工作就是满足顾客的需要，以便使双方获利。

——美国比恩公司的宣传语

案例：有位电器推销人员，在社区会议后急于向客户介绍高质量的洗碗机和吸尘器的结构性能。家庭主妇听到很多技术词汇，感到机器太复杂，没有人表示要购买。有位主妇耐不住性子说："你是在浪费自己和我们的时间。我们最关心的是真空吸尘器或洗碗机能给我们带来什么好处？"

这名推销员灵机一动，马上拿出一台吸尘器，当场演示起来。这些家庭主妇欣喜地看到这台吸尘器能把她们从繁重的家务劳动中解放出来，又易操作，马上就购买了。

2. 利益诱导原则

对任何客户来说，购买产品的目的就是获得利益。如果想要将客户所追求的利益与产品利益精准对接，就必须从客户本身的利益需求出发，把握客户的利益需求和他的趋利心理。一般来讲，客户的购买欲望有两种情况：一种是"意识的欲望"，即有明确购买目标；另一种是"潜在的欲望"，即虽然需要某种商品，但没有明显意识到，因而没有做出购买决策。据美国一家百货公司调查，在客户的购买行为中，28%来自“意识的欲望”，72%来自“潜在的欲望”。因此，促使消费者完成由潜在欲望到意识欲望的转化是扩大销售、提高效益的关键。

案例：

推销员：“您是否觉得炒一盘青菜要比煎鱼或炒肉方便？”

顾客：“当然，煎鱼、炒肉肯定粘锅，必须洗锅，除非放很多油。”

推销员：“本公司新推出的不粘油炒菜锅，就是针对炒菜粘锅特别开发出来的一种新产品。现在我给您示范。”

顾客：“你放油太少了，鱼煎不透。”

推销员：“这就是它的优点所在了。因为油不会附着在锅上，只需要使用平时 2/3 的量，就可以有效地接触到鱼的全身。”

顾客：“要不要把火开大点？”

推销员：“完全不用。我们锅底的温度均匀散布，锅底能发挥最大的导热效果，只需要开到中火，锅很快就热了。这样既能帮您省油，又能帮您省煤气。”

顾客：“是吗？这么说来，好像还不错。”

推销员：“我现在把鱼翻面，您看，一点也不粘锅吧？”

顾客：“确实没有粘锅。”

推销员：“当然了，要不怎么叫不粘锅呢！现在我们来刷锅，您看，只要用清水一冲，锅里就一滴残油都不留了。这么一款省油、省煤气还可以帮您省掉清洗时间的不粘锅，不如今晚就让它开始为您服务吧！”

思考：看过这个案例后，你觉得案例中销售人员的沟通对象是一类什么样的消费人群？

3. 情感原则

在如今营销行业竞争日益白热化的阶段，面对层出不穷的营销手段和花样翻新的营销技巧，有时最直接的方法可能也是最有效的方法，那就是用真情打动客户的心。俗话说：“动人心者，莫先乎情”，人是情感最丰富的动物，只要做到以情动人，就能在消费者心中获得无形的青睐，从而与消费者产生情感上的共鸣，为营销创造出良好的氛围，拉近与消费者的距离，为交易的实现奠定基础。因此，在面对客户时，最好能通过目光的温暖接触，传达热情欢迎之意，并通过眼神的互动，激发客户的反馈。

阅读卡：在这个世界上，我们靠什么去拨动他人的心弦？有人以思维敏捷、逻辑周密的雄辩使人折服；有人以声情并茂、慷慨激昂的陈词去动人心扉……但是这些都是形式问题。我认为在任何时间、任何地点，去说服任何人，始终起作用的因素只有一个，那就是真诚。

——松下幸之助

案例：有一位老先生打算买一套住房，但他在多家楼盘中摇摆不定。老先生来到小陈的公司。在交谈中，小陈获悉他的老伴得了胃病。后来小陈以调查顾客满意度的名义上门，和他们谈保健知识，并介绍自己的父亲是一名老中医。当晚，小陈便打电话给父亲，要了一个偏方。第二天，小陈买了中药给老太太送去，还耐心地教他们怎么熬药。此后，每隔三四天她就送一次中药过去，丝毫不提房子的事情。到第四次上门的时候，两位老人拉着她的手说："闺女呀，今天下午我们就签购房合同吧！"

4. 诚信原则

人们总是在最初的几分钟内，对陌生事物保持高度的热情。在营销的过程中，消费者听第一句话总是比听后面的话要认真得多。所以，在开始时就要让消费者感受到你的真诚，这样才能增加信息传递的效力。给消费者创造一种感官上的信任，让他们觉得你说得在行、说得中肯、说得动听。在与消费者的协商中，凡是答应的事一定要办到；自己没有把握的事情，不要满口应下。如果不方便拒绝，也要给自己讲话留点余地，否则一旦办不到，就会弄巧成拙，引起消费者的不满。

案例：

顾客："我觉得那套咖啡色的沙发看起来比较大方，而且我一直比较喜欢这种颜色的家居。"

销售人员："请问您家的客厅有多少平方米？如果房间太小的话，您不妨考虑旁边那套比较小巧的沙发，也是真皮的。"

顾客："我家客厅有20平方米左右，应该能放得下。"

销售人员："您看下这套沙发的宽度，放在20平方米左右的客厅里会不会显得空间太拥挤？由于这个展厅比较大，所以很多人一进来就相中了这套沙发。实际上这套小巧玲珑的更适合年轻人，而且价格也比刚才这套低很多……"

顾客："哦，我再好好考虑一下。"

销售人员："您好好考虑一下，并不是花钱多就一定好，适合的才是最好的。"

顾客："谢谢你的建议，我要那套小一点的吧。"

思考：如果你是案例中的顾客，你对这位销售人员的说辞有何感觉？是为他的诚信而欣然接受，还是愤然离开？

二、商务营销的特殊障碍

商务营销是创造、沟通与传送价值给客户，介绍商品提供的利益，以满足客户特定需求的过程。因为客户特定的欲望被满足，或者客户特定的问题被解决，唯有靠商品提供的特别利益。企业也因此从中获得利益，但是在企业与客户的互利过程中，会存在一些障碍，具体如下：

1. 沟通对象的不信任

销售人员和客户由于各自的利益追求不同，而且大多数客户本能地认为销售人员都是巧舌如簧、华而不实，受这种晕轮效应的影响，销售人员和客户之间就无形地建立起一道天然的屏障。就好比乘坐地铁时，当车上人少的时候，人们总习惯寻找一个整排都空着的座位坐下。渐渐人多了，人们会不自觉地坐在两端的位子，而把中间的位子空出来。人越来越多的时候，人们拥挤着，背对背站着，眼睛都会向窗外望去或是低头看着自己的手机、鞋子。

阅读卡： 晕轮效应：人们对他人的认知判断，首先是根据个人的好恶得出，然后再从这个判断推论认知对象的其他品质的现象。

案例：

顾客："好了，这是钱，你收好！"

销售人员："好的，请慢走！"

顾客："有没有彩色塑料袋？我买的这个东西是要送人的，拿个彩色塑料袋更好看些。"

销售人员："哦，原来是要送人啊！您等等，我去隔壁找几张彩色包装纸来。"

顾客："哦，真是太谢谢了！"

销售人员："我给您包一下。"

顾客："谢谢！包装得很精美！请问这个包装要多少钱？"

销售人员（一愣）："这个不算钱的，举手之劳！"

顾客："那真是太谢谢了！"

2. 沟通对象的复杂性

销售就是一场心理游戏。对销售人员来说，他要具备很强的心理素质和应变能力。客户的每一个购买决策都是一个包括初步认识、去除戒备、分析判断、决定购买、行动实施等要素在内的复杂心理过程。这种心理过程的变化会随时因为外界环境和心理活动受到影响。又因不同客户的心理特质，还会对销售行为做出完全不同的行为反应。这就要求在商务营销中，销售人员能够有效地判断和把握客户的心理，确保有的放矢。

案例：

顾客："我觉得买不买保险无所谓！"

销售员："以前我也是这样想的，不过您看，在以前农业社会根本没有什么保险概念，就算个人发生不幸，还有大家庭可以照顾。可是现在都是核心家庭，就算您的兄弟姐妹有心想施以援手也力不从心，您也不希望为家人增加不必要的困扰吧！"

顾客："这没什么，我银行里有存款，而且我还买了基金！"

销售员："大多数人都有您这种心理，但问题是这些存款能让您的妻子衣食无忧生活一辈子，能让您的小孩顺利念完大学吗？"

顾客："这个……现在说这个还早，谁知道以后啥样啊。"

销售员："这就是关键了，购买了这份我为您特别设计的保险，可以为您的家人和您永远免除经济烦恼。如果可以选择的话，相信您一定愿意所有的状况都发生在您可以做主的情况下。"

顾客："这个倒是……"

思考：如果你是这位顾客，在听完销售员所说的这席话后，是否会下定决心购买保险呢？如果不会，请说明你的理由。

3. 沟通双方利益的直接冲突

每个客户在决定购买产品之前，都存在着本能的心理抗拒，毕竟他是来花钱购买产品的。尤其是一些比较昂贵、质量要求高的产品，既面临金钱上的付出，又要承担一定的风险。而对于销售人员来说，他主要是卖产品的，他所售卖商品的价格和数量决定着他的收入，所以沟通双方必然会存在直接的利益冲突。即便销售人员所提的建议十分中肯，所推荐的产品十分出色，客户都会在心里打一个折扣。

案例：

顾客："你知道这套衣服相当贵，我不想突破我的预算！"

销售人员："我理解您的感受，事实上很多顾客也都是这么想的。但一旦他们购买了这套衣服，他们就会发现洗衣费用大大减少。而且这套衣服经久耐穿，节省了重新购买的费用。事实上，许多购买这套衣服的人都相当满意。"

三、商务营销的语言艺术

对于销售人员来说，几乎每天都要接待和拜访新的客户。客户也许不会以貌取人，但一定会特别注意你给他的第一印象，通过你的谈吐就能判断出你这个人是否可靠、真诚和专业。所以，优雅的谈吐、讲话的分寸，都决定着每次结果的成败。

1. 引发顾客注意的艺术

俗话说："好的开场白是成功的一半。"有效的开场白可以让客户在最短的时间内对销售人员感兴趣，对谈话内容感兴趣，使交谈能够很快深入。很多顾客喜欢与自己同类型的人沟通，那么销售人员可通过对顾客的观察，适当根据顾客说话的口气、语速、音量和用词，调整自己的说话方式和风格，来引起顾客的注意。也可以通过说出自己的姓名、谈论出生地、闲聊兴趣爱好等方式，寻找与顾客情感上的共鸣来引发顾客的注意。还可以通过真诚的赞美、实用的介绍和顾客的好奇心来吸引顾客的心。

案例：地毯销售人员对顾客说："每天只花一毛六分钱就可以使您的卧室铺上地毯。"顾客对此很感到惊奇，销售人员接着讲道："您卧室 12 平方米，我们的地毯价格每平方米 24.8 元，这样需要 297.6 元；我们的地毯可以用 5 年，每年 365 天，这样平均每天的花费只有一毛六分钱。"

2. 诱发顾客兴趣的艺术

要想获得顾客的认同和购买，就必须寻找到一个突破口，这个突破口就是顾客对产品的兴趣。而顾客购买的活动其实是一种心理活动，很多时候顾客是不表达出来的。这就需要营销人员读懂顾客的心理，从顾客的兴趣出发，接近顾客，找到或激发顾客的需求，然后满足其需求，达到交易的实现。可以通过提问的方式了解顾客的内在心理和兴趣点，然后为其提供一些有用、有益的信息，再辅以利益诱惑来引发顾客的兴趣。

案例：王阿姨到市场买枣，来到第一家店问："有枣卖吗？"店主马上迎上前说："您看我这枣又大又甜，货刚到，新鲜得很呢！"王阿姨一听，扭头就走了。店主纳闷："我哪儿得罪她了？"

王阿姨又来到第二家店，同样问："有枣卖吗？"店主马上迎上前说："我这枣有酸的，还有甜的，您是想买酸的还是想买甜的？""我想买一斤酸枣。"

店主一边称枣一边和王阿姨聊："在我这买枣的人一般都喜欢甜的，可您为什么要买酸的呢？"

"最近我儿媳妇怀孕了，特别喜欢吃酸枣。"

"哎呀，那要特别恭喜您老人家要抱孙子了！有您这样的婆婆真是儿媳妇的福气啊！"

"哪里哪里，怀孕期间，最要紧的当然是吃好，胃口好，营养好啊！"

"是的，怀孕期间的营养非常关键，不仅要多补充高蛋白的食物，听说多吃些维生素丰富的水果，生下的孩子更聪明！"

"哪种水果的维生素更丰富呢？"

"很多书上说猕猴桃维生素最丰富。"

"你这有猕猴桃卖吗？"

"当然有，您看这进口猕猴桃个大、汁多，要不您先买一斤回去给您儿媳妇尝尝？"

最后，王阿姨不仅买枣，还买了猕猴桃。以后几乎每隔一两天，她都来这家店里买各种水果。

思考：如果你是第一家的店主，那下次在顾客上门时，你该如何向顾客讲第一句话？你认为第二家店主生意成功在哪里？

3. 激发顾客购买欲望的艺术

在销售行业有一条被奉为销售真谛、所有的销售人员必须恪守的销售准则——顾客之所以选择某种产品，是因为产品能够给顾客带来好处。所以，销售人员在向顾客陈述产品利益点的时候，应该向顾客提供产品的最终价值，让他明白和你沟通是值得的。可以采用"基于需求，因为特点，所以优势，对您而言利益"的句式。要时刻谨记自己不是在销售产品，而是给顾客带去某种利益。而这种利益又是可以证明的，比如一些数据、文件、证书等。但切记不要过多地使用专业术语，也不要恶意中伤、贬低竞争对手的产品，否则有可能让顾客

> **阅读卡**：新上市的产品不会有等待已久的购买者，只有对某种产品的购买欲存在，该产品的市场才会存在。
>
> ——亨利·福特

产生反感。

案例 1：×××底盘装甲采用高分子环保材料精制而成，能够持久地附着在汽车底盘上，具有隔音、防腐蚀、防撞击等优点。无论是砂石路面，还是雨天泥泞路，都能够很好地保护您的爱车，让您彻底无忧。

案例 2：我们公司的经营理念就是：顾客的安全和卫生，是我们的职责。我们公司生产的所有食品都经过 15 道操作严格的工序。另外，在质量监督处检查以前，我们公司已经进行了 6 次内部检查。

4. 促成顾客购买行为的艺术

在销售沟通中，促成交易是画龙点睛之笔。顾客正在犹豫时，销售人员巧妙的几句话一点，可能就会促使交易的完成。在面临选择时，顾客总是会显得很犹豫，此时销售人员应当理性、深入地剖析顾客的心理活动，引导顾客说出其期望，然后再提供合适的产品或建议满足其需求。必要时可通过有理有据的数据增加顾客的购买信心，或者在允许的范围内给顾客适当的优惠。也可以通过适当的赞美、温馨的关怀等方式，让顾客感到温暖和信任，营造轻松的交易氛围。

案例：有一天，一位中年妇女走进乔·杰拉德的展销室，说她想在这儿看看车，打发一会儿时间。她告诉乔·杰拉德，她想买一辆白色的福特车，就像她表姐开的那辆一样。但对面福特车行的销售人员让她 1 小时后再去，所以，她就先来这儿看看。她说，这是她送给自己的生日礼物，“今天是我 55 岁生日”。

“生日快乐！夫人。”乔·杰拉德一边说，一边把她让进办公室，自己出去打了一个电话。然后，乔·杰拉德继续和她交谈：“夫人，您喜欢白色的车，既然您正好现在有时间，我给您介绍一下我们的双门式轿车——也是白色的。”

他们正谈着，女秘书走了进来，递给乔·杰拉德一束玫瑰花。乔·杰拉德真诚地把花送给那位妇女：“尊敬的夫人，有幸知道今天是您的生日，送您一份薄礼，祝您好运！”

中年妇女很感动，眼眶湿润，“已经很久没有人给我送礼物了。”她说，“刚才那位福特销售员，一定是看我开了一辆旧车，以为我买不起新车。我刚要看车，他却说要去收一笔款，于是我就上这儿等他。其实我只是想要一辆白色的车而已，只不过表姐的车是福特，所以我也想买福特。现在想想，不买福特也可以。”最后，她在乔·杰拉德手里买走了一辆雪弗莱，并填了一张全额支票。

从头到尾，乔·杰拉德都没有劝她放弃福特而买雪弗莱。只是因为她在这里感受到了重视，于是放弃了原来的打算，转而选择了乔·杰拉德的产品。

四、针对不同类型顾客的沟通方法

不同类型的顾客在年龄、性别、从业经历、文化程度、兴趣爱好、心理特质等方面都存在很大的差异，因此销售人员不能采用千篇一律的方式对待顾客。要通过观察、询问、聊天等方法掌握顾客特征，有针对性地采取相应的策略，引导顾客心甘情愿地接受你和你的产品。

1. **猜疑型顾客的沟通方法**

有些顾客生性多疑，他们对销售员或者推销的商品大多存在不信任的心理，认为销售员介绍的商品信息，很大程度上都包含着虚假的成分，甚至存在着一定的欺诈行为。所以，在与销售员的沟通中总是怀有警惕的心理。面对这样的顾客，销售员首先应该尊重他们多方面的疑虑和意见，要以最诚恳的态度向他们保证，他们的购买决定是明智的，甚至可以主动承认产品存在的一些细小问题。必要时，可以展示一些权威的数据、专家的观点来消除他们的警戒。如果条件允许，可以现场演示或者给顾客一个试用的机会。

案例：

顾客："你们这类产品真的有你说的那么好吗，我看不见得吧？"

销售员："产品的性能刚才您也看到了，如果您注意的话，这是同类产品中性能较好的一款。因为技术上的改进，价格也相对低了，所以这款性价比是最好的。"

顾客："那为什么这款产品的后盖摸起来这么薄呢，很容易破掉吧？"

销售员："我们的产品采用×××型塑料制成，坚固耐用。这也是为了降低重量，方便您的携带呀。"

顾客："好的，那给我拿一款吧。觉得还可以吧。"

销售员给顾客拿了一款产品。

顾客："你给我的这款上面这个是什么啊，怎么看着这么旧，不会是人家的退货吧。……"

思考：如果你是案例中的这位售货员，你对这位顾客最后的质疑该如何回答？

2. **优柔寡断型顾客的沟通方法**

有些顾客在购买时，总会想如果不做出购买决定，口袋里的钱就是自己的，反之就是销售员的。这时，销售员要做的就是通过观察顾客的举止、表情等，做一个大致的揣测。当顾客对产品表现出犹豫不决、疑虑重重时，可以通过提问的方式引导顾客说出犹豫的原因，并真诚地给予顾客肯定的暗示，让顾客感受到称赞和认同，为顾客建立坚定的购买信心。有时，甚至可以给顾客造成一点压力，如"产品数量不多""优惠活动即将结束"等，营造一种紧迫感，促使顾客尽快做出决定。如果在受到压力时，顾客仍然尚存犹豫，那么可采用刚柔并济的方式促成交易。

案例：小桃是一家服装店的销售员。一天，一位中年女士走进来，在店里转了一圈，对着一件宝石蓝的上衣左看右看，拿起来又放下，似乎很犹豫。经过小桃的一番解说，这位女士仍然表示出一副犹豫的样子。

女士："这个，我还是和老公再商量一下，考虑好了再买吧。"

小兆："其实这件衣服真的挺适合您的，您买衣服主要是自己穿起来开心啊。"

女士："我还是再考虑一下，我担心我老公不喜欢。"

小桃："这件衣服真的非常适合您。这款衣服我们店里只有一件，好不容易遇到自己喜欢的，多有缘啊。等您考虑好了之后再来，这件衣服可能已经被别人买走了。而且您买回去，给您老公一个惊喜不是也挺好的吗?"

女士："这个……"

小桃："我给您包起来吧，这件衣服真的很适合您！穿得好的话，欢迎您常来!"

3. 权威型顾客的沟通方法

所谓权威型顾客，就是很清楚交易的实际情况，对销售员、销售过程、销售产品以及不同公司的同类产品信息都非常了解的顾客。遇到这种类型的顾客时，切忌在他们面前卖弄，实话实说，直接介绍所推销的产品和交易条件就好。如果对方在高谈阔论时，销售人员最好耐心倾听，做一个忠实的倾听者。要及时辅以适时的赞美，满足他们自负的心理和虚荣心。即使对方有的地方说错了，也不要指明，这样会更容易达成购买协议。

案例：

顾客："我真的不需要你的产品，我有最好的合作伙伴。"

销售员："李先生，你猜我今天是来干什么的?"

顾客："你不说我也知道，还不是向我推销那些破饮料!"

销售员："您今天可猜错了，我不是向您来推销的，而是求您来向我推销的。"

顾客："你要我向你推销什么？我活这么大还头一次见到销售人员求我向他推销东西。"

销售员："是真的，我是刚出道的销售人员，忙活这么久，一桩生意都没有做成，都没有自信了。听说您是这一地区最会做生意的老板，饮料的销售量最大，我今天是来向您讨教一下您的推销方法，您一定要帮我啊……"

李先生活了大半辈子，从未遇到过登门求教的人，于是，他兴致勃勃地向销售员谈起了生意经。

待销售员起身告辞，走到门口时，李先生像突然想起什么似的，大声说："请等一等，听说你们公司最近新上市的饮料很受欢迎，我订50箱。"

4. 嘲弄型顾客的沟通方法

对销售人员心怀不满的顾客到处都有，其中有一类顾客就是喜欢挖苦人、挑别人的刺，对一切都极为挑剔。面对这一类顾客，销售员首先要在态度上给人以老实坦诚的感觉，说话要注意语气，切不可眉飞色舞、唾沫四溅。要能体会这类顾客无法说出口的不满情绪，任由他们发泄。不要直接反驳，必要时可作附和，以"诚恳"的样子表示你对他的话很重视。一般来说，只要销售员和顾客交流好了，便能顺利成交。

案例：莉莉是某公司的销售人员，主要负责电热设备的销售。一天，莉莉心情愉悦地去附近的小区进行销售。头几家还不错，尽管没有买，但是对莉莉还是很客气的。但接下来，莉莉就遇到了一个"与众不同"的顾客。

“你是干什么的?”一位退休老人不耐烦地问道。

“我是×××公司的销售员。”

“我是不会买你的东西的，我根本就不相信销售员，你们卖的东西都是次品，质量根本就不过关。”莉莉一头雾水，但是心里想着老大爷可能是上过销售员的当。

老大爷对着莉莉一通指责和批评，以为莉莉会生气，马上就会走。但是莉莉却说：“大爷，我不知道我的‘假同行’对您做了什么，但是我代表他们诚挚地向您道歉，您可以跟我说说您为什么会这么看待销售员吗?”

老大爷看着莉莉认真的态度，心也软了下来，并对刚才自己对莉莉的指责感到很不好意思。于是，他说他曾经上过销售员的当，以及事情的经过。说完以后，莉莉又对这位老大爷的遭遇表示同情，并真诚对老大爷道歉，老大爷也喜欢上了这个热情的女孩。

思考：案例中的销售员是如何消除顾客的不满，打消顾客对产品的怀疑的？你在生活中是否曾扮演过此类型的顾客？

---

5. 悠悠型顾客的沟通方法

在销售过程中，有这样一类顾客，他们性格温和、态度友善，当销售员去向他们介绍或推荐产品时，他们会比较配合。即使销售员表现得不够热情、不够积极，他们也能够容忍，不会轻易发脾气。但是，他们对销售员的产品和服务反应也比较慢。面对这种类型的顾客时，销售人员要给予一定的引导。因为他们很愿意听销售员的“唠叨”，思维也很容易被销售员牵着走。必要时，还可以给他们施以一定的压力，促进购买。但施压不能过急、过激，要配合顾客的步调，让顾客了解你的诚意，消除心中的疑虑，最终才能促使交易实现。

案例：小王是某家电公司的销售员。一天，赵先生来公司购买冰箱。小王见赵先生来，赶紧向赵先生介绍一些款式新的冰箱，赵先生只顾点头，一副不知所措的样子。小王判断，赵先生可能是一个比较善良随和的人，但是对冰箱没什么概念。于是小王灵机一动。

“赵先生，请问您喜欢什么颜色?”

“银白色的吧。”

“那您是喜欢这种款式的呢，还是那种款式的呢?”

“这种吧。”

“请问您是需要大一点的，还是小一点的?”

“小一点的吧，方便。”

通过询问，小王为赵先生锁定了几款冰箱，并认真地给赵先生讲解这几款冰箱的特点。在他做出两种选择后，小王又帮他做了详细的比较分析。同时告诉赵先生，这两款冰箱公司只进了两台，需要购买的话最好及时一点。最终，赵先生拿定了主意。

1. 阅读下面的案例，请你谈谈你在这个案例中学到了什么？

有两个人在聊天，其中一个人问道：“如果比尔·盖茨现在突然要约见你，你准备穿什么衣服前去赴约？”

另一个人回答：“穿什么都可以，只要不穿着西装、打着领带，再手提一个公文包就好。”

对方问道：“为什么？”

回答：“很简单，如果穿成那样去的话，比尔·盖茨一看见你，就会认为你是向他推销保险的。还没等你走到跟前，他的秘书就会把你赶走了……”

2. 阅读下面这个案例，试着分析，这位举人失败的原因在哪里，该怎样改进？

清代，一位举人经过三科考试，又参加候选，得了一个县令的职位。第一次去拜见上级领导，想不出该说什么话。

沉默了一会儿，忽然问道：“大人尊姓？”

这位领导很吃惊，勉强说了姓某。

县令低头想了很久，说：“大人的姓，百家姓中没有。”

领导更加惊异，说：“我是旗人，贵县令不知道吗？”

县令又站起来说：“大人在哪一旗？”

领导说：“正红旗。”

县令说：“正黄旗最好，大人怎么不在正黄旗？”

领导勃然大怒，问：“贵县令是哪一省的人？”

县令说：“广西。”

领导说：“广东最好，你怎么不在广东？”

县令吃了一惊，这才发现领导满脸怒气，只好赶紧告辞。

第五节　公关危机处理

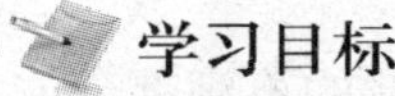

- 了解公关危机的特点，明确公关危机处理的要求。
- 学会利用公关危机处理的原则，有效化解危机。
- 掌握公关危机处理的技巧，将“危”转为“机”。

在企业的经营管理活动中，由于政策环境变化、决策失误、产品设计先天不足、产品加工质量没有达标、公共关系活动违规、新闻媒体的负面宣传、竞争对手竞争战略的运用等，都可使企业的形象受损。危机的发生是不以人的意志为转移的。在危机管理中，沟通作为处理危机的基本手段和工具，具有其他手段无法替代的作用。如果处理得当，会增加企业美誉度和消费者对企业的信赖感，成为提升企业形象的契机；反之，就会成为导火索，引爆潜伏的其他危机，加速企业的毁灭。所以，危机中既包含了“危”，也包含了“机”。

案例导引

2002 年某月某日，13 岁的英国女孩米莉·道勒从位于伦敦以南泰晤士河畔沃尔顿的学校回家途中失踪。6 个月后，米莉的尸体在森林中被发现。米莉失踪之后，她的家人和朋友曾给她发送多条手机语音信息，但后来他们惊讶地发现这些信息被人删除了。警方在将杀害米莉的凶手绳之以法之后，对米莉手机中语音邮件的神秘丢失展开了调查。

调查结果令人震惊：原来受雇于《世界新闻报》的私家侦探格伦·穆尔凯尔利用非法手段侵入了米莉的手机语音收件箱，窃听米莉的私人语音邮件，为《世界新闻报》提供独家新闻话题。但在窃听过程中，格伦发现米莉的语音收件箱已满，无法接收新的邮件，因此便删除了一部分此前的语音邮件。这不仅使米莉的家人错误地以为米莉还活在人世，也为警方的调查制造了障碍。

2005 年 7 月 7 日，伦敦地铁恐怖袭击案发生之后，格伦又因《世界新闻报》的要求，对袭击事件受害者以及他们家属的电话进行窃听。这引起了英国一些受害者家属的警惕和关注。而随着确认的被窃听者人数不断增加，《世界新闻报》及其所有者——国际新闻公司所面临的舆论压力也越来越大。

舆论纷纷要求国际新闻公司（《世界新闻报》的母公司为国际新闻公司，是传媒大亨默多克的新闻集团英国分支）主管负责人丽贝卡·布鲁克斯立即辞职。但默多克发表声明，表示将积极配合警方调查，并支持丽贝卡·布鲁克斯继续留任。

为此，包括福特、哈利法克斯、维京假日等多家大型公司取消了在《世界新闻报》上刊登的广告，宝洁、特易购、可口可乐和沃达丰等公司也考虑暂时中止与《世界新闻报》的合作。默多克一手缔造的传媒帝国陷入了危机：报纸关停、收购落败、高管辞职、政府调查，80 岁高龄的默多克还在听证会上遭遇剃须膏袭击，一时间四面楚歌。

在复杂多变的现代商业环境里，任何一个利益相关者对某一企业的不满都会或多或少地影响组织的运营。企业必须要和各个利益相关者做好沟通，建立良好的关系，从而塑造有利于企业发展的良好氛围与舆论。在危机已为常态的今天，企业必须随时做好准备，应对突发事件以及危机的到来。如果不能很好地处理这些突如其来的各种状况，往往会使企业陷入被动地位，不仅会影响市场地位，甚至还会带来灭顶之灾。

思考：《世界新闻报》关停的原因是什么？在丑闻爆发后，他们是否采取了积极措施解决出现的困境？

一、公关危机的特点

公关危机是各种危机中的一种特殊类型，它是由组织内外的某种非常性因素所引发的公共关系非常事态和失常事态，严重损害了组织的声誉和形象，使组织陷入了强大的社会舆论的包围。如果这种状态在短期内得不到缓解、没有改善，就有可能导致组织与公众的关系迅速恶化，影响到组织正常业务的运营。

1. 突发性

公关危机通常会在某个时空爆发，它的发生常常是意想不到的，没有准备的，经常会使企业陷入一片混乱，给企业造成重大损失。比如2014年3月8日，由马来西亚飞往北京的马来西亚航空公司MH370航班与地面失去联系，机上239人全部失联。飞机失联后，马航和马政府立即展开寻找和搜救工作，公布乘客名单，召开新闻发布会向乘客家属表达慰问和歉意。但在整个事件过程中，马航不断地否认、拖延、隐瞒事件真相，导致信息来源多样，谣言满天飞。致使危机急剧蔓延，引发了中国以及其他国家的严重抗议和不满，马来西亚航空公司以及马来西亚政府的形象也因此跌入谷底。

2. 不可预料性

这里的不可预料有两层含义，一是危机爆发的时间是不可预料的，二是危机带来的影响是不可预料的。企业是个开放的系统，时刻都在与外界进行多种方式的联系，并始终处于不断运动和变化之中。公关危机事件爆发的具体时间、实际规模、具体态势和影响深度，是不可预料的或不可完全预料的。这是企业作为开放系统存在的特性所决定的。随着品牌竞争日趋激烈、媒体日渐强势、经济法规的逐步完善，导致品牌危机的可能性、频率和影响力都比以往更加强烈，也更加受到公众的关注。如果对出现的状况没有及时反应并妥善处理，就可能给企业造成严重的影响。

> **阅读卡：**若一个组织不能就其发生的危机与公众进行合适的沟通，不能告诉社会它面对灾难局面正在采取什么样的补救措施，不能很好地表现它对所发生事故的态度，这无疑将会给组织的信誉带来致命的损害，甚至有可能导致组织的消亡。
>
> ——迈克尔·里杰斯特

3. 破坏性

由于危机常具有“出其不意，攻其不备”的特点，不论什么性质和规模的危机，都必然不同程度地给企业造成破坏，造成混乱和恐慌。并且，由于决策时间仓促以及信息有限，往往还会导致决策失误。不仅给企业造成财物的损失，还会损害企业形象，使企业陷入困境，从而带来无可估量的损失。

案例：2014年央视3·15晚会上，曝光了尼康D600数码单反相机“黑斑门”事件。

说的是尼康D600在拍摄时，照片上会出现多个颗粒状影像，用户就此到尼康维修点进行四五次清洗进灰，也无法解决问题。按照“三包”规定，相机因质量问题返修两次之后，可以退换，并且尼康官方也规定清灰属于修理范围。但尼康售后一直辩称清灰不算修理，并没有真正对产品质量进行有关检测，只是以多次清洗来搪塞。面对中国消费者的质疑，尼康坚决否认相机存在质量问题，拒绝用户退机或换机的要求，严重损害了公众对尼康的品牌美誉度和忠诚度，同时也使尼康的“黑斑门”危机愈演愈烈。

4. 社会辐射性

21世纪是信息时代，先进的通信工具以及多样化的通信手段使信息传播更为迅速，特别是媒体力量的逐步强大，危机事件一旦爆发，特别是那些危及人身财产安全的事件一旦发生，企业就会被媒体曝光在公众面前。此时，公众对企业会有一种防范的敌对情绪，担心企业的产品会伤害到自己。这种防范情绪的弥漫，会使危机事件迅速超出企业品牌、产品和企业本身的范围，蔓延成一场社会性的信任恐慌。当然，如果处理得当，也会极大提高企业的美誉度，起到比任何广告更有效的成果。

案例：肯德基的“畸形鸡”曾是网上流传最为广泛的一个帖子。一位自称在外漂泊的大学生，因偶然机会有幸参观了肯德基的养鸡场。结果他看到的是：每只鸡身上都有四五个翅膀、三四条大腿，且全身都被插着管子。为了给这些鸡输入激素，使得一只鸡从孵出来到成品鸡的时间是两个星期，因此，这些鸡身上根本就没有毛。

这个帖子引发了网友的质疑，也引起了食品安全部门的检查。最终虽然不是帖子中所描述的那样，但确实存在“速生鸡”的问题。受到“速生鸡”事件的影响，拥有肯德基、必胜客等品牌的百胜集团的股票一度下跌至每股64.26美元，跌幅达到5.4%。

二、公关危机处理的要求

公关危机的出现是不可避免的，或者说公关危机并不可怕。可怕的是面对危机没有行动、没有诚意、没有对策。所以，当危机降临企业时，企业必须做出迅速的反应来挽回损失。向谁公关、公关什么、怎样公关，是公关危机是否成功处理的关键所在。因此，需要做到以下要求：

1. 企业内部统一认识，保持稳定

企业内部的团结协作是成功解决危机的基础。因为员工是危机的受害者和承担者，也是企业的基石。他们最了解企业，与企业利益相关，同时又是企业的第一线工作者和良好的后盾，所以要让员工有知情权。当危机发生时，企业必须要稳住军心，建立一个稳固的大后方，不要把企业的“外部危机”转化为“内部危机”。当公众、媒体对企业不理解时，企业内部首先要坦诚说明真相，做好内部沟通工作。应该把危机的情况及企业的对策告诉员工，鼓励员工同心协力，共渡难关。如果是本企业的产品质量引起的危机事件，应该通知销售部门立即停止销售，并回收不合格产品，详细追查原因，立即加以改进。这样才能有效地配合企业外部公关顺利展开工作。

案例：有家食品公司在开拓外地市场中，被当地的质量技术监督部门查出有食品不合格的情况。当时，除了销售部门为数很少的人员知晓，其他员工都不知道此事，生产部门还是按时生产。当地有个记者从同行口中听说此事后，便到该公司采访。他问一位普通员工，该公司就不合格产品情况采取了哪些应对措施。该员工一脸茫然，据实回答“车间仍然按照之前的方式生产”。结果，当地报纸马上发了“置消费者利益于不顾，企业正常开工”的报道，网上也掀起了声讨该企业的浪潮。结果可想而知。

2. 对外口径一致，积极配合

组织在面对危机公关时，应该迅速找到症结所在，并通过组织的新闻发言人向外及时发布消息。一来可以阻止企业内部和外部的多种声音；二来也可以提高工作效率，有利于统一口径。事件处理的前后期认识要一致，否则前后矛盾，难以自圆其说。在事实未完全明了之前，不要对事件发生的原因、损失以及其他方面的任何可能性进行推测性说明，防止事态的蔓延。只有不断地统一认识，才能产生足够的强度，消除外部的各种声音和误解。

案例：2004 年 2 月 20 日，多位患者集聚北京一家律师事务所，准备联名起诉拥有百年历史的老字号——×××。因为他们在长期服用×××的××泻肝丸后，出现夜间尿量比白天多的现象，并有口渴、乏力、贫血、食欲减退、恶心等症状，医院诊断为马兜铃酸肾病！而×××对此事的处理则是引用法律来为自己辩护，称《药品不良反应监测管理办法》仅仅要求企业对药品的不良反应出示报告，并没有规定其他的法律义务和责任，认定×××已经对患者尽责了。当记者采访时，相关人员称：“我们是按照国家《药典》生产××泻肝丸的。”并声称：“含有关木通的药多了，我们不认为××泻肝丸出了问题。”并且，质检人员、宣传部工作人员、宣传负责人的言论各不相同。这更增加了媒体和公众的不信任度，也给自身的声誉造成了难以挽回的损失。

3. 对上级真实汇报，及时联系

一旦爆发严重的危机，任何隐瞒或者瞒报都是极其危险的。从管理的角度来看，危机是从量变到质变的过程；而从传播的角度来看，危机则是从少数人知道到多数人知道的过程。一旦局面无法控制，就很容易导致混乱和恐慌，同时也错过了挽救危机的最佳时间。因此，当危机发生后，应该及时准确进行汇报，不能文过饰非，更不能歪曲事实、混淆视听。在事件处理中，也应定期报告事态发展过程，及时与上级主管部门取得联系，求得主管部门的指导和支持。在危机处理结束后，要形成详细的报告，汇报处理方法以及今后的预防措施。

案例：2003 年 1 月，广东省河源市、中山市发生两起医院和家庭聚集性不明原因肺炎病例，广东省卫生厅及时派出专家进行临床和流行病学调查。随后，除海南、贵州、云南、西藏、青海、黑龙江、新疆外，其余 24 个省份陆续有“非典”临床诊断病例报告。

党中央、国务院准确判断“非典”疫情扩散蔓延的严峻形势，成立全国防治“非典”指挥部，对“非典”防治工作提出了明确的要求和指示。各相关部委和有关省市政府集中力量，积极组织研究并提出防治措施和技术方案，出台了一系列指导性文件。成立疫情信息、医疗救治、流行病学调查、技术督导、新闻宣传、外事联络等10个办公室，24小时工作，及时向有关方面提供政策信息和技术支持。组织专家对每日疫情进行分析，并通过中央电视台及时向公众通报疫情和防治知识。

6月2日，全国首次出现无新发病例报告，此后再无新增病例。

6月24日，世界卫生组织宣布解除对北京的旅行警告，并从“近期有当地传播”的名单上删除，标志着北京和全国防治“非典”的斗争已经取得了阶段性胜利。

思考：打赢这场抗击“非典”的战争，一方面是因为医护人员的全力救治，控制了疫情的发展。另一方面又是因为什么？为什么？

4. 与相关个人及单位积极联系，求得理解

组织危机一旦发生，便会受到社会和公众的关注，尤其是媒体作为舆论的代表，必然要进行采访。企业与其掩盖问题、隐藏真相，不如主动联系、坦诚相告、表明诚意，充分利用媒体这个公共关系平台因势利导、实现共赢。要注意引导新闻媒体以公众的立场和观点进行报道，不断提供公众所关心的消息，如补偿方法和善后措施等。当某些媒体发表了不符真相的报道时，要尽快向媒体指出失实之处，并提供与事实有关的材料。必要时，可在媒体刊登歉意广告，向公众表示道歉和承担责任。

对于危机中的相关当事人，要及时与他们联系，冷静倾听他们的意见，表明主动解决争议和问题的诚心与决心，实事求是地承担相应的责任。要坦诚、冷静地与他们交换意见，尽最大努力做好善后工作，并保持各级分工人员的稳定性，重新树立组织形象，做好从危机中崛起的准备。

案例：20世纪70年代，日本本田公司发生了著名的“缺陷车事件”。当时本田公司刚刚挤入小轿车市场，在几家实力雄厚的大企业夹缝中求生存，刚打开销路的“N360”型小轿车却出现严重的质量问题，造成上百人的伤亡事故。受害者及家属组成联盟抗议，本田一下子声名狼藉，企业的生存岌岌可危。

随后，本田公司马上举行记者招待会，通过新闻媒介向社会认错。总经理道歉后引咎辞职。同时宣布收回所有“N360”型轿车，并向顾客赔偿全部损失。还重金聘请消费者担任本田的质量监督员，经常请记者到企业参观访问，接受舆论监督。本田的诚心打动了挑剔的日本人，在公众心中树立起了“信得过”的形象。

思考：对于危机中的相关当事人，你认为哪些行为可以表现出你的坦诚与承担？

三、公关危机处理的原则

1. 承担责任原则

危机发生后，公众会关注两个方面的问题：利益问题和感情问题。即使受害者在事故发生中有一定责任，企业也不应首先追究其责任，否则会各执己见，加深矛盾，引起公众的反感，不利于问题的解决。所以，企业应该主动承担应有的责任，站在受害者的立场上表示同情和安慰，并通过新闻媒介向公众致歉，解决深层次的心理、情感关系问题，从而赢得公众的理解和信任。

案例：金龙鱼是嘉里粮油（中国）有限公司在中国的著名食用油品牌。2004 年 12 月 27 日，媒体报道了国家卫生部《食品植物油监督抽检情况的通报》，其中营口渤海油脂工业有限公司生产的“900 毫升金龙鱼大豆色拉油”因酸价指标超标被卫生部判定为不合格产品。随后，嘉里粮油第一时间对全国 8 家生产企业的金龙鱼产品进行复检，迅速查明了“被卫生部抽检判定酸价超标”的产品批次的去向，并全部收回。还邀请技术专家与卫生部沟通，了解此次抽检的有关细节，确认该批次产品酸价超标的具体原因。最后发现造成单一批次的酸价超标有可能是在流通环节造成的。之后，嘉里粮油又通过媒体向消费者对酸价指标问题进行说明，请消费者放心食用。

2. 真诚沟通原则

处于危机旋涡中的企业往往是公众和媒体关注的焦点，因此逃避和推脱不是处理问题的最好选择。应该主动与新闻媒介联系，尽快与公众沟通，说明事实真相，促进双方互相理解，化危为机。所以，真诚沟通是处理危机的基本原则之一。要在沟通中显露出企业对待危机的诚意、诚恳和诚实。如果做到了这“三诚”，则一切问题都可迎刃而解。

> **阅读卡：**遇到危机时，你绝对不可以改变事实，但你可以改变公众的看法。

案例：1997 年香港暴发“禽流感”。香港卫生署的负责人为了安抚公众，在电视讲话中说：“我昨天晚上吃了鸡肉，我每天都吃鸡肉。”她这样的说法让公众觉得很荒唐，因为没有人可以保证天天都吃鸡肉。实际上，她如果说“吃高温煮过的鸡是安全的”，会显得更加稳妥。而在政府决定杀鸡的时候，对公众承诺说“我们可以在 24 小时内杀掉百万只鸡”。显然，这是一个不可能完成的任务，公众对政府解决危机的能力产生了怀疑。如果这样说：“我们会尽最大努力，以最快的速度杀掉全香港的鸡。不过，这将是一项困难的工作，可能会比较乱，可能会出现没有预料到的情况，但我们会尽最大努力为市民营造一个安全的生活环境。”收到的效果就会更好。因为这种诚恳、诚实的沟通态度，才会获得市民的理解与支持。

3. 速度第一原则

好事不出门，坏事传千里。一旦危机发生，公众往往会强烈关注，到处充斥着谣言和猜测。这时，公众往往会进行有罪推定，抱着“宁愿信其有，不愿信其无”的心态。

所以，公司必须当机立断，快速反应，果决行动，与媒体和公众进行沟通。迅速控制事态，防止扩大突发危机的范围，避免可能失去对全局的控制。此时，能否首先控制住事态，使其不扩大、不升级、不蔓延，是危机处理的关键。

案例：2014 年 2 月 21 日，央视证券资讯频道执行总编辑兼首席新闻评论员钮文新发博文《取缔余额宝!》。博文称余额宝是“趴在银行身上的‘吸血鬼’，典型的‘金融寄生虫’”。认为余额宝冲击的是整个中国的经济安全。

2 月 22 日凌晨，支付宝官方发长微博《记一个难忘的周末》幽默回应。支付宝表示，余额宝加上增利宝，一年的管理费是 0.3%、托管费是 0.08%、销售服务费是 0.25%，利润只为 0.63%，除此之外再无费用。并对“吸血鬼”一说加以调侃，“老师您能别逗了吗？我查了一下，2013 年上半年，16 家国内上市银行净利润总额达到 6 191.7 亿元人民币，全年起码翻一番，为 12 000 亿元吧？”

2 月 22 日，阿里小微金融服务集团首席战略官舒明发表题为《余额宝能干扰市场利率抬高社会成本吗》，文中写道：即使与总规模约 10 万亿元的银行理财产品相比，货币市场基金也不到其总规模的十分之一。很难想象，规模如此之小的货币市场基金会对市场整体利率水平产生巨大的影响，会“严重干扰利率市场”。

…………

在质疑声音出现后，正是因为支付宝第一时间通过微博予以回应，防止了危机的进一步蔓延。

思考：请设想一下，如果支付宝对钮文新的博文置之不理，会出现怎样的后果？

4. 系统运行原则

要真正彻底地消除危机，需要在控制事态后，及时、准确地找到危机的症结，只有对症下药，才能从根本上解决问题。这就要求企业内部迅速统一观点，清醒认识危机，万众一心，与政府部门、行业协会、同业协会及新闻媒体充分配合，联手解决危机，才会“众人拾柴火焰高”，增强企业的公信力和影响力。

在逃避一种危机时，不能忽视另一种危机。在进行危机管理时必须系统运作，绝不可顾此失彼。只有这样才能透过表面现象看本质，创造性地解决问题，化害为利。

案例：一只鹿被猎狗追赶，慌不择路地跑进一个农家院子，惶恐不安地混在牛群里躲藏起来。一头牛好意地告诫他说：“在我们这里，你当然能躲过猎狗，但你在这里不一定是安全的。因为如果有人经过这里，你就等于自投罗网。”这时，主人进来了，当他在牛栏里走来走去检查草料时，发现了露出在草料上面的鹿角，于是把鹿杀掉了。

5. 权威证实原则

自己称赞自己是没用的，没有权威的认可只会徒留笑柄。在危机发生后，企业不要自己整天拿着高音喇叭叫冤，而要借力打力，要充分发挥和随时调动新闻媒体权威传播的功能；也可以通过政府部门、行业协会等权威机构发布有利于企业的权威信息，重新唤起公众和消费者对企业的信任，加快解决危机的速度。

案例：2006 年 7 月，菲律宾食品药品局对从中国进口的部分食品进行检验，其中大白兔奶糖检测出含有福尔马林（甲醛）。随后，菲律宾方面对大白兔奶糖下达禁售令，同时要求出口商召回相关产品。此消息通过电视新闻网公布后，美国、新加坡、中国澳门、中国香港等多家媒体都做了转载，引起海内外高度的关注，以致连香港、广州部分超市也将大白兔奶糖下架。

“甲醛事件”发生后，大白兔奶糖的生产企业冠生园集团首先主动停止了“大白兔”产品的出口，并发函给菲律宾方面进行沟通。而后，马上与相关部门联系。上海市质监部门和国家质检总局及时派员在第一时间介入，对此事件进行调查。随后出具了权威性检测报告，证明中国上海冠生园食品有限公司生产的大白兔奶糖在生产过程中没有添加甲醛，质量是安全的。新加坡政府的检验机构也对冠生园新加坡经销商福南公司仓库中大白兔奶糖进行了抽样检验，检测结果同样是不含甲醛，符合世界卫生组织的安全标准。

检测结果出来后，冠生园马上召开中外媒体见面会，宣布检测结果。权威部门的检验结果迅速获得了公众的信任，国内外经销商对“大白兔”质量的疑虑消除，美国、新加坡、哥斯达黎加、马来西亚、印度等国家企业纷纷恢复进货。

思考：如果处理不当，一场食品企业危机会演变成一场政治危机，冠生园集团的哪些做法值得大家的肯定和学习？

四、公关危机处理的技巧

1. 危机预防技巧

> **阅读卡：**公众在每次危机中都要问三个问题：“发生了什么？”“危害有多大？”“为了确保类似事情不再发生，将采取什么措施？”
>
> ——劳伦斯·巴顿

尽管危机的发生是不可预测的，但大多是可以预防的。尽管公司在处理危机事件时，坦诚面对和开放沟通是首要的，但实事求是不等于不讲究沟通技巧。所以，公司在危机爆发之前，首先要在第一时间召开新闻发布会，掌握报道的主动权，控制事态的发展；其次，要选择合适的新闻发言人，保持与外界流畅的沟通；再次，要确认对外公布的信息，既能完整、清晰地将事件的来龙去脉交代清楚，同时也能表明企业解决问题的态度和决心；最后，要全方位配合记者采访，确保新闻发布机构始终能得到事态最新进展的信息以及企业为了控制危机正在采取的措施。

案例：2006 年 1 月 20 日，距离农历中国新年只有 9 天的时间，《国际金融报》在异常醒目的头版位置刊登出“‘25 元’缔造‘亿元神话’？”的报道，向欧盟最大的酒类公司保乐力加集团在华经销商——保乐力加公司发出质疑，称售价上百元的芝华士 12 年的成本只有25元。当媒体质疑芝华士的成本是否只有25元时，发言人没有正面回答，只是透露："光增值税一项就超过25元。"至于芝华士的总成本，他以商业秘密为由拒绝透露具体数据。

2. 危机应急技巧

由于危机瞬息万变，在危机决策时效性要求和信息匮乏的条件下，任何模糊的决策都会产生严重的后果。所以，必须最大限度地集中决策使用资源，迅速做出决策，系统部署，付诸实施。假如组织在危机事件初期没有给予足够重视，就会使自己陷入被动。因此，组织在平时就要保持与媒体的联系，在了解事实、确定对策后，要尽可能以最快的速度召开新闻发布会或记者招待会。同时，也要利用组织内部网站、有影响力的门户网站或者垂直媒体进行媒体公关。一方面要通过媒体坦诚面对，敢于担当，随时介绍危机的有关情况，公布组织正在采取的措施，消除人们心中的惶恐和不安；另一方面，也要恳请媒体密切配合，防止不利消息和舆论的传播。

案例：2000年11月15日，中国国家药品监督管理局发布了《关于暂停使用和销售含苯丙氨醇（PPA）的药品制剂的通知》，康泰克几乎成了PPA的代名词。面对这突如其来的危机事件，康泰克没有狡辩和解释，第二天就通过各种媒体刊发了致消费者的公开信，表示坚决执行政府法令，暂停生产和销售。并公开承诺："为切实保障人民群众的用药健康，我公司愿意全力配合国家药政部门的有关后续工作。"11月20日，中美史克公司在北京人民大会堂召开新闻发布会。会上，中美史克公司表示将全部召回市场上的康泰克。11月21日，中美史克公司的15条消费热线全面开通，数十名训练有素的接线员耐心解答公众的各种询问。几天后，中美史克公司又宣布全部销毁价值上亿元的回收和库存康泰克。中美史克快速有效的危机响应，最终赢得了媒体和消费者的理解。

3. 控制危机舆论传播技巧

按照危机处理的一般原则，在危机刚刚发生时，要能够及时杜绝这些负面信息被媒体曝光、追查，要很快稳定内部情绪、整理思路，那么负面信息就能很快扑灭。同时，要努力转移媒体的注意力，把他们转向到公司积极向上的能力上，选择恰当的时机和场合传达企业的正面信息。一旦主流舆论对企业危机事件的批判达到高潮，即便罪责不在企业，企业再发出对的声音也是不合时宜的，在这种情况下，企业要做的就是对舆论表面附和。

案例：2005年8月，海南检验检疫局在对进口红牛饮料的检验过程中，发现饮料无中文标签，咖啡因含量超过我国标准，且尚未取得我国标签审核证书。随后国家质量监督检验检疫总局发出通知，要求各地检验检疫局对辖区市场销售的进口红牛饮料进行检查。当时，南宁一家都市快报的新闻只报道"进口红牛被查"，却没有指出这个产品是"走私进口"的非法产品。随着几家网站转载该报道，中国红牛饮料公司生产的产品也受到了影响。事件发生后，红牛维他命饮料有限公司马上查找信息来源，并及时与质检、工商、法律等部门紧急沟通，立即同国内刊登该新闻的一些主要网站取得联系，促使有关网站撤掉所转载的不准确新闻，并附以红牛公司质量承诺宣言和获得国家相关认证的证书。针对第二天媒体可能出现的报道，红牛公司起草了一份新闻通稿，于当晚向全国一些主要媒体以传真形式发出。在不到两天的时间里，红牛及时化解了这次危机，控制住了舆论传播的方向，保住了自己打造的品牌。

思考：你认为中国红牛饮料公司成功化解这次危机的关键在哪里？

4. 重塑形象技巧

任何一场危机都有看得见的损失，也有看不见的损失。形象损失是能见度最低的一种损失，但也是最具杀伤力的损失。所以，形象的挽救、修复是企业在危机发生后最终的内容。首先要选择好重塑形象的有利时机，一般来说，在危机过后公司的正面形象开始重塑时，就是宣传公司发生的大事、好事的较好契机。此时可以利用情感进行引导，因为制造新闻的是人、报道新闻的是人、阅读新闻的还是人，所以新闻不可避免地会受到人类情感的左右。也可以借势造势，因为人们对于发生过的危机总是还会有一定的关注度。此时企业通过媒体再有针对性地策划一些新闻事件，满足人们的好奇心，就可以将人们的关注点巧妙转移，从负面形象逐渐转向正面形象，达到重新树立企业形象的目的。

案例：2008 年 1 月 31 日，一家日本媒体称有关兵库县一家三口食用了中国河北天洋食品厂生产的冷冻饺子后出现食物中毒症状。各大媒体纷纷炒作，河北天洋食品厂被媒体、消费者封杀，在日本的整个饺子行业遭遇风霜。在天洋公司的积极配合下，最终查出毒饺子是超市内使用防虫的敌敌畏药剂附着在商品上造成的。天洋的冤案算是彻底平反了。

接下来，天洋公司继续向日本出口，决心从哪里跌倒就从哪里站起来。结果，天洋公司的食品经过日本有关部门检查，不但符合日本相当苛刻的食品安全标准，还顺利通过了日本国内花样繁多的食品检测。借着此次检查结果，天洋加强了对海外市场的开拓。

练习巩固

1. 阅读下面的案例，请你谈谈，他们公关危机失败的原因在哪里？

2005 年 6 月，××乳业郑州公司被媒体曝光生产“回炉奶”。事件发生后，公司董事长在第一时间接受《每日经济新闻》采访，称“我们已经公布了《告消费者书》，请广大消费者放心。同时我们也恳请媒体和广大消费者进行监督。我们河南这个厂现在仍在生产，仍有新的订单，我们已从上海派人到郑州进行调查。这个事件不存在，××乳业不可能做这个事情”。但是，随后接二连三地郑州公司被证实有“回炉奶”，在上海、杭州还发现了“早产奶”，一度让××乳业雪上加霜，处境极为被动。

2. 阅读下面几个案例，试着分析，它们采用了哪些危机公关技巧？

(1) 丰田在“汽车召回门”事件中，在全美20家大报刊登载整版广告，醒目的广告语是：“一个暂时的停顿，只为将您放在第一位！”

(2)“松花江水污染”事件发生一年后，相关政府部门组织带领相关媒体再次参观和游览松花江。

(3) 美泰公司是世界最大的玩具制造商。但是2008年9月12日，却被查出玩具上的油漆含铅。当天，公司首席执行官罗伯特·埃克尔特面对众多家长，真诚地说道：“如同你们中的大多数人一样，我也是一位家长，我也深深担心子女的安全问题，并且同你们一样，最近的事件让我感到非常不安和失望。我们的产品上出现了带铅涂料，破坏了我们的标准，辜负了供应商，辜负了大家，我谨代表美泰公司和近3万名员工真诚地表示我们的歉意……我们会竭尽所能预防类似事件再次发生。”

第六节 演 讲

学习目标

- 了解演讲及演讲的特点。
- 掌握准备和实施演讲的基本技巧。
- 熟悉演讲的要求和避免临场忘词的技巧。

演讲，又称演说或讲演，是指演讲者在特定的时间和环境中，面对特定听众，凭借声音（为主）和相应的态势语言（为辅），向听众传递信息、表达观点、阐明事理、抒发感情，从而达到感召听众、说服听众、教育听众的语言艺术。在西方，“舌头、金钱、计算机”已成为三大战略武器。在我国，各种类型的演讲活动广泛开展，一些演讲与培训机构也纷纷提出了“好口才 = 好工作 + 升迁机会”的就业发展公式，喊出了“说话就是生产力”“投资口才就是投资未来”“拥有一流演讲口才 = 拥有一辈子的财富”等口号。

商务活动中的演讲，主要有信息性演讲（简介、报告、培训）、各种类型的劝说型演讲、集体演讲以及在特殊场合下作的评论（欢迎词、介绍、办法和接受奖励、向特邀嘉宾表示敬意以及祝酒词）等。

案例导引

林肯在葛底斯堡的演讲

87年以前，我们的祖先在这块大陆上创立了一个孕育于自由的新国家。他们主张人人生而平等，并为此献身。现在我们正进行一场伟大的内战，这是一场检验这一国家或者任何一个像我们这样孕育于自由并信守其主张的国家是否能长久存在的战争。我们聚集在这场战争中的一个伟大战场上，将这个战场上的一块土地奉献给那些在此地为了这个国家的生存而牺牲了自己生命的人，作为他们的最终安息之所。我们这样做是完全适当和正确的。可是，从更广的意义上说，我们并不能奉献这块土地——我们不能使之神圣——我们也不能使之光荣。因为那些在此地奋战过的勇士们，不论是活着的或是已死去的，已经使这块土地神圣了，远非我们微薄的力量所能予以增减的。世人将不大会注意，更不会长久记住我们在这里所说的话，然而，他们将永远不会忘记这些勇士在这里所做的事。相反地，我们活着的人，应该献身于勇士们未竟的工作，那些曾在此地战斗过的人们已经把这项工作英勇地向前推进了。我们应该献身于留在我们面前的伟大任务——由于他们的光荣牺牲，我们会更加献身于他们为之奉献了最后一切的事业——我们要下定决心使那些死去的人不致白白牺牲——我们要使这个国家在上帝的庇佑下，获得自由的新生——我们要使这个民主、民治、民享的政府不致从地球上消失。

这是 1863 年 11 月 19 日，美国总统林肯在葛底斯堡国家烈士公墓落成典礼上发表的一篇激动人心、誉满全球的简短演说。这篇用时不到 3 分钟的演讲，成为了世界演讲史上的经典。林肯那发自内心的真情实感，对听众产生了直观的号召力和艺术感染力。

思考：林肯演讲的主题是什么？为什么短短七百多字的演讲成为全世界的经典？在特定的条件下，这个演讲有什么作用？

一、演讲的特点

1. 明确的目的性

演讲是一种有目的的社会活动，演讲者总是在公开场合，面对特定的受众群体发表自己的见解、主张，说服听众，并使听众在思想感情上产生共鸣，认同他的观点，从而达到引导听众行为的目的。在演讲中，只要目标明确，就能拨开云雾见青天，用最有效的手段完成演讲。

2. 现场的应变性

演讲是面对受众群体发表讲话，有特定的现场性。不同的听众站在不同的立场、拥有不同的利益诉求点、有不同的性格和爱好，因此，演讲者就不能不顾及到现场受众的反应。比如演讲的具体环境，受众的因素（人数、文化层次、职业、年龄、兴趣、爱好），临场的变化（听众的反应、现场提问、出现突发事件）等。再充分的演讲都有可能面临这样那样的意外，都需要演讲者有较强的控场能力和随机应变能力。

3. 强烈的鼓动性

所谓鼓动性就是指以说服、鼓励听众采取某种行动的演讲。演讲无论是在思想内容上，还是在交流形式上都具有极强的鼓动性。它需要以扣人心弦的感情色彩、发人深省的理性启迪、极富煽情的肢体语言，拨动听众的心弦，实现心灵的沟通，促进情感的交流，从而形成一呼百应、万众一心的现场氛围。

案例：“二战”期间，英国遭受的损失和打击非常严重，人民的信心受到极大的影响。在这种情况下，丘吉尔发表了他在“二战”中最能够鼓舞人心的演讲。下面是节选段落：

虽然欧洲的大部分土地和其他许多国家都已经陷入了希特勒和纳粹统治的控制，但是我们决不投降，决不！我们要作战到底。我们要在法国作战！我们要在海洋上作战！我们要在天空作战！我们要不惜一切代价保卫英国。我们要在海滩上战斗！在敌人登陆的地方战斗！在田野和街巷中战斗！在山区战斗！我们任何时候都决不投降。即使我们这个岛屿或这个岛屿的大部分会被征服、会遭受饥饿——我绝不相信会发生这样的情况——我们在海外的同胞也会一直战斗下去，直到新世界用所有的力量来拯救和解放这个旧世界。

4. 视听的一体性

演讲通过口头表达与表情、手臂、拳头、手指动作等身体语言的共同参与来传达信息，听众不仅通过听觉来接受信息、体验情感，还要通过视觉来加深认识和体验。因此，演讲要注重选词炼句，讲起来要朗朗上口，听起来要生动悦耳。同时还要注重“演”的特性，要通过眼神、表情、姿态、动作等肢体语言来配合有声语言表情达意。

> **阅读卡：**任何一个人只要遵循正确的方法，提前做好详细周密的准备，都可以成为出色的演讲者。相反，如果事先不能做适当的准备，即使有智者一样的年纪或者丰富的经验，演讲时也仍然会失败。
>
> ——戴尔·卡耐基

二、演讲的要求

1. 了解听众

在演讲中，决定演讲成败的第一因素是听众的反应。要有效地掌握演讲现场的氛围，将演讲效果发挥到最大程度，就需要统一听众的思想，影响听众的情感，打开听众的心扉。必须尽可能了解听众的特殊属性（包括年龄、性别、人数、民族、信仰、文化、地位、职业、期待和关心的问题等），要围绕听众最感兴趣的话题有目的地、有针对性地展开，才能很好地吸引他们的注意力，使双方建立起一种和谐亲密的关系。

案例：杰出的演讲大师鲁塞·康威尔一生到过无数地方，他的著名演讲《钻石宝地》前后共发表过 6 000 次。他之所以能够取得这样的成功，最大的原因就是用心。要到某个城市或地方做演讲之前，他就会先去拜访那里的邮政局长、学校校长、牧师甚至理发师，和那里的人们交谈，了解他们的爱好、历史、发展机会，了解当地人比较喜欢什么样的话题。他知道，一场成功的演讲是建立在与听众融为一体、牢牢抓住听众兴趣的基础上的。

2. 收集素材

一次成功的演讲，无论是什么论题、什么主题，充分翔实和典型可靠的材料永远是提高说服力、增强可信度和强化鼓动性的有力保障。卡耐基在《人性的弱点》中所涉及的法则或观点，列举出来不到两页，而用于例证的故事和材料却有230页。所以，要想成为演讲方面的行家，功夫要花在演讲之外。“台上三分钟，台下十年功”的古训非常切合演讲训练。古今中外的著名演说家无一不是在占有材料上下足了功夫的，否则，“巧妇难为无米之炊”。

案例：美国第16任总统亚伯拉罕·林肯生活的时代流行礼帽，所以他经常戴着一顶高帽子。无论走到哪里，他总是把随时得来的有用的材料抄写在碎纸片、旧信封或包装纸上，然后塞进帽子里，以待回家整理。这顶帽子就成了林肯收集材料的临时“储存库”。

3. 搭建结构

讲稿是演讲的脚本，好的讲稿是成功的基础。演讲稿的写作通常包括确立主题、标题、开头、主体、结尾几个部分。每一部分写作都有着自己独特的规律，掌握这些写作规律，有利于获得演讲成功，也是通过演讲最高境地的阶梯。

（1）主题——旗帜鲜明。主题是演讲的中心思想，是演讲的“灵魂”和“统帅”。具体说来，演讲主题一定要紧扣现实、关心热点，不能为演讲而演讲。要旗帜鲜明，不能似是而非、模棱两可；要内涵深刻，能揭示真理、启发思考；要角度新颖，不能人云亦云，摒弃陈词滥调。

案例：这是阿里巴巴的首席执行官马云一次题为《爱迪生欺骗了世界》的演讲的开头：世界上很多非常聪明并且受过高等教育的人，最后无法成功。那是因为从小他们就受到了错误的教育，养成了勤劳的“恶习”。很多人都记得爱迪生的那句话吧：“天才就是99%的汗水加上1%的灵感”，并且被这句话误导了一生。勤勤恳恳地奋斗，最终却落得碌碌无为。其实，爱迪生是懒得去想他成功的真正原因，所以，随意地编了这句话来忽悠我们的！

…………

演讲的结尾是这样说的：懒不能傻懒，如果你想少干，就要想出懒的办法，要懒出风格，懒出境界！

思考：你认为，马云是要颠覆爱迪生“天才就是99%的汗水加上1%的灵感”这个人们公认的真理吗？为什么？

（2）标题——标新立异。标题是演讲的“眉目”。好的标题，具有眉目传神的特点，能够给人留下鲜明深刻的印象，引起听众浓厚的兴趣。

演讲标题要具有概括性、新颖性、针对性。概括性指标题要能反映演讲的主题、内容。如国家主席习近平在坦桑尼亚首都发表题为“永远做可靠朋友和真诚伙伴”的重要演讲，让人一听就明白演讲的内容和主题，受到国际社会高度关注。新颖性指演讲的标题要富有创意，如鲁迅先生的演讲题目“老而不死论”“象牙塔与蜗牛庐”。针对性指演讲的标题既要针对受众的实际，又要注意自己的身份。

阅读卡：不妨问问你自己，如果有人站起来反对你的观点，你是否有百分之百的信心，成功地为自己辩护？如果有的话，你的演讲题目一定适合。

——戴尔·卡耐基

(3) 开头——先声夺人。美国著名演讲家洛克伍德·桑佩说：“在整个演讲过程中做到轻松地、巧妙地和听众交流思想是困难的，做到这一点的关键是讲话开头的用字和表达。”

演讲的开头是架起演讲者与听众之间沟通的桥梁。目的是吸引听众注意力，激发听众好奇心，拉近与听众的关系，创造良好的气氛，克服演讲者与听众之间的心理障碍，最终达到左右听众思想和行为的目的。作为演讲者，要因时、因地、因人精心设计开头，力争使开头像“凤头”那样精美，像磁铁那样吸引人，使演讲旗开得胜。

案例： **投资理财经理的演讲开头**

“想象一下，现在是2050年，你已经65岁了，打开你刚收到的一封信，里面是一张10万美元的支票。不，这不是你什么彩票中奖，而是你投资的回报。回想你过去的40年，日常小额的投资策略终于有了可观的收益，你喜出望外，感慨万千！”

一般来说，演讲开头采用的方法有：

提问法：当演讲者提出一个有价值的问题之后，听众们就会集中注意力来思考这个问题，为了找出问题的答案，他们甚至会用全部精力来对付。通过提问，可以触发听众神经元的亢奋，迅速进入交流状态，将听众带入事先设置好的情景中去。

讲故事法：有趣的故事有无穷的魅力，总是吸引着无数人的注意力，在演讲中，用一个与演讲主题密切相关的故事开头也是再合适不过的事情。

摆事实法：通过摆事实的开场方式能够发人深省，可以让听众更加贴近生活实际，轻而易举将听众引入自己预先设定好的演讲主题。

幽默诙谐法：俄国文学家契诃夫说过：“不懂得开玩笑的人是没有希望的人，这样的人即使额高七寸、聪明绝顶，也算不上真正的智慧。”对演讲者而言，我们也要拥有这样的智慧，营造出一种轻松愉快的气氛，用最快的速度引导听众进入演讲接受者的角色。

阅读卡：幽默是一种生活态度，它用机敏和睿智给人们带来快乐。如果你会幽默，那么你是一个幸运的人；如果你不会幽默，那么你至少要会去欣赏幽默。

案例：在南部非洲发展共同体首脑会议上，南非前总统曼德拉获得了“卡马勋章”。在获奖感言的开场白中，他幽默地说：“这个讲台是为总统们设立的，我这个退休老人今天上台讲话，抢了总统的镜头，我们的总统一定很不高兴。”话音一落，笑声四起。笑声过后，曼德拉正式发言。当讲到一半时，他发现讲稿的页次乱了，不得不停下来整理。这本来是件有些尴尬的事情，但他却不以为然，一边整理一边脱口而出：“我把讲稿的次序弄乱了，你们要原谅一个老人。不过，我知道在座的一位总统，在一次演讲的时候也曾把讲稿的次序弄乱了，但他却不知道，照样往下念。”整个会场哄堂大笑。

(4) 主体——逻辑严密。主体部分是演讲的主要内容，是演讲稿的躯干，一篇演讲稿是否内容充实、论证严密，主要看主体部分写得如何。要充分运用各种论据，采用恰当的论证方法，紧扣主题，有条不紊地展开论证。切不可信口开河，离题万里。叙事说理的条理要清晰，结构要合理，逻辑要严密，过渡要自然。还要注重张弛有度，跌宕起伏。

(5) 结尾——画龙点睛。戴尔·卡耐基说过：“最后的——也是最重要的。缄口之前挂在嘴边的词儿可能使人记得最久。”好的结尾应该既是收尾又是高潮，既水到渠成又戛然而止，既铿锵有力又余音绕梁，既别开生面又自然得体，使听众获得始终如一的完整形象。

一般来说，常用的收尾方式有：激情收尾，引发高潮；诙谐幽默收尾，给大家留下愉快美好的回忆；提出问题，令人深思，发人深省。

案例 1：　　　　毕业典礼上的校长寄语

至于时间，更不成问题。达尔文一生多病，不能多做工，每天只能做 1 小时的工作。你们看他的成绩！每天花 1 小时看 10 页有用的书，每年可看 3 600 多页书；30 年读 11 万页书。诸位，11 万页书可以使你成为一个学者了。可是每天看 3 种小报也得费你 1 小时的工夫；四圈麻将也得费你 1 小时的光阴。看小报呢，还是打麻将呢，还是努力做一个学者呢？全靠你们自己选择！

易卜生说：你的最大责任就是把你这块材料铸造成器。学问就是铸器的工具。抛弃了学问便是毁了你自己。再会了，你们的母校眼睁睁地要看你们 10 年之后成什么器。

案例 2：《为什么还不行动》演讲结尾

生活中，有许多这样的人，他们对人生有着种种设想与规划，有着十分美好的理想与愿望，可就是不用实际行动来实现它。这样一来，即使构想出再有价值的东西，也是胎死腹中，令人惋惜。

老鼠没有行动，是因为恐惧；我们没有行动，是因为什么呢？不要找任何借口来回答这个问题，任何借口都是苍白无力的。我们应该随时告诫自己：下定决心做某件事的时候，一定要立即行动。

我们每一个人都应该牢牢记住，上天不会因为你美好的想法而送你一个美好的前程。那么，为什么还不行动？

思考：这两个案例分别采用了怎样的方式结尾，会产生怎样不同的效果？

三、演讲的技巧

1. 演讲的临场技巧

(1) 树立十足的自信。自信是成功的前提，美国思想家爱默生说：“和任何其他事物相比，恐惧更能击溃人类。”不自信带来的恐惧，严重影响演讲水平的发挥。因此，要学会给自己积极的暗示，确信自己演讲一定成功，给自己打气，并大声喊出来：“我一定行!”“我在这方面有丰富的经验!”“我能用自己的语言组织表达。”确信这次演讲很适合你。这种自我暗示开始或许是假装的，但不断强化之后，自信就随之增强。

案例：在以“提倡节俭”为主题的一次演讲前，美国银行学会纽约分会的一位演讲者对这一主题缺乏底气，很没自信。

卡耐基对他进行了指导：你记住这样一个事实，纽约遗嘱公证法庭记录显示，85%的人去世时没有留下分文，只有3.3%的人留下1万美元或更多的财产。你还要明白，你现在不是去求别人施舍，或者要别人做根本无法做到的事。你可以对自己说：“我是在替这些人着想，要使他们老了以后衣食无忧，过上舒适安逸的生活，并且给妻儿留下安全的保障。”你还应相信，你是在做一项了不起的社会服务工作，在这项工作中，你要让更多的人得益。

后来，这位演讲者热血沸腾，激情四溢，他满怀信念、充满热情的语言感染了听众，赢得了共鸣。

(2) 酝酿充分的激情。激情是演讲者与听众交流的催化剂。没有充分的激情，不但影响演讲效果，连演讲者自身也会觉得心虚。酝酿激情的首要前提是挑选自己感兴趣的话题。因为自己感兴趣的话题，就会有深刻的感受，甚至有对这个话题的偏爱，有不吐不快的冲动，这样才能满怀热情，演讲时充满激情。

案例：老师在班级中要求学生自己择题演讲，结果，学生都说，自己过着单调平凡的生活，对什么都不感兴趣，所以没什么可讲。后来，老师问：“你闲暇时候都做些什么呢?”全堂哗然，有说看电影的，有说打篮球的，有说上网玩游戏的……不一而足。有一个学生告诉老师：“我喜欢收集火花。”当老师表现出关注的时候，他便兴致勃勃地描述起自己的收藏来，眼睛里流露出激动的神情。最后，在老师的鼓励下，他以一个小收藏家的姿态，兴高采烈地畅谈了整整一节课。

(3) 激发强烈的共鸣。有的演讲，讲坛下面群情振奋；有的演讲，却是长时间的冷场，这就是共鸣效果的不同反映。如果说演讲台上下隔着一堵墙，那么，利用听众的参与就可以轻而易举地推倒。当然，这要求演讲者具有很高的现场驾驭能力。我们可以从简单的做起，例如：设置是非问、选择问让听众齐声回答；或者让听众和演讲者大声重复一个中心句；提一个问题，请听众举手表决。尽量把听众放在演讲活动伙伴的位置上。

有时，用自己的经历或身边的故事，也容易激发听众的共鸣。譬如，以“成功之道”为题演讲，好多人会列举一大堆抽象的东西，或举出一两个大家熟知的名人事例。其实，还不如用你自己的经验（甚至教训）或身边的成功事例更让人感兴趣。

案例：一位演讲者在做一场关于“家庭问题”的演讲时，提到自己和妻子之间的一次纠纷。他绘声绘色地描述当时的场景，其中有一段是：他愤怒地对妻子大发脾气：“你给我滚出去。”结果忘情之下脱口而出：“我给你滚出去。”听众本来觉得这场演讲挺沉闷的，听到这里忍不住哄堂大笑。他这才反应过来，发现自己说错了话。不过他没有改正自己的错误，而是将错就错，把错误当成了一种幽默继续说下去：“我妻子一听就愣住了，反应过来后爆笑起来。笑完后，我可爱的妻子哭着说：‘谢谢，我们不要吵了吧！’”

演讲气氛一下活跃了起来。

思考：为什么观众忍不住哄堂大笑？你认为他的演讲成功吗？

2. 演讲的语音技巧

（1）共鸣语音。声带发出来的声音是微弱的，如果没有共鸣，或者共鸣不够，声音就小，不够清晰响亮。必须借助共鸣腔体，才能扩大音量，美化音色。演讲者只有掌握了共鸣规律，才能达到宽厚、圆润、明亮、集中的用声目的。

（2）控制音量。根据所表达的思想感情，变换音量和音高，在演讲关键点、情感激烈时，声音就要高亢、明亮，以重音敲打听众耳鼓。反之，在演讲到悲伤、惋惜、深思之类的内容，音量就可以小些，低沉舒缓。

（3）把握重音。一般说来，讲话的重点、话语的主旨就是重音的位置。把握重音对提高演讲效果至关重要，不懂处理重音，演讲就会味同嚼蜡。

（4）巧设停顿。在演讲的过程中，有意识地、巧妙地设置停顿，有时能造成言外之意、弦外之音，让人产生“此时无声胜有声”的感觉。

（5）掌握语速。文似看山不喜平，演讲也是一样的道理。如果始终保持同样的语速，就像和尚念经，不利于激发人的共鸣。一般来说，叙事语速宜平；议论中速；遇富有激情的、用排比一类修辞的句式，则如急风暴雨，语速宜快。

3. 演讲的体语技巧

> 阅读卡：一句话的影响力＝15％声＋20％色＋25％姿＋40％表情。
>
> ——美国著名心理学家 阿尔特·蒙荷拉比

在演讲活动中，听众依靠声音信息和非声音信息同时感知、理解演讲者的意图。一次成功的演讲，语言的“声、色、姿、情”是决定和制约演讲效果的重要因素。一般来说，演讲者衣着应以整洁、朴素、大方、和谐为原则，不宜过于花哨。举止要大方，走姿端庄大方，步履稳健，给人一种庄重、自信、精力充沛的感觉；站姿规范，挺胸、收腹、精神饱满。目光要传神，面部表情运用要自然、适度。正如泰戈尔所说："一旦学会了眼睛的语言，表情的变化将是无穷无尽的。"

手势是外在形象的一个最直观突出的表现，与眼睛具有同样重要的作用。列宁演讲时，左手大拇指习惯插在背心肩口，较多地用右手做动作。不过初讲时他的动作也极少，讲到后来，就越来越多地用两只手做动作，尤其在讲到激情、鼓舞等重要关口，还喜欢把身体迅速前倾，急剧地、有力地向前一挥，用这一特有的典型手势来加强演讲的色彩和力量。

案例：乔布斯认真地说："你们知道吗？苹果公司……钛合金 PowerBook 笔记本电脑已经成为最好的笔记本电脑。"说到"最好"这个词的时候，他伸出自己的食指，然后掌心向外张开手臂笑着继续说下去："它通过了所有测评，并且获得了所有测评人员的叫好。"

他专注地看着观众，骄傲地伸出两根手指："我肯定，在两年之内，没有笔记本电脑能超过它。到现在为止，几乎所有的测评人员都认为它是整个行业里最好的笔记本电脑。"伴随着这段话，他伸出手上下挥动做出比较的姿势，然后打开手臂展开手掌说道："对于我们来说，这是一个非常重要的信息。我坚信，总有一天，笔记本电脑将会取代台式机，也会有更多新的笔记本电脑被研制出来。我保证，铝合金 PowerBook 在电脑发展史上是里程碑式的作品，我们不会停止生产它。但是苹果公司将会让它再升一级，让更多的台式机用户放弃自己的老电脑来购买笔记本电脑。"说到"再升一级"的时候，他用力地将左手从右边大幅度滑向左边，短暂停顿一下后继续说："那么我们要采取什么措施来做到这一点呢？我们用它。"

他掌心向上，打开样品并将样品展示给观众看："新款 17 英寸 PowerBook 笔记本电脑。它的显示器足有 17 英寸，看起来非常的漂亮。"他伸出左手将大拇指和食指捏在一起，只留一点点缝隙："它非常薄，只有 1 英寸……这是苹果公司推出的最神奇的产品。"然后，他打开样品，举高样品向观众展示它的屏幕："看，新款 17 英寸 PowerBook 笔记本电脑。看起来非常惊艳。看看这显示器！看看这厚度！是不是让人很吃惊？是不是非常漂亮？"他走向舞台的右侧，但是依然和观众保持眼神交流，"它是我们制造过的最不可思议的产品。"说到这里，他一改之前微笑而认真的表情，做出严肃而忧心忡忡的样子说："毫无疑问，到现在为止，这是最优秀的笔记本电脑。它已经推出两年了，但是它的竞争对手还是没能够打败它，我真不知道应该拿他们怎么办。"他的样子逗得观众忍不住大笑起来。

思考：乔布斯是如何将有声语言和无声语言结合来吸引观众注意力的？

4. 演讲的应变技巧

演讲中，随时都有可能发生演讲者在准备阶段无法预料的情况，这就需要演讲者具备应对和机变的技巧。

(1) 应对消极场面的技巧。演讲者可以选择暂停，这种语流的短暂间歇，可引起听众的心理注意，此时再适当地引发话题，衔接演讲。当然，停顿的时间不要超过5秒钟，否则大家都会有不知所措的感觉。

面对台下的说笑声，演讲者可以就演讲内容提出问题，使说者和听者之间建立起有效互动关系，激发听众的心理思考，引起思想反省。有时也可突然转换演讲话题，促使听众的心理转变。还可以通过语调的鲜明对比，造成听众的心理反差，从而使他们集中注意力。

案例：1945年“五四”那一天，云南大学在操场上举行纪念大会。到会的人很多，大家情绪都很热烈。当大会开始时，天公不作美，下起雨来。许多人争相避雨，秩序开始混乱。主持人连声喊：“不要动，大家站好，就要开会了！”效果还是不大。

此时，闻一多正好在讲台上，他向正在朝四面移动的人群发表演讲：“同学们，我给大家讲一个故事。两千多年前，周武王决定起义，去打倒暴君纣王。就在出兵的那一天，像我们现在一样，忽然下起雨来了。许多人都觉得很不吉利，建议武王改期。这时候管占卜的，就说是当参谋的人吧，出来啦，他说这不是坏事，这是‘天洗兵，是老天爷帮我们的忙，把兵器的灰尘，都洗得干干净净，打敌人更有力啦！’我们今天也碰上了这样的机会，这是天洗兵！不怯懦的人回来！走近来！勇敢的人站过来！”闻一多先生随机应变，巧借武王伐纣出师“天洗兵”的典故，使人们深受鼓舞，抑制了避雨的举动，表现了高度的智慧和才能。

(2) 应对演讲忘词的技巧。演讲不是背讲稿，演讲靠的是根据准备的内容，临场的即兴组织和发挥。但是，任何记忆力超强、演讲经验丰富的人都会遇到在演讲过程中无法继续下去的情况，这就需要我们设法应对。

一方面，我们需要未雨绸缪，多做准备。例如美国幽默大师马克·吐温在演讲前就喜欢在自己手指上做上十个记号，把关键点记在手指上，以备不时之需。

另一方面，如果突然忘词，也可随机应变地采取一些措施来进行应对。比如可以用转移注意力的方法应对，例如用询问听众（如虽然明知自己嗓音洪亮，还是可以问：我声音够大吗，后面的朋友听得清吗？若自己带点方言，也可以从这一方面发问）的方法可以转移听众的注意力，掩饰窘态。

在实在想不起下面的演讲内容时，也可以顺着忘词前最后一句话的关键词进行联想发挥。

案例：在一次题为《怎样才能获得商业上的成功》的演讲中，演讲者在讲到“普通的商业雇员，他们所以不能获得晋升的原因，就是因为对于自己的工作很少有真正的兴趣，很少有创造力的表现的缘故”这段话时忘词了。演讲者就抓住了忘词前最后一句话讲到的“创造力”一词进行了联想发挥，他接着说：“创造力的意思就是自发的，从你自己心里想出来做一件事，不需要等待别人的授意……”

练习巩固

阅读下面的演讲词，先体会其思想感情，然后选择你最感兴趣的一段熟记下来，在小组内进行演讲，并相互讨论、点评。

要求：①注意形象风度；②注意重音、停顿、音量、音调和速度；③注意表情、动作的恰当运用。

我们的后代喝什么？

水，几十亿人的生命之所系。可以说，没有水，就谈不上生命。因为水是孕育着她、滋润着她、承载着她……

北宋词人李之仪在《卜算子·我住长江头》一词中，用“我住长江头，君住长江尾。日日思君不见君，共饮长江水”的词句来表达思念之情。如果是现在，李之仪绝不会写出“共饮长江水”的词句了。因为长江源头清澈洁净的水，到了中下游由于携带大量废水、泥沙等，已经没有人敢斗胆直接饮用了。

与此同时，缺水也已成为世界性的问题。我国有不少城市严重缺水。自然界的水在生命的诞生、繁殖、发育、生存等活动中，扮演着十分重要和不可替代的角色。面对日趋严重的水污染和日益加剧的水资源短缺，有远见与有责任感、正义感和危机感的人们，不能不发出这样的忧虑：我们的后代喝什么样的水？我们的后代有没有水喝？

在中国疆域地图上，最醒目的莫过于长江和黄河了，而养育华夏儿女的母亲河——长江、黄河正以浑浊的河水诉说着她们的悲哀……

有这样一个故事：德国的享格尔小姐与同伴来到神往已久的长江三峡游览。一路上，她俩饱览了长江两岸醉人的风光，也深深“领略”了“中国人”肆意破坏环境的无情。在中国游客眼中，长江竟然无异于一座天然的废物场，滚滚东流的长江“毫无怨言”地包揽了中国游客抛弃的一切：果皮、废纸、饭盒、塑料袋……作为外国游客，她俩怎么也不忍心这样做。在无法找到垃圾桶的情况下，她俩只好将旅程中的废弃物用塑料袋一一装好，下船前彬彬有礼地请乘务员代为处理。不料，乘务员竟嗤之以鼻，毫不犹豫地把垃圾袋投入长江的怀抱。看到这里，我不由地要问一句：《长江之歌》中描述的“用巨大的臂膀挽起高山大海”的长江，能够挽起它所养育的人们对它一次次无情摧残的重压吗？

回到身边来说，昔日祖辈、父辈可以饮用、嬉耍、畅游的小河，现在一到夏天，颜色如墨，气味也像劣质的墨！别说饮用，手脚洗一下，就有可能要麻烦皮肤科医生一下了。自天而降的雨水，被称为“无根水”，往日是大多数茶馆泡高级茶叶的好水，可是现在的雨水，矿物质含量丰富，没有冒着牙龈肿烂、被牙医把牙齿连根拔出的胆量，谁敢多喝？几年前江浙沪一带的一场酸雨使蔬菜烂了叶子又烂根，各种花草树木，枯死无数。原本处于大批上市季节的青菜，价格猛然翻了五六个“跟头”。号称“水乡”的杭嘉湖大多数地方的人们，除非万不得已，已经不敢直接饮用地面水、天落水了；他们已把眼光盯住了地下深层水而大量开采，地面已经开始下沉。地下水抽上来，建筑物等却在沉向地下！

面对趋之若鹜的矿泉水、纯净水热潮和颇具诱惑力的“让我喝祖先喝的水”矿泉水广告语，我们也有必要问一问：我们的后代能喝到我们祖先喝的水吗？能喝到我们喝的水吗？陈敏豪在《人类生态学》一书中指出“鼠目寸光、急功近利，醉心一时的得失、利害和荣辱，逆自然规律而行事，总要付出惨重代价的。这代价如果来不及由自己承担，那就意味着强加给后代子孙承担”。实际上，我们已经在忍受忽视环境和资源保护而引发的阵阵痉挛和频频巨痛。如果水污染得不到解决，水资源得不到保护，我们生存的环境就会受到严重威胁，那我们在后代面前，就成了永远的罪人。

…………

大自然的警钟已在嘶鸣，保护我们的生存环境已经刻不容缓！为了我们的后代有青山绿水相伴，为了我们的后代能有取之不尽、用之不竭的生命甘霖，请珍惜水资源，爱护好养育好我们的绿色家园吧！

第七节　应聘面试

学习目标

- 掌握应聘面试的组织和要求。
- 了解应聘面试的语言技巧，提高应聘面试能力。
- 会灵活处理应聘面试中的常见问题。

面试是一种经过组织者精心设计，在特定场景下，通过考官对考生的面对面的交谈与观察，由表及里测评考生的知识、能力、经验等有关素质的一种考试活动。面试为企业和应聘者提供了双向交流的机会，能使双方之间相互了解，从而更准确地做出决定。面试是否成功从根本上说是由一个人的实力决定的，但一些必要的面试技巧也起着举足轻重的作用。

案例导引

小莫是化工专业的毕业生，到一家台资企业应聘，随后接到了公司的面试通知。小莫紧张地做起面试准备，先从网上查阅这家公司的详细资料，再根据这家公司从事陶瓷新材料生意的特点，设想了种种可能的技术问题，重温大学里所学的专业技术知识。还到图书馆翻阅有关的科技图书资料，忙得不亦乐乎。

面试那天，小莫准时到达公司，公司经理亲自面试。意料之外的是，经理并没有提出什么高深的技术难题，而是很随便地跟她聊聊大学里的学习情况，问她为什么要应聘本公司，然后要求她背读化学元素。照例，化学元素是初中就学过的最基础的化学知识，再容易不过了。然而，小莫由于应聘前过度地准备难点，对简单容易的基础知识疏忽了，把化学元素中不常用的少数几个化学元素忘记了，出了差错。

结果，小莫面试未能通过而被淘汰。

机会总是给有准备的人。小莫面试失败的案例，给很多即将毕业面临应聘的学生提供了教训。当你接到面试通知时，你该做哪些准备？在面试的过程中需要注意什么问题？怎么回答面试官的各种问题？相信只要善于思考，善于总结，一定能掌握适合自己的求职方法和思路。

思考：小莫应聘面试因为过于紧张，竟然连最基础的化学知识也忘记了，她的失败给了我们什么启发？在面对考官时，小莫是否可以再说些什么给自己加分呢？

一、面试的组织

应聘面试是成功求职的第一步，通过面试，面试官可以了解求职者的仪表风度、教育背景、专业知识掌握的程度、所具有的实际工作经验、工作态度、业余兴趣爱好等多方面的情况。对于求职者来说，面试就是展示自己的绝好机会。

1. 面试的目的

从面试者的角度来说，是为了充分展示自己的才能，赢得面试官的认可，从而获得自己理想的职位。

对于用人单位而言，进行一次面试，主要有以下几个目的：①选择人才；②吸引人才；③收集有关求职者能做什么的信息；④收集有关求职者志愿做什么的信息；⑤向求职者提供组织的相关信息；⑥检查求职者对应聘单位职位的匹配程度。

阅读卡：推销自己是一种才华，是一种艺术。有了这种才华，你就能安身立命，使自己处于不败之地。你一旦学会了推销自己，就可以推销任何值得拥有的东西。

——戴尔·卡耐基

古人说：“凡事预则立，不预则废。”面试是一个不容有任何差错的过程。求职者要想达到目的，就必须了解未来的雇主面试的目的是什么。

2. 面试的方式

面试的方式有很多，概括起来有以下几种：

（1）模式化面试。由主考官根据预先准备好的问题和有关细节，逐一发问。其目的是为了获得有关应试者全面、真实的材料，观察应试者的仪表、谈吐和行为，以及沟通意见等。

（2）问题式面试。由主考官对应试者提出一个问题或一项计划，请应试者予以完成解决。其目的是为了观察应试者在特殊情况下的表现，以判断其解决问题的能力。

(3) 非引导式面试（无目的式面试）。即主考官海阔天空地与应试者交谈，让应试者自由地发表议论，尽量活跃气氛，在闲聊中观察应试者的能力、知识、谈吐和风度。

(4) 压力式面试。主考官有意识地对应试者施加压力，针对某一问题做一连串发问，不仅详细，而且追根问底，直至无法回答。甚至有意识刺激应试者，看应试者在突如其来的压力下能否做出恰当的反应，以观察其机智程度和应变能力。

(5) 综合式面试。由主考官通过多种方式综合考察应试者多方面的才能。如用外语同应试者会话以考察其外语水平，让应试者抄写一段文字以考察其书法，让应试者讲一段课文以考察其演讲能力等，也许还会要求应试者现场操作等。

在实际面试过程中，主考官可能只采取一种面试方式，也可能同时采用几种面试方式。

3. 面试的程序

一般来说，面试时间控制在 20～30 分钟，若面试人数较多，可根据情况进行调整。面试主要包括以下几个阶段：

(1) 寒暄阶段。主要是以一般性的社交话题进行交谈，时间一般不超过 3 分钟。如主考会问“你住的地方离这里远不远?”“我们这里好不好找?”“今天天气很好，是吗?”等问题，目的是消除应聘者紧张的情绪，使其能比较自然地进入面试情景之中，建立一种和谐、友善的面试气氛。

(2) 引入阶段。寒暄结束后，考官会简要地向应聘者说明本次面试的情况，如面试时间、面试环节、考核标准等，时间一般为 1 分钟左右，然后用大约 2 分钟的时间向应聘者简单介绍企业的基本情况。有时也会围绕应聘者的履历提出问题，如问“请用简短的语言介绍一下你自己”“你在学校所学的主要课程有哪些”“谈谈你在前一段工作期间的最大收获”等问题。

(3) 正题阶段。进入面谈的实质性环节，考官往往通过专业知识来了解应聘者所具备的专业能力，也会通过广泛的话题来了解应聘者的心理特点、能力素质等。

(4) 结束阶段。考官一般会以诸如“我们的问题都问完了，请问你对我们还有什么需要了解的?”等话题进行结束。许多企业也可以从应聘者提出的问题中发现应聘者的一些闪光点以及一些对企业积极的建议。

二、应聘面试的要求

1. 有备而战

“机遇总是垂青有准备的人”，精心的准备是面试成功的基础。应聘面试前，既要了解用人单位，也要了解自己。尽管你不可能知道面试的内容，尽管面试的内容有很多不确定的因素，只要

> **阅读卡：**《孙子兵法》中说道：“知己知彼，百战不殆；不知彼而知己，一胜一负；不知彼不知己，每战必殆。”

准备充分，面试的时候就不会紧张。

应聘者首先要对面试材料和面试中的自我介绍进行准备。面试前，应聘者必须准备一份详尽的个人简历，可以根据自己的简历准备好自我介绍的内容，以2～3分钟为宜。如果有重要的实习和兼职经历，最好能够附上工作证明或推荐信。

其次，要做好对应聘企业的调研工作，了解该企业的企业文化、企业实力、发展潜力、工资待遇、岗位要求等信息，尤其要针对所应聘岗位的所需知识和能力进行充分的准备。

最后，还要注意个人仪容仪表的修饰。面试时，衣着要整洁得体，女士可适当化淡妆。此外，面试前还要做好心理准备和时间准备。可以事先揣摩面试中可能会遇到的问题，多练习几遍，增强自信心。

案例：小蔡与小黄都是名牌大学的毕业生，他们投递简历后接到了同一家跨国公司的面试通知书。小蔡自认为来自名牌大学，只要将学历与相关的获奖情况往面试官前面一摆就能说明一切。而小黄则认为面试前应该做一些准备，对于怎样沟通，比如想好一些精彩简短对白对自己会更有利。面试那天，当面试官提出让每个面试者用一件往事证明自己与相关岗位能力时，小蔡因为没能组织好自己的语言，满肚子的话说不出来。而小黄则是有备而来，表现得非常从容自信，谈吐自如。最后的结果也就可想而知了。

2. 善于倾听

“听”话是否得法同样能在主考官的印象中打上深刻的烙印。善于倾听首先需要的是耐心，对对方提起的任何话题都不能心不在焉，更不能轻易打断或中途插话，除非是交谈需要的时候。其次要细心，要有高度的敏感性，善于理解对方的“弦外之音”。最后要专心，能抓住对方谈话的要点和实质。如果对方所谈之事本身不明确，你可以用委婉诚恳的语言指出。这样既能弄清问题的要点和实质，又能给对方以专心致志的好印象。

案例：招聘者提问：“我在你的简历上看到你原来是担任行政秘书职位的，而你现在应聘的是市场管理部职位，能谈谈你对市场管理部工作的理解吗？”

应聘者回答：“我认为市场管理部门的工作就是通过市场信息来分析消费者的心理、偏好，使你的产品具有个性、与众不同，在同类产品中更有竞争力。要瞄准特定的客户群体，挖掘尚未完全开发的市场。虽然我过去担任的是行政秘书的职位，但是我在此期间也参与了一些市场部门的项目，对市场管理工作有一定的了解和认识。同时我具备一名市场管理人员所必须具备的创新意识和分析能力，又能把担任行政秘书的细心敏锐带到新的工作中去。而我曾经在市场部参与项目的经验和良好的学习能力、适应能力，也使我能够快速投入市场管理部的工作中。”

思考：这位应聘者的思路非常清晰，他的回答中传递的主要信息有哪些？

3. 条理清晰

应聘面试过程中，无论是自我介绍还是回答问题，条理要清晰，层次要分明，语言要简洁严谨，表达要客观准确，态度要谦逊有礼。面试往往有一些即兴的话题，开口之前需要先在头脑里思考。回答要尽量简洁，要直奔主题、开门见山、简洁有力、有条有理。要记住：应聘面试时，啰啰唆唆是大忌。

面试还要随时注意礼貌用语，语气要谦和。称呼对方时用尊称“您”，讲话时避免语言粗俗与不敬，避免口头禅。音调要适中，声音太低会给人不自信的印象，太高了又有咄咄逼人之感。发音要清晰，语速要合理，太慢会显得缺乏朝气，太快了则给人缺乏稳重之感。

案例：在一次招聘中，有位应聘者这样对我说：“我进入社会后，在一家软件公司做了一年，又接着去了一家广告公司做了半年。哦，对了，我还做过半年销售，那是在2009年的时候吧，在去广告公司之前。”

面试官问：“你到底有几份工作经历？”

他回答：“三份。哦，不对，是四份吧。”

4. 灵活应变

灵活应变是应聘者应当具备的能力。面试过程往往是即兴发挥，即使你准备再充分，也可能会遇到突发情况。这些突发情况可能会打乱你的部署，扰乱你的心神。另外，当应聘者一人面对众多考官时，难免会因为紧张导致很大的心理压力。而紧张的情绪又往往使应聘者更关注自己的“不足”。如果不能灵活应变，会影响自己的自信心，也注定将会被淘汰。因此，灵活应变也是考官考察应聘者的一项重要内容。

有时考官会故意制造一些情景或提出尖锐问题，或者故意打断谈话来看应聘者如何应对。要做到灵活应变，可以从以下几方面入手：保持一颗平常心；当出现失误或“不足”时，不过分懊悔，而是把精力放在下面的问题上。对于不熟悉的问题，不要过分纠缠，简洁明了地带过。减慢语速，给自己多一点思考的时间，尽量将话题转移到自己擅长的话题和问题上来。回答尖锐、敏感问题时，尽可能以中肯、谦逊、冷静的方式应对，必要时要大智若愚，尽可能快点与考官达成共识。

案例：秦伟去参加面试时，面试官和他讨论了一个非常专业的问题，秦伟对这个问题发表了自己的看法。但是没等他说完，面试官就粗鲁地打断了他的话说：“我认为你的想法完全是错误的，我看你对这个问题根本就一窍不通。”这一句话让秦伟非常生气，他甚至有一股想要跟面试官大吵一架的冲动。但是他勉强压抑住了自己的情绪，然后面带微笑地说：“也许您的观点才是正确的，毕竟每个人的看法都是不同的，您完全可以不认同我的观点。但是我保留自己的观点，将来我会对这个问题进行深入研究的。”

思考：你认为案例中秦伟的做法好吗？如果是你，你会怎样做？

三、应聘面试的语言技巧

1. 礼貌谦逊

待人礼貌、谦和，可以从一个侧面反映出一个人的良好素质。面试开始时，应聘者应主动跟面试考官打招呼，并致以谢意。比如："各位考官早上好，非常感谢贵单位给我这个机会……"面试过程中也要注意措辞，用语要礼貌、得体，不可自以为是，不懂装懂，讲话要留有余地。面试沟通中，既要介绍自己的能力，也不要把自己说得事事皆能。还要尽量避免一些绝对式的话语，如"我可以让部门的业务大增""我非常熟悉这些业务"等，以免引起考官的反感，若考官继续追问下去，可能会因无法回答而陷入尴尬。面试结束时，也要礼貌道别，并再次致谢。

案例：一位报考办公室秘书工作的中文系毕业生，面试开始都很顺利。可是，当面试官请他谈谈自己的兴趣和特长时，他便信口开河，称自己对经济学很感兴趣，很有研究，言谈中不时涉及宏观经济、微观经济等名词。他不知道面试官中就有公司的总经济师和总会计师。他们问这位大学生什么是宏观经济、什么是微观经济时，他一时语塞答不出来了。面试官对他的印象大打折扣，他最后被淘汰也就顺理成章了。

2. 善举实例

面试时，应聘者都想尽可能地展现出自己的优秀，使自己在众多竞争者中脱颖而出。但在面试过程中，笼统地说明自己业务很好或工作业绩突出，很容易给考官留下浮躁、不实在的印象。而面试的时间又有限，不可能全面展示应聘者的才能。这时通过列举一些具体的事例来展现自己的才华、证明自己的能力，不失为一种有效的方法。比如当面试官提问："生产管理这行就是一个苦力活，你觉得你能吃苦吗？"面试者回答："我读大学的时候每天上课六七个小时，业余兼职还有四到五个小时，一直坚持了四年。现在也是一样，面对新工作，我人生的新开始，我还是会一如既往地坚持努力。"这样的答案比单纯的一句"我可以吃苦"力度要强十倍百倍。

> **阅读卡：**面试中常用 STAR 技术来全面了解应聘者的知识、经验及工作作风、性格特点等。
>
> S——Situation，什么情景下发生这件事；
>
> T——Task，任务是什么；
>
> A——Action，为完成任务，采取了哪些行动；
>
> R——Result，结果怎样。

案例：某公司组织的一次面试中，面试官提问："从你的简历中得知，你曾经当过班长。请你告诉我，作为班长，你的职责有哪些？"

面试者回答："我的职责是统筹管理班级同学的学习和生活，定期组织班会活动，协调 10 个班委更好地管理班级的各项事务。我在任期内组织过很多活动，我认为最有成就的是我组织的一次破冰活动。由于我们班一共有 80 多人，来自于全国各地，大家的文化背景和生活习惯都有一些不同。虽然相处了有一年，仍然有不少同学相互之间不熟悉。而破冰活动的目的就是要打破这种隔阂和陌生感。在这次活动中，我们组织的一个经典活动就是各地文化大家谈，让来自全国各地的同学分享家乡的旅游景点、文化习惯。这个活动获得了非常好的反馈，一方面，不少同学很高兴有机会与大家分享自己的所见所闻；另一方面，其他同学也十分愿意通过这样的方式去了解各地的风土人情。这次活动收到了非常好的效果，也让我对自己的能力更加自信了。”

思考：你认为案例中班长的做法好吗？如此生动有趣的案例能给面试官留下深刻印象吗？

3. 通俗朴实

在面试时，有些人为了能给面试官留下深刻的印象，往往喜欢对自己进行过多的夸张，动辄“我的业务水平很高”“我的成绩是全年级最好的”。这样反而会给考官留下浮夸的感觉。现在用人单位更看重的是应聘者的才能，所以只要能用通俗朴实的语言真实地介绍自己，就会给人留下稳重可靠的感觉。相比之下，高下立见。

案例：某大学中文系毕业生小刘到报社应聘记者。面对着上百个新闻专业出身的应聘者，小刘并没有什么优势。但小刘早有准备，他是这样介绍自己的：“我叫刘晓明，辽宁人，毕业于××大学中文系。虽然我不是新闻专业的，但我对记者这份工作很有兴趣。大学时我是校报的记者，参加过多次重大的校内和校外新闻采访，积累了一定的经验。再加上我的中文功底，我相信应该能够胜任贵报社的工作。我这里还带来了曾经发表的新闻报道稿，请各位老师批评指正。”

思考：你认为小刘会被报社录用吗，为什么？

4. 突出个性

“山不在高，有仙则灵；水不在深，有龙则灵。”在面试过程中“个性鲜明”的回答往往容易给人留下深刻印象。其实，真实的想法和坦率的语言便是个性的最佳体现。应聘者在交谈和回答问题时只需要说出自己的真实想法即可。例如，当被问到：“你喜欢出差吗？”可以直率地回答：“坦率地说，我不喜欢。因为从一地到另一地推销商品并不是一件惬意的事。但我知道，出差是商业活动的一个重要部分，也是推销员的主要工作之一。所以说，我不会在意出差的艰辛，反而会以此为荣。因为我非常喜欢推销工作。我想这一点更重要。”在求职过程中，我们无须去书店、上网络四处寻找有个性的包装，只需变相道出自己真诚的一面，那便是个性。

5. 扬长避短

每个人都有自己的特长和不足，无论是在性格上、专业上都是如此，因此面试时一定要扬长避短，要通过放大自己优势的办法来淡化缺点。如性格外向的人往往容易给人留下热情活泼、思维敏捷但不够深沉的印象，这类人在面试时讲话的节奏应适当放慢。

而对于性格内向的人，要多为自己争取发言的机会，并就某一重大问题展开论述，以弥补自己性格上的不足。

案例：一位IT专业毕业的大学生看中了一家不错的外资企业。他的专业技术过硬，可英语相对差了很多，甚至用英文写一份像样的简历都存在问题。为了获得这份工作，他特意背了许多面试英文对话，掌握了不少技巧。

面试他的是一位外籍人事经理，对方见他用英语打招呼问候，于是开始用英文提问，并问及书本上提到的问题。这下，那位学生准备的内容就显得不够了，说话也开始结结巴巴。后来那位外国人用很流利的中文对他说："你的英语说得真奇怪，有时候很流利，有时候就像交通堵塞了，你的能力会不会也这样很不稳定呢？"那位学生赶紧诚实地解释："不好意思，我并不擅长英语，来之前还准备了很久，有些没想到过，所以……"

"你要记住，我们招你进公司不是为了让你做英语翻译，而是为了做技术。你不需要表现得多擅长英语，只要你能证明你的技术过硬就行了。"

阅读卡：日本的一些大公司招聘人才进行面试时，专门就说话能力规定了若干不予录用的条文。其中有：

声若蚊子者，不予录用；

说话没有抑扬顿挫者，不予录用；

交谈时，不得要领者，不予录用；

交谈时，不能干脆利落地回答问题者，不予录用；

说话无生气者，不予录用；

说话颠三倒四、不知所云者，不予录用。

6. 讲究无声语言艺术

无声语言能体现出一个人的教养、身份、风度、内在气质和人格。在面试中，面试官常常通过面试者的举手投足、坐姿站态、一颦一笑等去判断其心理素质、文化修养甚至性格特征。因此，优美的体态风度能帮助面试者建立良好的第一印象。至于具体的无声语言，如表情语、手势语、体姿语、服饰语等，在前面章节已经介绍，此处不再展开。

四、面试中实质性问题的应答

1. 要求介绍自己的问题

介绍自己的问题，是面试的必考题目。为此，事先准备2～3分钟的自我介绍是非常必要的，最好以文字的形式写好背熟。介绍自己时，首先要告诉对方自己的姓名和身份，再简单介绍一下学历、工作经历、兴趣爱好、个性特点、工作业绩、理想抱负等方面的情况。在面试前企业大多都看过应聘者的自荐材料，所以自我介绍要简洁，突出你应聘该企业的动机和自己所具有的应聘岗位要求具备的素质。介绍时，要注意介绍的内容与个人简历相一致。

案例：

菜鸟打败了老鸟

某公司招聘一名行政助理，小芳与小艳向该公司投递了个人简历后，都接到了面试通知。小芳已有两年工作经验，面试的时候，面试官只看了一眼简历上她的名字，就对她说："麻烦自我介绍一下好吗？"小芳一愣，心里想："浪费了那么详细的简历不看，偏偏让我再说一遍，可我事先并没有准备啊。"面对考官，小芳尽量用平和的语气，边思索边说："我今年22岁了，毕业于××学校，我从事行政助理工作2年了，今天我来应聘贵公司的行政助理职务。"考官突然打断她说："怎么简历上写的是工作3年了？"小芳赶紧解释："可能写错了。"……考官说："可以了，麻烦你回去等通知好吗？"

小艳刚刚大学毕业，没有相关工作经验。她在面试之前就已经排练过无数次。当考官让她介绍自己时，她说："第一，我非常善于处理琐碎繁杂的事件，在学校里，除了行政管理专业除外，还自修了英语、日语、俄语，另外还兼职两份家教的工作。四年的时间，一直这么坚持下来，全都取得了理想之中的成绩。第二，我有很强的思维分析能力，能够判断事情的轻重缓急，并且能够提出个人建议。第三，我有良好的组织与协调能力，曾经多次主持大型户外活动。第四，我有很好的耐心去长久地坚持一件事。这恰恰符合了行政助理这个职位的主要需求，不是吗？……"最后，她获得了这家公司行政助理的职务。

思考：你认为菜鸟打败老鸟的真正原因是什么？

2．"你为什么应聘本单位"的问题

对于此类问题，面试官主要是试图从中了解你求职的动机、愿望以及对此项工作的态度。应聘者可以从该单位在行业中的地位、自己的兴趣、能力和日后的发展前景等角度回答此问题。如果自己对该企业有足够的了解，可以从他的企业实力、发展前景以及真正吸引自己的地方等方面进行回答。但如果对该企业不了解，可以参考这种说法："我十分看好贵公司所在的行业，我认为贵公司十分重视人才，而且这项工作很适合我，我相信自己一定能做好。"

案例：

面试官："你为什么想要应聘我们公司呢？"

应聘者（人力资源专业）："主要是我觉得在原来那家公司没有太大的发展空间，因为公司的规模很小，决定了人力资源管理工作只能停留在比较基础的内容上，不可能像大型企业那样可以给予人力资源管理者更多的学习和发展空间。许多战略性的人力资源管理工作，诸如组织结构的调整、企业文化的建设都只有在大规模的企业才能够得以充分的发挥。我觉得贵公司的职位对于我来说，无论从专业能力的提高还是个人职业的发展都非常有帮助，因此我很希望能获得这个职位。”

3. “有什么业余爱好”的问题

业余爱好可以反映一个人的性格特点，也在一定程度上反映一个人的团队合作精神。在回答时，最好不要说自己没有爱好，更不能说自己有一些庸俗的、容易引起误解的爱好，如打牌、打麻将等。也不要说一些可能会让面试考官觉得自己性格比较内向、孤僻的爱好，如读书、听音乐等。回答此类问题时，最好找一些富于团体合作精神的或者户外的业余爱好，如打篮球等。有一个真实的案例：一位应聘者回答他的爱好是深海潜水而被招聘单位拒之门外。主考官说：“因为这是一项单人活动，我不敢肯定他能否适应团体工作。”

案例：

面试官：“你有什么业余爱好？”

应聘者：“我的爱好很广泛，我喜欢参加一些能通过团结协作来取得胜利的运动，如篮球和足球。在工作中我也乐于参加集体活动，我认为集体的交流不论对工作还是放松都是有益的。”

4. “谈谈你的缺点”的问题

这是主考官在考察你的品质，以及你能否对自己做出正确的估价。不要回答自己没有缺点，更不宜说严重影响所应聘工作的缺点，比如缺乏信心、专业知识不够等。可以委婉地讲一些对应聘有利的缺点，挽回一些不利的局面。可以从一般应聘者普遍存在的弱点方面介绍，例如缺少社会经验。但如果有不可隐瞒的缺陷，也不应该回避，比如曾经受过处分，应如实介绍，同时可以多谈一些现在的认识和后来改正的情况。

案例：

面试官：“人人都有缺点，能谈谈你的缺点吗？”

应聘者：“我想自己最大的缺点是没有多少工作经验。学生时代的经历几乎是从一所学校毕业就到另一所新的学校读书。我认为学生就是应该以学习为主，在校时应该多学一些东西，为将来走上工作岗位打好基础。虽然我的工作经验很少，但是我会踏踏实实地走好每一步，希望贵公司能给我提供一次工作的机会，让我在实际工作中积累更多的经验，我会努力的！”

5. “你希望获得多少工资”的问题

面对这个敏感的提问，无论是没经验的毕业生，还是经验老到的面试者都会变得无所适从。面试者在不了解企业情况的前提下，先谈薪水就容易失去主动权。如果你开出的薪水太高，企业会觉得供不起你；如果你开出的薪水比较低，企业一般不会给出高于你提的薪水，最多满足你。这对面试者都是不利的。面试者在没有很详细地了解公司与岗位要求之前，最好先不要提工资问题。

案例：

面试官：“你在公司工作，如果同办公室的一个人能力没有你强，工资却比你高，你心里会平衡吗？会不会有别的想法？”

应聘者：“我觉得工资是员工最敏感的问题，公司一般都会尽量处理好这个问题。如果那个员工的能力不如我，工资却比我高，我认为肯定他在其他方面比我强。或者他能为公司解决一些我不了解的问题，所以老板才给他定了高于我的工资。在公司里，我不想盲目地与别人攀比，因为这里有许多我不知道的东西。我喜欢自己把自己当作是竞争的对手，只要自己不断地进步，那我就有成就感，只要公司给我的报酬与我的能力相匹配，我就没有什么不平衡。相反，我会干得很起劲，因为我在这里能找到自己的价值。”

练习巩固

1. 阅读下面的案例，请分析造成小雅应聘失败的原因是什么？面试前，应该做哪些充足的准备？

小雅是一位有一年多工作经验的女孩，某天在一家单位公告栏里看到了招聘广告，她就去应聘了。

面试官上下打量了她一番，小雅礼貌地打了招呼，并且说明了来意。面试官问：“我们虽然不是什么大公司，但我们公司的行政文员也是不准穿拖鞋上班的。”小雅吐吐舌头解释：“今天天气实在是太热了，我看到单位招聘，回家拿了简历就跑过来了，走得太急忘记换鞋了，我保证下不为例。”

面试官理解地点了点头：“你带简历了吗？”小雅拿出手提袋翻起来，翻了半天才将一张皱巴巴的简历递给面试官。顿时，面试官的眉头也变得像简历一样皱。

2. 阅读下面的案例，请分析小赵的说法好吗，为什么？

小赵去面试一家国际旅行社的导游。他自我介绍说：“我这个人喜欢旅游，熟悉各处的名胜古迹，全国的风景名胜几乎都去过。”面试考官很感兴趣，就问：“那你去过云南大理吗？”因为面试考官就是大理人，对自己的家乡再熟悉不过了。可惜小赵根本就没去过大理，心想若是说没去过这么有名的地方，刚才的话不就成吹牛了吗？于是硬着头皮说：“去过。”考官又问：“你住的是哪家宾馆？”小赵再也回答不上来，只好说：“那时我是住在一个朋友家的。”考官又问：“你的这位朋友在大理的什么地方啊？”小赵这下没词儿了，东拉西扯答非所问，结果自然可想而知。